BİR SARIŞIN KÜÇÜK KIZ

BİR SARIŞIN KÜÇÜK KIZ

Yazan: Zerrin Özer
Editör: Tolga Meriç
Genel Yayın Yönetmeni: Meltem Erkmen
Düzenleme: Nergis Değirmencioğlu
Kapak Tasarım: Hediye Boran
Film-Grafik: Ebru Grafik
Baskı-Cilt: Melisa Matbaası
1. Baskı: 5000 Adet; Temmuz 2006, İstanbul
2. Baskı: 5000 Adet; Temmuz 2006, İstanbul
3. Baskı: 5000 Adet; Ağustos 2006, İstanbul

ISBN: 975 331 930-4

www.zerrinozer.com

Melisa Matbaası:
Çiftehavuzlar Yolu Acar Sitesi No:4 Davutpaşa / İstanbul
Tel: 0212 674 97 23 - 670 97 29

Yayımlayan:
Epsilon Yayıncılık Hizmetleri Tic. San. Ltd. Şti.
Osmanlı Sk. 24/4 34437 Taksim/İstanbul
Tel: 0212 252 38 21 pbx Faks: 252 47 29
İnternet adresi: www.epsilonyayinevi.com
e-mail: epsilon@epsilonyayinevi.com

Genel Dağıtım:
Yeni Çizgi Yayın Dağıtım Ltd. Şti.
Gürsel Mah. Alaybey Sk. No: 7
Kağıthane/İstanbul
Tel: 0212 220 57 70 pbx Faks: 222 61 55
İnternet adresi ve online alışveriş: www.yenisayfa.com

ZERRİN ÖZER

BİR SARIŞIN KÜÇÜK KIZ

Editör:
Tolga Meriç

epsilon®

HAYALET AĞRILAR

"Hiçbir zaman büyük bir saadet duymadım. Karşımdakilere verdiğim kıymeti ekseriyetle kendim geri almak zorunda kaldım."

CAHİDE SONKU

Eğer bir şarkı olsaydım... Bu şarkıda tek bir kez ama upuzun bir çığlık atılırdı ve bu çığlık hayatı anlatırdı.

Hasret, bütün ihtişamıyla gelir, baş köşeye kurulurdu. Hiç yaşanmamış bir aile sevgisine duyulan, hiç dinmemiş bir hasret.

Yalnız başıma yaşadığım evlerde dört dönen hayaletler geçerdi bu şarkının sözlerinde. İçinde tek başıma oturacakken, gerçekte hiç kimseye ait olmayan, bomboş yatakların sahibi o hayaletlerin mırıltıyı andıran haykırışları işitilsin isterdim şarkıda. Onları ben çağırmıştım; kalabalık, sevgi dolu, mutlu sofraların kurulacağı günler için üşüşmüşlerdi evime. Yıllarca, hiç yaşamamış, hayalet aileler barındırdım evlerimde... Kopmuş, kesilmiş, olmayan bir organının ağrıdığı yanılsamasına kapılırmış hani insan... tıpkı o hayalet ağrılar gibi! Bazen hıçkıra hıçkıra, bazen haykıra haykıra, bazen ilenerek, bazen melankoliye kapılmış bir biçimde, bazen başları öne eğik, bazen her şeye rağmen yine de mutlu, ama nedense hep gözyaşları içinde dolaştılar.

*

Kıyamet sofralarını da anlatırdı bu şarkı. Çapkın ve mutsuz bir baba, yarın okul mu varmış, sınav mı varmış dinlemez, içince kızlarının hepsini masaya toplamakta diretir, "ANNENİZLE BOŞANMAYA KARAR VERDİK!" derdi biz dizilince. Yok tabii öyle bir şey. Ama dinlemek zorunda kalırdık. Gecenin sonunda bütün o tabaklar, bardaklar masanın örtüsüyle birlikte yerlere savrulurdu. Kıyamet kopardı. Kız kardeşler başka bir odaya doluşup beklerdi. İçkiden nefret eden bir anneyle kocasının konu komşuyu kapıya getiren çığlık çığlığa kavgaları, tokat sesleri...

Baba parasını dışarıda harcar, ailesine varlık içinde yokluk yaşatır. Eve hacizler gelir. Küçük kız o yaşta babasının dışarıda sevgiyi arıyor olabileceğini düşünemez. Kendisini seven bir babanın özlemini çeker. Okul arkadaşlarının babalarına imrenir. Arkadaşlarının babalarıyla ilişkilerini gördükçe babasının gerçek babası olmadığı sonucuna varır; günün birinde "ANNE, BENİM BABAM ÜVEY Mİ?" diye sorar. Görmediği bir başka babası olduğu hissine kapılır.

Düşünüyorum da, hayatıma giren ilk hayalet, babammış demek ki...

*

Ben söyleyecek olsaydım, bu şarkının iki yerinde sesim asla çıkmazdı. Öyle büyük bir acıyla bağırmak için açardım ki ağzımı, susup kalıverirdim sonunda.

Sesimin ilk çıkmayışı, orta sonda okurken, menenjit teşhisiyle Hacettepe Üniversitesi'ne kaldırıldığımda, dört hademeye kollarımı bacaklarımı sıkıca tutturup belimden sıvı aldıklarında... En ufak bir harekette ya kör kalacak ya da felç geçirecektim. Korkunç bir acıydı. Bağırmak istiyor, bağırmaya çalışıyor, ama bağıramıyordum. Sesimi sonsuza kadar kaybetmiştim sanki, çıkmıyordu.

O gün annem ve ablam da seslerini kaybetmek istediler sanırım. Çünkü doktorlar başımdan darbe alıp almadığımı sormuşlardı ve iki gün önce annemle ablam beni tam bir saat boyunca terlikle dövmüş, başıma başıma vurmuşlardı. Ambulansta giderken, bana bir şey olursa yaşayamayacaklarını söylüyorlardı...

*

Araya yıllar girecek ve sesimi bir kere daha kaybedecektim. Bu defa etrafımda beni mengeneye alan dört hademe bulunmayacaktı; ama üstümde, abim saydığım bir adam, yumruklaya yumruklaya, çimdikleye çimdikleye, tekme tokat tecavüz edecekti bana...

*

Ne onun kadar param oldu ne de ondaki tahakküm gücü vardı bende. Ama nedense sonumun Cahide Sonku'nunkine benzemesinden korkardım hep.

Bu korkumu açıklayabilmek için şarkıya taş sesleri de koyardım. Beyoğlu'ndaki kaldırım taşlarının sesini.

Çünkü günün birinde bu şarkıda öyle bir düşüş başlardı ki, Beyoğlu'ndaki kaldırım taşları dile gelip beni kendine çağırırdı. İçip içip, elimde şişeyle, o kaldırım taşlarında sızıp uyuma isteğine kapılırdım. Böyle bir istek gelirdi içime, kendimi o taşlara layık görürdüm.

Taşların çağırışını duymazdan gelemediğim anlarımda arkadaşlarım telaşlanır, beni zaptetmeye çalışırlardı. Tıpkı yılların isyanıyla pavyonlarda şarkı söylemek için yanıp tutuştuğum zamanlarda yaptıkları gibi.

*

Aralarda kötülüğün, saygısızlığın, yalanın ve seviyesizliğin o acıtıcı sesi yükselirdi. Dinleyenler incinir, yaralanıp küserdi. Şöyle sesler mesela: "DENİZANASI DENİZE GİRERKEN", "FOK BALIĞI HAVUZA ATLARKEN", "TÜRKİYE'NİN EN BÜYÜK SESİ İÇKİDEN MASALARA YIKILIRKEN"...

Ya da ilk eşimin eşcinsel olduğunu yazıp çizerlerdi. Tülay ablam ve annem "SENİ KURTARACAĞIZ ZERRİN!" diye telefonlar açarlardı! Bebeklerimi aldırtırlardı, öğrenince babasının canı yanardı, "BENİM ÇOCUĞUMU BANA SORMADAN ALDIRDIN, BU DÜNYADA HİÇBİR ZAMAN MUTLU OLAMAYACAKSIN SEN!" diye bağırıp çağırırdı.

*

Aşklardan, ayrılıklardan, şarkılardan, acı sözlerden, sillelerden, darbelerden, kaybedilmiş dostlardan, kırılmalar, parçalanmalar ve dağılmalardan sonra taşlar, pavyonlar artık yetmez olur, kanser duaları okunmaya başlardı şarkıda, "ALLAH'IM NE OLURSUN BENİ KANSER HASTASI YAP VE YANINA AL ARTIK!" diye.

Yüz binlerce kanser hastasının acısından çekinir, iyice diplerden okurdum bu duaları. İntihar edecek gücü kendinde bulamamış olanlar... Bir tek onlar işitebilirdi.

*

Hep dram, hep dram!..

Komik, neşeli şeyler olmaz mıydı bu şarkıda? Olmaz olur mu hiç!

Mesela düzenli içtiğim günlerden birinde, cebimde beş kuruş yokken arkadaşlarıma "KIZLAR KALKIN, CENGİZ KURTOĞLU'NU DİNLEMEYE GİDİYORUZ," derdim. Ben şarap üstüne şarap içerken kızlar da meşrubatla eşlik ederdi bana.

Bir hesap gelirdi, iki yüz elli milyon!.. Ertesi gün kendi kendime hayret edecek kadar büyük bir tahakküm, akıl almaz bir lütfediş ve yanına yaklaşılmaz bir havayla kalkıp gitmeden önce, garsona "BİR KALEM RİCA EDEYİM," der, hesap pusulasına şöyle yazardım:

"BEN BURAYA CENGİZ KARDEŞİMİ DİNLEMEYE GELDİM!

BUNU GÖRMEMİŞ OLAYIM!

ZERRİN ÖZER."

BUNUN ADI SEVGİYMİŞ İŞTE

"… demek insanoğlu yazgısını küçücük bir yaştayken bile görmekte…"

SAZ CAZ DÜĞÜN VARYETE, SELİM İLERİ

"ESKİDEN AŞKLAR FARKLIYDI, BİZ SEVİP SEVMEDİĞİMİZİ BİLMEZDİK," derdi annem.

Babamla evlenene kadar Gaziantep'te yaşamış. Babamdan önce, Saint Joseph'te okuyan, uzaktan bir akrabası istemiş annemi; ama dedem bütün modernliğine karşın, henüz eline ekmeğini almamış birine kız vermeyi reddetmiş. Sanırım arada akrabalık bağı olmasını da doğru bulmamış.

Annem "SÜREKLİ YAZIŞIRDIK. O İSTANBUL'DAN GELDİĞİNDE ÇOK MUTLU OLURDUM, BUNUN ADI SEVGİYMİŞ İŞTE," diye anlatırdı.

Bir gün anneme şöyle bir mektup yazmış: "HÜSNİYE, ARKADAŞLARLA BOĞAZ'DA KAYIKLA DOLAŞIRKEN CÜZDANIM DENİZE DÜŞTÜ VE BENİM İLK KURTARDIĞIM ŞEY SENİN RESMİN OLDU."

Dedemin kendisini geri çevirdiği gün ise annemi evin avlusunda durdurup, "SEN DE, BEN DE ÖLENE KADAR ÇEKECEĞİZ!" demiş. Ama annem, gençliğin de etkisiyle, pek oralı olmamış, koşup uzaklaşmış, dinlememiş gerisini.

Saint Joseph'i bitirdikten sonra Türkiye'yi terk etmiş o çocuk. Hiç kimse ne nereye yerleştiğini öğrenebilmiş bir daha, ne de yaşayıp yaşamadığını.

*

Annemle babam görücü usulüyle evlenmişler. Babam aslında teyzem için gelmiş ama annemi beğenmiş! Böyle garip bir durum...

Annem ailesine karşı çok yumuşak başlıymış, dedeme bu konuda da itiraz etmemiş. Üstelik kendisine eğer dünyada iki kibar erkek varsa, bunlardan birinin mutlaka babam olduğu söylenmiş. Halbuki ileride dayak bile yiyecekti babamdan...

Babam banka müdürüymüş annemle evlendiklerinde. Mesleği gereği Türkiye'nin bir sürü yerini dolaşmışlar. Ama çok puslu birkaç şey dışında babamın bizden önceki hayatını bilmiyorum. Bunları konuşabileceğimiz türden bir ilişkimiz olmadı onunla.

*

Babamın düşlerini de öğrenemedim; birlikte o kadar vakit geçirmedik. Boşandıklarında çok küçüktüm.

Anneminse düşleri yoktu sanırım. Babamdan ayrıldıktan sonraki dönemlerini daha net hatırlıyorum; sürekli geçmişiyle kavga ederdi. Bu hayattaki düşleri neydi diye düşündüğümde, aklıma sadece kürklere olan düşkünlüğü geliyor! Nasıl bir hayvana aittir, nereden gelir, öyküsü nedir, hangisi kıymetlidir; bütün bunları çok iyi bilirdi.

Bir gün astragan istemişti benden. Kürkçüye götürüp, nasıl bir şey istiyorsa sipariş etmesini söylemiştim. O gün satıcı anneme ne kadar şanslı olduğundan söz etmiş. "BURAYA GELEN BÜTÜN SANATÇILAR ANNELERİNE ALACAKLARI KÜRKLERİ KUYRUKLARDAN YAPTIRIYORLAR. KIZINIZ EN İYİSİNDEN, GÖĞÜSTEN YAPTIRIYOR," demiş. Çok şaşırmıştım; hiç anlamam böyle şeylerden.

Kendime bir kürk alayım diye çok ısrar ederdi. Kürk sevmediğimi söyledikçe ruhumun kime çektiğini sorgulardı. Annem, giysi alacaksa bir tane, ama köklü ve isimli yerlerden alırdı, bense pazarlardan falan giyinirdim. "TEK KIYAFETLE

RÖPORTAJ MI YAPAYIM, TELEVİZYONA MI ÇIKAYIM?" diye sorardım. Sürekli siyah giymeme de kızardı, "YAŞLANINCA NE GİYECEKSİN?" derdi.

Gezmeyi çok severdi. Zeki Müren hastasıydı. İstanbul'a gelişlerimizden birinde babam, "BİR KERE DAHA MI ZEKİ MÜREN'İ DİNLEMEK İSTERSİN, YOKSA SANA KROKODİL BİR ÇANTA MI ALAYIM?" diye sormuştu. Annem Zeki Müren'i tercih etmişti.

*

Annem ne kadar dürüst ve borcuna sadıksa, babam onun tam tersiydi.

Yedi sekiz yaşlarında olmalıyım... Bir gün okul dönüşünde annemi evin halılarını koştura koştura komşulara kaçırırken görmüştüm. "HACİZ GELECEK!" demişti sorunca. Haczin ne demek olduğunu bile bilmiyordum. Ama insan çocukken, yaşanan şeyin adını bilmese de ortada acıklı bir şeyler döndüğünü anında seziyor ve bundan payına düşeni derhal alıyor. Hayat karşısında kendini çok aciz hissediyor ve bu his bir daha yakasını bırakmıyor.

Bir başka haciz ise evlendikten sonra Songül ablamın evine gelecekti. Kız tarafının getirmesi gereken eşyaları alırken babam senetleri Songül ablama imzalatmış ve taksitleri ödememiş tabii.

Bu olaya gülmek istemiyorum şimdi. Kapıyı haciz memurlarına eniştem açmış, ablam çok mahcup olmuştu.

*

Çankaya'da, İsmet İnönü'nün karşısında oturuyorduk, Farabi Nergis Sokak'ta. Son derece lüks bir daire, altımızda son model bir araba... Ama babam varlık içinde yokluk yaşatırdı bize; o evi çekip çevirecek, içinde yaşayanların hayatını idame ettirecek parayı bir türlü vermezdi. Annem bileziklerini satıp da palto alırmış bize.

İlkokul dörtteydim sanırım. Voleybola yazılmış, eşofman çantası için babamdan para istemiştim. "KIZIM, BAŞININ ÜSTÜNE YEMİN EDERİM Kİ PARAM YOK," demişti. Başbaşa kaldığımızda annem hemen gardıroptan babamın ceketini çıkarıp göstermişti, "BAK, VAR İŞTE PARASI, YALAN SÖYLÜYOR!" diye.

Annem o gün bunu yapmamalıydı bence...

*

Dışarıda arkadaşları için boyuna para harcayan babamın, ailesine gelince neden cebine akrep girerdi, bilmiyorum. Ama dışarıda sevgiyi aramış olabilir. Çünkü şöyle şeyler hatırlıyorum: Babam annemin yaptığı yemeklere, hele onun lahana dolmasına ölse de, ev işlerini bir meziyet olarak görmezmiş. "TUTACAĞIN BİR HİZMETLİ DE BUNLARI YAPABİLİR," dermiş, "BEN ARKADAŞ GİBİ, BANA YÖNELİK BİRİ OLMANI İSTİYORUM."

*

Çocukluğumu düşününce, sürekli kavga eden bir anne baba geliyor aklıma.

Şu olayı, aradan yıllar geçti, hâlâ yerine oturtamadım: Bir gün çok kötü kavga etmişlerdi yine. Annemin ağzından köpükler gelmişti sonunda. Tam o sırada kapı çaldı. Babam gitti, kapıyı açtı. Seslerden kuşkulanan komşularımız gelmişti. Babamın hiçbir şey olmamış gibi, "AMAN EFENDİM, BUYRUN BUYRUN," demesi, neden bilmiyorum, beni bugün de yaralıyor.

Yine kavga çıkacağını, masaların bardakların yine havada uçuşacağını babamın eve içkili gelişinden anlardık. Mesela bir bardağın şurada değil de burada durması bile kavga çıkarması için sebep olurdu. İçki, karakterini tamamen tersine çeviriyordu. Gündüz başka biriydi, gece başka biri.

Eğer annem bir yere gidecekse, dersimiz olduğunu söylediğimizde bile, bizi babamla asla yalnız bırakmazdı. İçince bizi dövdüğü olmamıştı hiç, ama annem böyle bir şeyden korkmuş olabilir yine de. Yaptığına başka bir açıklama getiremiyorum.

*

Birbirine zıt iki kutup... Annem snoptu. Uluorta küçük düşürürdü babamı. Mesela babam rastladığı birine kalkıp da, "MEHMET BEY, SİZİ ÇOK ARADIK AMA HİÇ ULAŞAMADIK, ÇOK ÖZLEDİK," dese, annem hemen, "AA? NİYE YALAN SÖYLÜYORSUN NİYAZİ? BİZ NE ZAMAN ARADIK MEHMET BEYLERİ?" diye bozardı onu. Hep 'her şeyi ben bilirim' havasındaydı. İnsanları hakir gören lafları vardı. Karakteri de öyleydi.

Benim babama çektiğimi söylerdi. Çok mütevazıymış babam, kapıcısından odacısına, personelinin hepsiyle yemek yer, sohbet edermiş.

Fakat çok çapkındı. Ben 'iş toplantısı' denen şeyin ne demek olduğunu babamdan öğrendim! Akşamları sık sık 'iş toplantısı' çıkardı! O kadar çok kadın girdi ki hayatına...

Beş altı yaşındayken beni bir kadının evine götürdüğünü hatırlıyorum hayal meyal. Hatta sonrasında annem sorguya çekmişti beni. Ne söylemem gerektiğini şaşırmış, ne sorduysa yanıtlamıştım. Bundan başka, annemle sokak sokak dolaşarak babamın garsoniyerini arayıp bulduğumuz bir gün daha var... Bir kapıcıya "NİYAZİ ÖZER BURADA MI OTURUYOR?" diye sormuştu... Ama bütün bunlar çok bulanık görüntüler artık zihnimde.

*

Nilgün ablamın en yakın arkadaşının adı Hikmet'ti. Dostlukları hep sürdü. Ama annem onun adının anılmasına izin vermezdi, çünkü babamın da Hikmet adında bir sevgilisi olmuş. Çok küçükmüş, babam onun okul veliliğini bile üstlenmiş. Kızın ailesi annemlerle sürekli görüşürmüş. Bize geldiklerinde, babam toplantıda olduğunu söyleyerek geç kalırmış, o arada Hikmetlerin evinde buluşurlarmış! Babam ona bir ev bile almış. İnsanın güvenini derinden sarsan şeyler bunlar.

*

Anneme bir gün telefon geliyor, "KOCANIZ GENÇLİK PARKI'NDA BİR KADINLA BİRLİKTE YEMEK YİYOR," diye. Songül ablamı da yanına alıp, hışımla çıkıyor evden annem. "ÖYLE BİR KOŞUYORUZ Kİ," diyor Songül ablam, "AYAKKABILAR FALAN FIRLAMIŞ AYAĞIMIZDAN." Yemek bitmeden yetişip yakalıyorlar babamı, annem kadınla ikisinin kafalarını birbirine çarpıyor masada!

Babamın cevabı: "KİM BU KADIN? BEN BU KADINI TANIMIYORUM, ALIN ŞUNU BAŞIMDAN!" Sonra da yanındaki kadını alıp gidiyor!

Lokantada kalakalan annem bir bakıyor, yanında dönüş parası yok. Tam hatırlamıyorum ama sanırım annemle Songül ablamın konuşmalarını işiten Karadenizli bir garson yanlarına yaklaşıp, "TEYZECİĞİM, YOL PARANIZI BEN VEREYİM, SİZ SONRA BANA GETİRİRSİNİZ," diyor.

Annem ertesi gün gidip borcunu ödemiş ve o çocuğu çok sevmiş. Daha doğrusu bütün Karadenizlileri. Bu sevgisi bana da geçti; hep Karadenizlilerle çalıştım.

*

Seyahat etmek için birlikte İstanbul'a giderdik. Annem, babam ve ben. Ablamlar derslerini falan öne sürüp kaytarırlardı ama ben çok küçük olduğum için onlarla birlikte gitmeye mecburdum.

Sözde seyahate çıkarlardı ama daha yolda başlarlardı kavga etmeye! Bağrış çağrış hem de! İnsanlar bize bakardı, ben yerin dibine geçerdim...

Hani en güzel yerlere gidersiniz de "BURNUMDAN GELDİ!" dersiniz ya... Bizim bütün seyahatlerimiz öyleydi işte!

Tarabya Oteli'nde kaldığımız günlerden birinde, yine çok kavga etmişlerdi. Artık nasıl birbirlerine girdilerse, odaya çıkınca annem pencereye koşup kendini bilmem kaçıncı kattan aşağı atmaya kalkıştı. Babam son anda kurtardı onu. İlkokula gidiyordum henüz. Bir çocuğun, annesini intihar etmek üzereyken görmesi anlatılamayacak kadar korkunç bir şeydir.

*

İlkokul diplomamı İsmet İnönü vermişti... Çankaya İlkokulu'nda...

İsmet İnönü'nün, bir anlamda Cumhuriyet'in tam karşısında oturuyoruz ve evde dayaktı, şuydu buydu, gırla gidiyor. Ama İsmet İnönü ya da bir başkası, gözüm annemle babam dışında hiç kimseyi, hiçbir şeyi görmezdi. Anne babaya kilitli bir çocuktum, öyle de kaldım.

*

Boşandıklarında orta sondaydım. Davayı annem açmıştı. Bardağı taşıran son damlayı, babam artık hayatta olmadığı için yazmak istemiyorum. Ama babamın son darbesinin, annemin tarafında yer almama yol açtığını rahatlıkla söyleyebilirim.

Boşandıktan sonra annem, ölene kadar kötüledi babamı. Böyle olunca da hayatımdaki ilk erkek modeli büyük bir güvensizlik yarattı bende. Ruhum hep dalgalı oldu; erkeklere hem inandım hem inanmadım; bazen çok güvendim, bazen hiç güvenmedim...

İstanbul'a taşındığımızda "BABAM KEŞKE VEFAT ETMİŞ OLSAYDI," diye düşünecektim. İnsanların "BAŞINIZ SAĞ OLSUN, NUR İÇİNDE YATSIN," demeleri daha çok işime gelirdi. Hep korktum babamın nerede olduğunu soracaklar diye.

*

Bir yandan da yıllarca, her sahneye çıkışımda "BABAM BURADA MI ACABA?" diye, korkuyla karışık onu aradı gözlerim...

Eğer ayrılmasalardı, ben şarkıcı olamazdım herhalde. Babam izin vermezdi diye düşünüyorum.

Gerçi niye böyle düşündüğümü de bilmiyorum. Çünkü onu yıllar sonra ilk gördüğümde bana sigara ikram ederek kafamdaki baba imgesini yerle bir edecekti...

Boşanma sonrasında babamla vedalaşmamıştık bile. Onu tam on beş yıl boyunca hiç görmedim.

*

Şimdi dönüp baktığımda, bence tek suçlu babam değildi. Her şey karşılıklı. Karşı tarafın seni aldatmasına yol açacak bir zemin hazırlamayacaksın, öyle bir zemine düşmüşsen de bunu değiştirmeye çabalayacaksın. Annemin böyle bir arzusu yoktu. Babama karşı yoğun bir sevgi duyduğuna hiçbir zaman inanmadım.

Erkeklerden nefret etti. Benim flörtlerime bile inanmadı. "ERKEKLER PARANA GELİRLER," dedi hep. "BENİ SEVEMEZLER Mİ?" diye sorardım bazen, "TİPİMİ YA DA KALBİMİ SEVEMEZLER Mİ ANNE?"

Yanıtı hiç değişmedi: "HAYIR!"

KUKLA OYUNU

"İnsan unutmak zorundadır. Ama bu unutmanın kendisi değildir. Unutmak yoktur."

TAŞ VE TEN, İNCİ ARAL

Annem hayatımı çaldı benim. Onun oynattığı kişiliksiz bir kukla gibi yaşadım.

Ne var ki, buna ben izin verdim. Hatta belki bu oyunu farkında olmaksızın yazan da bendim. Unutmak için ipleri onun eline vermekten başka çarem yoktu belki de.

Koşullarım belliydi. Benim annem oydu. Onu değiştiremezdim. Eğer annem bambaşka karakterde, bambaşka biri olsaydı, sırf unutabilmek için onunla o kadar korkunç, o kadar acıklı bir kukla oyununda oynamazdım herhalde.

*

O akıl almaz tahakkümü üzerimde nasıl kurduğunu anlatmak çok zor. Sanırım temelde ruhuma, beynime kazıdığı duygu şuydu: Beni doğurduğu için ben ona tabiydim. "BU ÇİZGİDEN YÜRÜYECEKSİN!" dediği zaman onun dışına çıkamazdım. Neyi sevip neyi sevmediğim, ne isteyip ne istemediğim, mutluluklarım, üzüntülerim ya da aldığım kararlar annemi hiç bağlamazdı. O ne derse oydu!

*

Delice hükmeden bir anneydi.

Yıllar sonra alzheimer hastalığına yakalandığında, evde koma halinde yatarken; topu topu yirmi kiloyken; sadece gözleri oynayan bir kemik yığınına dönüşmüşken bile yanımdaki kız arkadaşlarım fıkra anlatıp beni güldürünce ödüm patlamıştı. Boşta bulunup "SUSUN!" demiştim arkadaşlarıma! Yatağından kalkıp gelecek ve arkadaşlarımı kovacak sanmıştım! Kendimi bildim bileli bu duygularla yaşadım ve hâlâ kurtulamıyorum etkisinden.

*

Arkadaşlarıma karşı her zaman küçük düşürdü beni. Diyelim ki bir arkadaşımla tartışmışım, onun da bu tartışmadan bir biçimde haberi olmuş... Hemen telefon açar, "KIZIMI KIZINIZLA GÖRÜŞTÜRMEK İSTEMİYORUM ARTIK," derdi arkadaşımın ailesine. Benim sonradan haberim olurdu bütün bunlardan, çok utanırdım.

*

Babamdan, geçmişten, her şeyden kaçmak için İstanbul'a taşındığımızda, üzerimdeki otoritesini daha da artırdı. Sokağa çıkıp arkadaşlarımla oynamam bile yasaktı. Bir yere gideceği zaman kapıyı üzerime kilitler de giderdi. Sanırım hem anne hem baba olmanın omuzlarına yüklediği yükle yapıyordu bunları. Çünkü sürekli "İSTANBUL BÜYÜK YER," derdi, sanki Ankara küçük bir yermiş gibi.

*

İstanbul'a geldiğimizde konservatuara girme düşümden vazgeçmemiştim. Hatta daha da artmıştı bu isteğim. Ankara'dayken TRT'nin düzenlediği ses yarışmasında birinci olmuştum. Ama annem aynı inadını sürdürüyordu. Üstelik konservatuar Sultanahmet'teydi ve Ankara'daki itirazlarından farklı olarak, o yıllarda Sultanahmet'i kendilerine mekân edinen hippiler gibi olmamdan korktuğunu söylüyordu.

Sonunda ısrarlarıma dayanamayıp kabul etmiş gibi göründü. Sınava girecekmişim gibi hazırlandım, kalktık gittik. "SINAV DÜNDÜ," dediler gittiğimizde. Neye uğradığımı şaşırdım. O kadar afalladım ki, bana kurduğu oyunu anlayamadım önce.

*

Çok sevdiğim kedim Janis'i evde bulamadığım gün deliler gibi ağlarken annemden hiç ses çıkmamıştı. Ta ki Tülay ablam gelip de "ANNE, NE YAPTIN SEN KEDİYE?" diyene kadar. Tülay ablam annemin neler yapabileceğini o zamanlar benden daha iyi kestiriyormuş demek ki. Biraz sıkıştırınca kediyi götürüp Sarıyer'e bıraktığını söylemişti annem.

Bunu duyunca ben daha beter ağlamaya başladım. O kadar çok ağladım ki sonunda kalkıp tekrar Sarıyer'e gitmek zorunda kaldı. Anlattığına göre, oradaki balıkçılara bile gidip sormuş, şöyle şöyle bir kedi gördünüz mü buralarda bugün diye. Bulamadı tabii.

Annemin o gün Janis'i Sarıyer'e bıraktığını söylerken gösterdiği gerekçe çok ilginçtir ve tahakkümünün çelişkin yapısından kalkındığının ipuçlarını da verir: "ÇÜNKÜ KEDİYİ BENDEN DAHA ÇOK SEVİYORDUN."

*

Bana yaşattığı tezatlara, beni bir uçtan bir uca nasıl savurduğuna ilişkin başka bir örnek: Kedimin adına ilham kaynağı olan şey Janis Joplin'e duyduğum hayranlıktı. Yırtık blue jean'lerle, bileziklerle dolaştığım dönemdi. Çok marjinal bir giyim tarzım vardı o zamana göre. Annem o kıyafetlerle yanında dolaşmama asla izin vermezdi. Bir yandan da, yırtık blue jean'lerimle Janis Joplin arasındaki bağlantıyı sezmiş olmalı ki, bir gün eve geldiğimde Janis Joplin posterlerimin, pantolonlarımla birlikte yırtılıp paramparça edildiğini gördüm.

Ama işte, madalyonun bir de öteki yüzü var: Annem, bazen ben yine Janis Joplin'i dinlerken yanıma gelir, "YİNE NİYE ÜZÜLDÜN KIZIM?" diye sorardı!

*

Evlenmeme hep engel oldu, evlenince ancak İzmir'de ekstram olduğunu söyleyerek gidebildim eşimin yanına, Ankara'ya. Bebeklerimi aldırttı, boşattı sonunda... Yıllar sonra babamla gizlice görüştüğümde kıyametleri kopardı... Arkadaşlarımı evden kovdu, arkadaşlarımın yanında saçlarımdan tutup yerlerde sürükledi beni... Kazandığım parayı idare etmeme asla izin vermedi, zarfımı hep ona verdim, orkestradan bir arkadaşımızın acil ihtiyacı için paramı biraz geç almayı kabul ettiğimde suratımda tokadı patlatıverdi... Program yapacağımız yerlerde adım neonlarla yazılmışken, kapıları kilitleyip "GÖNDERMİYORUM SENİ!" diyerek beni rezil etti.

Ama aynı zamanda arkamda her zaman bir kale gibi durdu. Sanki bir önceki paragrafta rasgele sıraladıklarımı yapan o değilmiş gibi.

Daha sonra detaylarıyla anlatacağım bir olay var... Ama annemin çelişkili tavırlarından söz ederken atlanacak gibi değil... Tülay ablam eve hışımla girmiş, saçlarımdan tutup kafamı duvarlara çarpıyor, "YÜRÜ! MUAYENEYE GİDİYORUZ!" diye bağırıyor... Hiçbir şey anlamıyorum; daha o iğrenç olay, tecavüz yaşanmamış... Sonradan öğreniyorum ki, canciğer arkadaşı Sezen Aksu'nun kötücül bir oyununa gelmiş...

O gün Tülay ablama "NE DİYORSUN SEN! HİÇBİR YERE GİTMİYORSUNUZ!" diye bağırmıştı annem. "BENİM KIZIM YÜZ ERKEĞİN İÇİNE GİRSE YİNE KORUR KENDİNİ."

Bu cümleyi her kız çocuğu duymak ister annesinden.

*

Annemin hükmedişinden ablalarım da almıştır payını. Ama tahakkümünü en çok benim üzerimde kurmuştu. Mesela Tülay ablam annemle çatır çatır kavga eder, sinirlendi mi kapıyı çarpar çıkardı. Ankara'dan İstanbul'a gelip yerleşmemizi, geçinmemizi sağlayan Tülay ablamdı. Anneme karşı koyabilmesinde bu da etkili olmuştur mutlaka. Ama ben para kazanmaya başladığımda konumumda hiçbir değişiklik olmadı. Azalmak bir yana, daha da arttı hükmedişi.

*

Eskiden şarkıcılık küçümsenirdi ve annemde beni sahnede seyrederken rahatsız olduğum bir şey vardı. Üzülürdü sanki seyrederken. Yüzü hep asık ve düşünceli olurdu.

"ANNE, BEN ŞEREFİMLE PARA KAZANIYORUM. NEDEN BÖYLE BAKIYORSUN?" diye sorardım.

"NE BİLEYİM, ÇIKIP İNSANLARI EĞLENDİRİYORSUN SEN," gibi bir şeyler söylerdi. "AMA BEN DE EĞLENİYORUM?" diye karşılık verirdim, kırık dökük.

Burada da büyük bir çelişki var mesela. Çünkü bana göre sanatçı olması gereken kişi aslında annemdi. O kadar meraklıydı ki, bakımlı olsun, Hilton'larda beş çaylarına, kuaförlere gitsin...

*

Ölümünün üstünden seneler geçtiğinde bile, "KENDİM KARAR VERİYORUM!?" diye şaşırdım çoğu zaman.

Annemin evini satacağım zaman onu kaybedeli yedi sene olmuştu. Hiç unutmuyorum, "ALLAH'IM, ACABA ANNEMİN RUHU KIZAR MI?" diye korkmuştum!

Hep onun istediği gibi yaşadım. Hüsniye Hanım'ca...

Hayatım eşittir annemdi.

*

Bir tarafım çok seviyor onu, bir tarafım da sevmiyor... Ama onu çok özlüyorum.

Nesini özlüyorum, niye özlüyorum diye çok sordum kendime.

Yanıt, kendimi hiç sevmeyişimle ilişkili olmalı.

*

İnsan kendini sevmediğini ne zaman, nasıl anlar?

Bu sorulara kesin yanıtlar vermek çok güç. Ne söylense eksik kalır gibime geliyor. Nasıl ki insan kendini zamanla tanımaya başlıyor... Kendini sevmediğini de o sırada anlıyordur herhalde.

Bense kendimi sevmediğimi annem öldükten sonra anladım. Çünkü daha önce o vardı. Hayatıma öyle bir hükmediyordu ki ben kendimi sevip sevmediğimin farkında bile değildim.

Kendimi sevmediğimi anladığım zamanı saptamak annemle ilişkimin kilit noktalarından birini çözmemi sağladı.

*

Kendimi şahsiyetimle bu kadar oynanmasına izin verdiğim için de sevmiyorum. Şahsiyetimle oynayanların başını ise annem çekiyor.

Ama sonra, düşündükçe başka şeyler de gördüm: Sözgelimi daha küçücük bir kızken bile topal bir kediyi görmeye tahammül edemeyip ağladığım için gittiğimiz restorandan kalkmıştık. Ya da her şeye rağmen yırtık blue jean'lerle dolaşabilmişim. Öyle ya da böyle, sözümü geçirebiliyormuşum henüz.

Evet, kapılar üzerime kilitlenmiş İstanbul'da; evet, tokatlar peş peşe patlamış suratımda... Ama bunların hepsinde bir annenin kızını tek başına koruınaya çalışmasının da payı vardı mutlaka. Geçip gidebilirdi, gülunüp geçilebilirdi, unutulabilirdi, değişebilirdi. Tıpkı Tülay ablam için anne-kız ilişkisinin değişebileceği kadar değiştiği gibi.

Çoğu zaman evin tek geçim kaynağı benken, art arda çıkan o kadar albümden, geçen onca yıldan sonra bile aramızdaki efendi-köle ilişkisi değişmedi. Aksine, katmerlendikçe katmerlendi.

*

Şimdi bana öyle geliyor ki, ipleri bütünüyle annemin eline verişim ve gerçek bir kuklaya dönüşmem uğradığım tecavüzden sonradır. Çünkü annemin tahakkümünün çılgınlık derecesine doğru yol almaya başlayışı o döneme denk geliyor.

Hayatımda o kadar baskın bir yer tutacaktı ki, kendimi kendimle yaşamama izin vermeyecekti.

Başka türlü kendime ve hayata katlanamaz, başka türlü unutmuş gibi yapamazdım.

TRT'Yİ KARIŞTIRAN DRAMATİK SOPRANO

"Dinlediği müziği sonuna kadar açması güç toplamaya, korkusunu geçirmeye mi yönelikti, yoksa çıkardığım sesleri işitirse küskünlüğünün katışıksız nefrete dönüşeceğini mi düşündü?"

SES, CEM ATBAŞOĞLU

Çoğu zaman kendimi neredeyse doğduğumdan beri sevmediğime inandım. Hayatıma hükmederek kendimi sevmeyişimi unutturan annemse, kendimi sevmemi sağlayan tek şey de şarkı söylemek oldu. En başından beri.

*

İlk şarkımı ilkokulda söyledim. ORDA BİR KÖY VAR UZAKTA / O KÖY BİZİM KÖYÜMÜZDÜR... Öncesinde evde de bir şeyler söylemişimdir mutlaka ama onlar sayılmaz.

İlkokulda arkamda bir korom vardı. Benim için bir koro kurulması, bana verilen bu ilk solistlik, geleceğim açısından mutlaka belirleyici olmuştur.

*

İlkokul deyince aklıma daha çok komik şeyler geliyor.

Trafik koluydum ben. Teneffüslerde elimde küçük beyaz eldivenler, ağzımda düdük, yok oradan geçme buradan gitme, yok şunu yapma bunu yapma, öğrencilerin her hareketine karışırdım! İnsanların teneffüste ne yaptığından sana ne! İster koştururlar ister göbek atarlar! Hem bütün bunların trafikle ne ilgisi var? Neden böyle şeyler yaptığımı kesinlikle hatırlamıyorum.

Unutamadığım okul anılarımdan biri de 10 Kasım'da şiir okuyuşumdur. Çıktım, ilk iki dize tamam; Atatürk benim başöğretmenim / Ne öğrendiysem ondan öğrendim. Gerisi yok. Durdum, selam verdim, tekrar başladım: Atatürk benim başöğretmenim / Ne öğrendiysem ondan öğrendim. üç, dört, beş... Altıncıda baktım, öğretmenler beni kollarımdan tutup havaya kaldırmış, kürsüden indiriyorlar, ama ben hâlâ okuyorum: Atatürk benim başöğretmenim / Ne öğrendiysem ondan öğrendim.

23 Nisan'ların birinde elimde bayrak, stadyuma çıkar çıkmaz kayboldum; bir oraya koşuyorum bir buraya koşuyorum; bir ona çarpıyorum bir buna çarpıyorum; yok, sınıfımı bulamıyorum! Bağıra bağıra ağlamaya başladım gelip beni almaları için. Diğerinde de yürüyüş yaparak katılacaktık törene. Tam yürüyüş sırasında müthiş bir dolu başladı. Bütün arkadaşlarım kaçıp sığınacak bir yer buldu kendine, bir tek ben kalakaldım stadyumun ortasında. Öylece dikilip bekledim. Ertesi gün de kırk derece ateşle yatağa düştüm. Demek o zamanlarda da varmış bende bir gerilik!

*

İlkokula kendim mi gidiyordum, annem ilk gün yanımda mıydı, hiç hatırlamıyorum. Zaten hayatımın sadece Zerrin Özer olduktan sonraki kısmını hatırlıyorum neredeyse.

Şu bana her zaman çok tuhaf gelmiştir: Dünyaya geliyorsun ve acıyla ilk karşılaşıp tanışman içine doğduğun ailede gerçekleşiyor. Çocukluğumun büyük bir bölümünü en çok bu yüzden unuttum galiba.

Ama arkadaşlarımın okul çıkışında onları almaya gelen babalarına imrendiğimi çok iyi hatırlıyorum. Çocuklarının başlarını okşuyorlardı. Babamın üvey olduğu hissine ilk o zaman kapılmıştım. Çünkü anneler sever ama babalar çocuğunu sevmez diye biliyordum. Babam bir kere bile başımı okşamamıştı ki... Aynı, alay edip durduğumuz eski Türk filmlerindeki gibi, arkadaşlarımın babalarına bakıp bakıp içleniyordum.

*

Üçüncü sınıfa kadar Aydınlıkevler İlkokulu'ndaydım. Diğer bütün öğretmenlerimi unuttum ama ilk öğretmenim Zeki Bey'i unutamadım. "ZERRİN'İ SOSYALLİĞİNDEN, HAYATA BAĞLILIĞINDAN, İNSAN SEVGİSİNDEN SAKIN KOPARMAYIN," demişti anneme. Öğrencisini gerçekten seven bir öğretmenin cümleleridir bunlar.

Acaba kadın değil de, erkek oluşu etkilemiş midir sevgimi? Bilinçaltım sürekli babamın üvey olduğunu söylerken, onda baba sevgisini mi aramıştım? Sanmıyorum. Her koşulda yine o kadar çok severdim onu.

*

Dördüncü sınıfta Çankaya İlkokulu'na geçtim. Ortaokulu ise Namık Kemal'de okudum.

Okuduğum bütün okullarda çok sevildim. Çünkü kibarlıktan kırılırdım. İnsan ne kadar değişiyor; aradan yıllar geçecek, adam dövmeye başlayacakmışım meğer!.. Ama zamanımızın okullarında süren saygısızlığa bugün de tahammül edemezdim. Aradan yüz sene de geçse bu fikrim değişmeyecek. Katıldığım bir diploma töreninde bir öğrenciyi öğretmeninin yanında sigara içerken görünce üç gece uyuyamamıştım.

*

Defterlerim pürüzsüzdü. Başlıkları kırmızı kalemle özenle atar, son derece düzgün yazardım. Bütün bir ders yılı boyunca defterlerimin de kitaplarımın da tek bir sayfası bile kıvrılıp yıpranmazdı. Neden? Çünkü tembel bir öğrenciydim. Tembel öğrencilerin defterleri, kitapları düzgün, özenli olur. Derslerin çoğuyla başım hiç hoş değildi gerçekten.

Ama sesim bütün okullarda hemen ayırt edilirdi.

Ortaokulda fen hocam "ZERRİN ŞARKI SÖYLERSE BUGÜN İMTİHAN YAPMAM," derdi.

'GAMZEDEYİM DEVA BULMAM'ı okuturdu en çok. Neredeyse iki dersten birinde şarkı söylerdim.

*

Sesimi hiç sevmedim. Bazen, bazı şarkılarda sevdim, o kadar. Domates satar gibi şarkı söylerdim. Bağıra bağıra!

Bir ara, "ASİT Mİ İÇSEM ACABA?" diye düşünmüştüm. Sesim çatır çutur, çatlak çıksın diye. Kısık ve çatlak...

Şarkı söylerken sanki kavga ediyor gibiyim. Hırçın bir sesim var. Yıllar sonra kendisinden şan dersleri almaya başladığım Gül Sabar "ALLAH SANA HER ŞEY VERMİŞ, HEM GIRTLAK HEM SES RENGİ," dediğinde, "HOCAM, ACABA BENİM SESİM NEDİR?" diye sormuştum. Yanıtı "DRAMATİK SOPRANO," oldu. "PARDON HOCAM," demiştim, "BURADA DA MI BİR DRAM VAR YANİ!?" İçimden de "VAY ANAM VAY!" diye geçirmiştim, "DRAMATİK SOPRANO!"

*

İlk duyduğum şarkılar Türk Sanat Müziği'nden olmalı. Annem Zeki Müren kadar, Necdet Tokatlıoğlu'na ve Ziya Taşkent'e de hayrandı. Radyoda, televizyonda sürekli sanat müziği dinlerdi. Ablamsa halk müziğine, özgün müziğe tutkundu. Böyle bir ailede benim rock'a, blues'a yönelmiş olmam ilginç.

Orta ikideydim blues dinlemeye başladığımda. Anneme "AFFEDERSENİZ HANIMEFENDİ, KIZINIZ NE DİNLİYOR? TÜRKÜ DESENİZ TÜRKÜ DEĞİL, POP DESENİZ POP DEĞİL, OPERA DESENİZ O DA DEĞİL?" derlermiş. O zamana o kadar ters ki blues... Sesini de sonuna kadar açardım. Annemden çok tokat yedim bu yüzden.

Orta sonda Janis Joplin'le tanıştım. Bir arkadaşım vardı. Şahan. Arkadaşlarla birlikte onun evine gittiğimiz bir gün "SİZE BİR ŞEY DİNLETECEĞİM," dedi ve Janis Joplin'i koydu pikaba.

Dinlediğim anda âşık oldum sesine. Eğer öldüğü sene doğmuş olsaydım, ruhunu taşıdığımı iddia ederdim. Öyle önüne geçilmez bir istekle tanımak istedim ki onu... Bugün bile yurtdışına her çıkışımda hangi albümünü bulsam, bende olsun olmasın, mutlaka alırım.

Hayatımın her döneminde bütün acılarımda benim yanımda oldu. Sanki benimle ağlıyor, benimle dertleşiyor. Sanki ondan bazı sorularımın cevabını alıyorum, bana yön veriyor. Benim öteki ruhum gibi o. Halbuki marjinal bir hayat yaşamış. Uyuşturucudan öldü, sevgililerinden biri bir kadın... Enteresan bir kadın. Hele o dönemler için. Doğduğu yerde hiç sevilmemiş, bir ayrılmış, bir daha ölene kadar dönmemiş... Ben de yorumumun acılardan beslendiğine, sanatçılıkla mutsuzluğun neredeyse ikiz kardeşler olduğuna inanırım.

Onu tanımasaydım bir yoldaşım olmazdı bu hayatta... Öldüğümde mezarımın başında onun A Little Girl Blue adlı şarkısının çalınmasını istiyorum...

*

Ablam Tülay Özer sanki ben doğdum doğalı şarkı söylüyordu. Evlenip bizden ayrıldığında çok küçüktüm. Babamla hiç anlaşamazlardı. Yine de ablamı Kent Otel'de çok güzel bir düğünle evlendirdiğini hatırlıyorum babamın.

Zannediyorum Muazzez Abacı'ların, Emel Sayın'ların döneminde ablam radyoda Çocuk Korosu'ndaymış. Daha sonra da orkestra solistliğine başlıyor. Marmara Oteli'nde çalışıyor yıllarca ve günün birinde İstanbul'dan gelen bir yapımcı sesini keşfediyor. Tülay ablam ilk 45'liğini yapıyor. 'NİYE ÇATTIN KAŞLARINI'. Neşet Ertaş'ın.

Babam, ablamın şarkıcılık yapmasını hiç istemiyordu. Bu sorun restleşmelere kadar gitmiş olmalı. Çünkü ablam boşandıktan sonra tek başına yaşamaya devam etti ve yıllarca babamın evde olmadığı saatleri kollayıp, gizli saklı geldi bize.

*

Başlangıçta annem de istememişti onun şarkıcılık yapmasını. Ama ablam benden daha otoriter bir ruha sahipti; fazla karşı çıkamamıştı annem, kabullenmek zorunda kalmıştı sonunda.

Tuhaftır, şarkıcı olmak istediğimi söylediğimde ablam "BU MESLEK BİZE GÖRE DEĞİL, ZATEN BEN YAPIYORUM İŞTE," demişti. İçtenlikle ve bıkkınlıkla söylemişti bunu. Ama sonraları bu meslekte, özellikle anneme karşı çok destekledi beni.

*

Janis Joplin'e duyduğum aşk, şarkı söyleme isteğimi tutkuya çevirmişti. En büyük isteklerimden biri konservatuara gitmekti ama annemi razı etmek ne mümkün! Ben de bunun üzerine konservatuardaki derslere dışardan katılmaya başlamıştım. Çok sık değil ama ara sıra gidiyor, derslere giriyor, kantinde oturuyor, arkadaşlar ediniyordum.

Aslında tiyatrocu ya da şancı olmaktı idealim. Sınavlara da başvurmuştum ama kilolu bulunduğum için alınmamıştım! Yine de bu sayede Alev Sezer'i tanıma şansı edindim ve ondan hayatım boyunca unutmayacağım çok güzel şeyler duydum. Beni dinlediğinde çok güzel bir sesim olduğunu, bu sesi şan bölümüne girip teknik bir eğitimden geçerek bozmamam gerektiğini söylemişti.

Yine kantinde oturduğum bir gün arkadaşlarım TRT'nin düzenlediği bir yarışmadan söz ettiler ve katılmamı önerdiler.

Biyografimi yazıp başvurmam gerekiyordu. Annemden gizli, Çankaya'dan Kavaklıdere'deki TRT binasına kadar yürüyüp yarışmaya katılmak için gerekli belgeleri verdim. Benden önce yarışmaya tam bin kişinin başvurduğunu öğrendim. Başvurusu kabul edilen son kişiydim.

Yarışma günü jürinin önüne çıkmak için sıra beklenirken herkes birbirine şarkı söylüyordu. Ben de bir şarkı söyledim ve "SEN KESİN BİRİNCİ OLURSUN," dediklerinde çok utandım.

Sıra bana geldiğinde Semiha Yankı'nın 'SENİNLE BİR DAKİKA' adlı şarkısını söyledim. Jüri üyelerinden Doğan Canku okumam biter bitmez ayağa kalkıp "SEN DAHA ÖNCE NEREDEYDİN?" dedi ve birinci oldum.

Yarışmanın birincisi, Modern Folk Üçlüsü'yle birlikte televizyona çıkacaktı. Televizyonda aynı şarkıyı okumanın doğru olmayacağına karar verdiler. Hem bir yıl öncesinde Semiha Yankı aynı şarkıyla Eurovision'a katılmıştı, hem de Modern Folk Üçlüsü'nün vokaliyle birleşip şarkıya birçok ses girince 'SENİNLE BİR DAKİKA' orijinalinden daha güzel olmuştu.

Fakat daha televizyona çıkmama kalmadan Yedigün dergisi benimle bir röportaj yaptı ve "TRT'Yİ KARIŞTIRAN AMATÖR SES" başlığıyla yayınladı bu röportajı.

O zamana dek ablama defalarca yalvarmıştım, "NE OLUR BEN DE SENİN PLAK FİRMANDA ÇALIŞAYIM, ŞARKI SÖYLEYEYİM," diye. Sonunda sormuştu ama iki kardeşin aynı firmada olamayacağı gerekçesiyle reddedilmiştim.

Yedigün'deki röportajın hemen ardından, daha ben TRT'ye çıkıp şarkı söylememişken, bir sürü plak firmasından teklifler almaya başladım. Sesimi bile dinlemeden yaptıkları bu teklifler bana bugün de çok ters geliyor.

Bu arada ablamın firması da daha önceki gerekçesini bir kenara bırakıp bana teklifte bulundu. Aynı firmada olursak ablam beni koruyup kollar diye düşündük, kabul ettik.

*

TRT'ye çıktığımda Nilüfer'in 'GÖRECEKSİN KENDİNİ' adlı şarkısını okumaya karar vermiştim. Fakat çekim başladığında çok heyecanlandım. Okuyacağım şarkının adını sorduklarında kalakaldım. Herhalde duymadığımı sanıp tekrar sorduklarında "AAA, UNUTTUM!" dedim ve yerin dibine geçtim. Canlı yayın değildi ama "UNUTTUM," deyişimi samimi bulup kesmeden yayınladılar ve program olay yarattı.

BEDENİMİN ÖYKÜSÜ ACIKLIDIR

JAMES TORELLO: Jackson şu et çengeline asılıydı. O denli ağırdı ki çengeli eğdi. Cavlağı çekene dek üç gün orada asılı kaldı.

FRANK BUCCİERİ (kıkırdayarak): James herifi görmeliydin bir. File benziyordu. Hele Jimmy herife elektrikli copla vurduğunda...

JAMES TORELLO (coşkuyla): Çengelin üzerinde hopur hopur oynuyordu Jackie. Elektrik coptan daha iyi geçsin diye üzerine su döktük, çığlık çığlığa bağırıyordu...

-William Jackson'un öldürülmesiyle ilgili olarak FBI'ın (Federal Araştırma Bürosu) banda aldığı Cosa Nostra (Mafya) telefon konuşmalarından bir bölüm.-

ŞEYTAN, W. PETER BLATTY
(Türkçesi: Selami Sargut)

Bedenimin öyküsü acıklıdır...

Yaralarla, alaylarla, aşağılanmalarla, eziklikle rle, utançlarla, işkencelerle, atılamamış çığlıklarla ve isyanlarla örülüdür.

*

Çoğu zaman beynimde bir ip gerili olduğunu düşündüm. Akılla delilik arasındaki bir sınır çizgisi gibi. O ipin kopacağını ve delireceğimi sanıyordum.

Bu duygunun altında yatan şey, uğradığım tecavüzdür. Sevgilisine deliler gibi âşık, evlilik düşleri kurarken yeryüzündeki hiçbir nikâh davetiyesini düğününe yakıştıramayacak kadar coşkulu birinin kızlığını tekme tokat bir tecavüzle kaybedişidir.

Çok iyi bildiğim bir şey var ki, o gün içime başka biri girdi ve bir daha da gitmedi. Ezik, sinik, şahsiyetsiz, olur olmaz her şeye ağlayan, yaralı ve melankolik biri.

Eski Zerrin o gün orada, o yaşta öldü.

Ama bunu daha sonra anlatacağım. Bu bölüme sığmayacak kadar büyük, hiç kapanmamış bir yara bu. Neredeyse bedenimi baştan aşağı yaradan ibaret kılmış bir kanser hücresi.

*

Bedenimin kaderine ilişkin ilk satırları yazan sanırım anneannem olmuş. Doğduğumu haber vermeye evine gittiklerinde cinsiyetimi sormuş ve kız olduğumu söylediklerinde kapıyı gelenlerin suratına kapatmış.

*

Ailem solak olduğumu anlayınca günlerce kahrolmuştu. Uzun süre, sağ elimle yazmam için ısrar ettiler. O yıllarda solaklık bir kusur gibi algılanırdı. Ne kadar saçma sapan şeylermiş...

En sonunda çareyi solaklığımı ilkokul öğretmenim Zeki Bey'e sormakta bulmuşlardı. Sevgili öğretmenim anneme boşuna üzüldüklerini, solak insanların çok zeki ve farklı olduğunu, müdahale etmemeleri gerektiğini, aksine bu durumu bir şans saymak gerektiğini anlatmış. Ancak o zaman rahatlamıştı annemler.

*

Gözlüklerimin yarattığı üzüntü de ayrı bir fiyaskodur.

İlkokul birdeydim henüz. Deniz kenarında, çay bahçesinde oturduğumuz bir gün...

Babam demir atmış bir gemiyi gösterip "KIZIM, ŞU GEMİNİN ADINI OKUR MUSUN?" diye sordu. Baktım baktım, "BEN GÖREMİYORUM," dedim. Der demez annem elini dizine vurup bir çığlık attı! Nasıl üzüldüğünü anlatamam, "SEN DE Mİ BABAN GİBİ GÖZLÜK TAKACAKSIN!" diye.

Sanki bir hata yapmışım gibi hissetmiştim kendimi.

*

Bir başkasının sakatlığını ya da "kusur"unu görmeye katlanamazdım.

Ama herkes sizin kadar hassas değil... Bazı çocuklar çok

hain olabiliyor. İlkokuldayken genç irisiydim. Aşırı şişman değildim ama tombuldum. Çocuklar "GÖT GÖBEK" diye bağırırlardı arkamdan. Bunu hiçbir zaman unutamadım; bir deyim gibi işledi beynime, o lafı anarken bugün bile utanıyorum.

Hem çok üzülür hem de utançtan yerin dibine geçerdim. Bir suçlu gibi ezilirdim. Karşılık da veremezdim. Duymamış gibi yapardım. O günlerden beri hayatta en korktuğum şey insanların benimle alay etmesi oldu.

*

Gözyaşlarımla da çok alay edildi, "ZERRİN ÖZER YİNE AĞLADI!" diye. Ama benim karakterim böyle! Ne yapabilirim? Bunu anlamak ve kabul etmek çok mu zor?

Bir de öyle şeyler geliyor ki insanın başına... İnsan, acısını annesine ya da kardeşine bile anlatamıyor. Yıllarca yorganların altında gözyaşı dökebiliyor.

*

Annemle babam o kadar kavga etmelerine karşın yataklarını ayırmamışlardı, birlikte yatarlardı. Mütevazı bir yatak odaları vardı.

Hiç unutmuyorum, ilkokulda bir arkadaşım "ANNEM BABAMIN YANINDA SOYUNUYOR, GÖZLERİMLE GÖRDÜM!" demişti. Ben de, "AY NE TERBİYESİZ ANNEN VARMIŞ!" demiştim! "BEN DE ANNEMİ BABAMIN YANINDA KOMBİNEZONLU GÖRDÜM BİR KERE AMA SENİNKİ GİBİ SOYUNMUYOR!"

Çocukluğun o saflığı bambaşkaymış tabii ama bugün bunları doğru bulmuyorum. Öpüşülünce hamile kalındığını sanırdım ben! Tutucu bir aile olmamıza karşın filmlerdeki öpüşme sahnelerinde gözlerimi kaçırır, başka şeylerle ilgileniyormuş gibi yapardım!

İlk reglimi anneme söylemeye çok korkmuştum. Tokat atarlarmış, annem böyle bir şey yapmadı. Ama bunu yaşamaya hazırlıklı mıydım, değil miydim, hiç hatırlamıyorum. Tıpkı göğüslerimin çıkmaya başlayışını, cinselliğimi ilk keşfedişimi ya da bedenimdeki ilk tüyleri hatırlamayışım gibi. Böyle ne çok şeyi silmiş beynim. Bu unutuşta acıklı bir şeyler var gibi geliyor bana şimdi.

*

Bedenimi yırtık blue jean'lere, bileziklere ve hippiliğe çağıran şey ruhumdaki isyandı. Nedenini bilmiyorum bu isyanın. İthamlar mı, iftiralar mı, acı aile ilişkileri mi?..

Annemler benimle yan yana yürümek istemezlerdi Çünkü sokakta insanlar arkamdan "DELİ!" diye bağırırlardı.

Daha önce de anlattım ya; bir gün eve bir geldim, annemle Tülay ablam Janis Joplin posterlerimin ve blucinlerimin hepsini kesip yırtmışlar.

İnsanın hakkına tecavüzdür bu. Evladı da olsa kimse bir insanın üzerine bu kadar gitmemeli. Yoldan çıkabilirdim.

"BENİM BU EVDE NE ZAMAN SÖZÜM GEÇECEK?" diye sormuştum o gün sinirlenerek. "EVE NE ZAMAN PARA GETİRİRSEN O ZAMAN," diye karşılık vermişti Tülay ablam.

Hayatım boyunca bana söylediği en ağır sözdür bu.

İnsanın kendi bedeni üzerinde söz sahibi olabilmesinin paraya baktığını o gün kestirememişimdir herhalde.

*

O olmasaydı Janis Joplin'i tanıyamaz, tanısam da anlayamaz, o kadar derinden hissedemezdim herhalde. Ya da, ne kadar istersem isteyeyim, yırtık blue jean'lerle dolaşacak cesareti gösteremezdim. Ölü bir bedenin gücünden, etkisinden, ölü bir bedenin fotoğraflarına duyulan hayranlık ve sevgiden söz edeceğim... Atatürk'ten.

Onun karatahta üstündeki portrelerine ya da okul bahçesindeki büstüne büyük bir saygı ve sevgi duyulurdu bizim zamanımızda. Benim için su içmek, yemek yemek kadar önemlidir Atatürk sevgisi.

Ailem de âşıktı ona. Konuklarından biri Atatürk'ün özel yaşamıyla ilgili saçma sapan bir dedikodu yaptığında annem sinirden çıldırmış, sabaha kadar ağlamıştı.

Hiçbir devlet adamının ayağına gitmeyişi, onun o muhteşem gücü beni her zaman etkilemiştir. Yıllar sonra, Amerika'da bir banka memurunun Türkiye'yi ancak Kangal köpeğinin adı geçince tanıdığına tanık oldum ben!

Gericiliğin tırmanacağını da yıllar önce sezmiştim ama maalesef bizde birlik olma duygusu gelişmemiş.

Seksen küsur yıl önce nelere imza atmış bir önder, Türkiye'nin bugünkü halini görse ne düşünürdü acaba? İyi ki böyle bir ihtimal yok...

*

İnsan bedenini hedef alan, cinsel içerikli, saçma sapan yıpratma mekanizmaları yaratılmasını insanlığa hiçbir zaman yakıştıramadım.

Ailem mezhep propagandası yapmazdı; bu konuya ilişkin herhangi bir konuşma hatırlamıyorum, ama Alevi olduğumuzu bir biçimde anlamıştım. Evlenmeler falan söz konusu olduğunda da mezhep ayrılığından söz etmezlerdi hiç. Hatta ikisinin cenazesi de camiden kalktı, Cem Evi'nden değil. Hiçbir tutuculukları yoktu bu konuda.

Alevi olduklarını gizlemezlerdi. Ama arkadaşlarımın aileleri Alevi olduklarını açıklamaktan kaçınırlardı. Türkiye'de Alevi olduğunu söyleyen ilk kişilerden biriyim. Utanılacak bir şey değil bu.

Tam tersine, insanlık adına Aleviliğimle gurur duyuyorum. Hatta bazen şöyle düşünüyorum: Eğer dinsiz olarak doğsaydım, dünya görüşüm beni yine Aleviliğe getirirdi, nerede rastlasam yine kanım kaynardı Alevilere. Ömür boyu çalışıp didinerek kim bilir ne zaman ulaşabileceğim bir kültürün bana doğar doğmaz armağan edilmesini büyük bir mutluluk, büyük bir güç olarak taşıdım içimde.

Gerçi Aleviliğimi açıkladıktan sonra, tıpkı bu yüzden işlerinden olan insanlar gibi, ben de haksızlıklara uğradım. Üstelik açık haksızlıklar değildi bunlar! Bazı şeyler vardır, bilirsin, anlarsın, ama somut bir şey koyamazsın ortaya.

Aleviler hakkında abuk sabuk konuşulduğunda çok sinirleniyorum. Ama "kanıma dokunmasıyla" alakası yok bu üzüntümün. Sünniler için de o kadar abuk sabuk konuşulsa yine sinirlenirim. Ancak hasta zihniyetlerin üretebileceği bu türden dedikodular insanın insanlığa karşı en büyük ayıplarından biridir.

İstanbul'da Batı Dilleri'nde birlikte okuduğumuz bir kız arkadaşım kantinde "mum söndü" diye bir şeyden söz etmeye başlamıştı. "GEÇEN GÜN DAYIM MUM SÖNDÜ'NÜN NE OLDUĞUNU ANLATTI," diye girmişti söze. "NEYMİŞ O?" diye sormuştum. "İŞTE, ALEVİLER MUM SÖNDÜ'DE ANNE BABA KARDEŞ FALAN TANIMAZLARMIŞ," demişti. Kendimi tutamayıp "DAYIN DA MI YANLARINDAYMIŞ?" diye bağırdığımı hatırlıyorum. Ardından, "BİLDİĞİNE GÖRE YANLARINDAYMIŞ DEMEK Kİ! NE DİYORSUN SEN KIZIM, BEN ALEVİYİM!" diye bir giriştim kıza!..

*

Özel ilişkilerim dışında, beğeniyi aşıp cinsel bir yöne kayan sözler karşısında daima utandım. Günün birinde bir spor yazarı katıldığım bir davette "DÜNYANIN DÖRTBİR YANINDA BİRÇOK KADIN TANIDIM AMA SİZİN KADAR SEKSİSİNİ GÖRMEDİM," dediğinde başımdan aşağı kaynar sular dökülmüştü.

Mersin Otel'de program yaparken. dönemin emniyet müdürünün, valisinin ve üst tabakanın katıldığı bir gecede, emniyet müdürünün masasından biri beni yanına çağırıp "BİZ İÇİNİZDE SUTYEN VAR MI YOK MU DİYE İDDİAYA GİRDİK," deyince beynimden vurulmuşa döndüm. Bir sonraki şarkıya geçmeden önce, "BU MASA SIFIRDIR ARTIK, DİĞER MASALARA SÖYLÜYORUM ŞARKILARIMI," dedim. Ama şarkıya başlayınca önce gitarın sesi gitti, sonra da mikrofonum kapandı. Elektrikler kesildi zannedip ısrarla bağıra bağıra şarkı söylemeye devam ettim. O sırada bir baktım, otel çalışanları kollarımdan tutup sürükleyerek, kaçırırcasına kulise götürdüler beni. O kadar sinirlendim ki kapıyı tekmeleyip aynaları kırmaya başladım. Çıldırmıştım uğradığım bu haksızlık karşısında. Ama amaçları adamlarla kavga etmemi önleyip beni korumaktı aslında. Ertesi gün otelin camlarındaki ve lobisindeki afişlerimi söktüklerini görüp üzüldüm. Tam o sırada bir garson gelip otel müdürünün benimle görüşmek istediğini söyledi. Odasına girdiğimde bütün garsonların, ellerinde pastayla beni beklediklerini gördüm. Sonradan, o pastayı ortaklaşa aldıklarını öğrendim müdürden. Benimle aynı değerleri paylaştıklarını bu büyük incelikle anlatmayı istemişlerdi. Otelde dört gün misafir edildim ve çalışmışım gibi para ödendi... Dünyanın bütün kötülüklerine rağmen duyarlı insanların da olduğunu bilmek büyük bir dayanma gücü veriyor. Cinselliği kötüye kullananlar kadar bu çirkinliğe, rütbe mevkii tanımaksızın kahramanca başkaldırarak yanınızda yer alanların varlığı size yalnız olmadığınızı hissettirip hayattan kopmanızı önlüyor.

*

Çocukluğumda her gün her gün şiddetli dayaklar yemedim. Ama bir kere yedim, tam yedim; menenjit oldum.

Orta sondayken arkadaşlarla okulu kırmaya karar vermiştik bir gün. Sıra arkadaşım Tijen, Dilek, Erdoğan ve ben. Çok merak ediyorduk bu hissi. Büyük olasılıkla hayatımızda ilk ve son kez böyle bir şey yaşayacaktık.

Okulu asıp da yapmayı planladığımız şeyse Kızılay'daki Soysal Pasajı'nın üstündeki kafeye gidip oturmak!

Fakat Tijen bir süre sonra bize katılmayacağını söyledi. Biz üçümüz gittik; tost yiyip çay içtik bütün gün. Eve özellikle gecikti çünkü normalde okul çıkışında voleybol antrenmanına katılmam gerekiyordu. Eve geldiğimde annem okulun nasıl geçtiğini sordu. Çok yorulduğumu söyledim antrenmanda. Bunun üzerine annemden önce okkalı bir tokat yedim. O tokatla kalmadı ve Nilgün ablamla birlikte beni terlikle dövmeye başladılar. Tam bir saat. O arada anneme işin aslını anlattım. Annem bir ara dövmeyi kesip, elinde resmimle o kafeye gidip, tuvaletçi kadına o gün oraya gidip gitmediğimizi sormuş, doğru söylediğimi öğrenmesine rağmen gelince ablamla tekrar başlamışlardı dövmeye. Başıma başıma vuruyorlardı. Babam da evdeydi. Hiç sesini çıkarmadan, arkası bize dönük, pencereden dışarıya bakıyordu...

O gün meğer Tijen bize gelip anneme nasıl olduğumu sormuş. Okula gelmediğim için beni çok merak ettiğini söyleyerek, nasıl bir duyguyla bilinmez, bizi ele vermiş. Daha doğrusu sadece beni ele vermiş. Ama annem ailesine haber verdiği için Dilek de dayak yemişti sonradan.

Neyse, aradan iki gün geçti, ben derste birden fenalaştığımı hissettim. Son derse kadar zor bekledim. Çıkınca yürümekte güçlük çektiğimi fark ettim. Yalpalayıp duruyor, ağaçlara tutuna tutuna yürüyordum. Arkadaşlarıma seslendim, beni dolmuşa bindirmelerini söyledim. Eve nasıl gittim hatırlamıyorum. Yatağa yatar yatmaz çok kötü istifra ettim. Boynumun tutulduğunu hissettim.

Nilgün ablam Hacettepe Üniversitesi'nde fizyoterapi bölümünde okuyordu. Üniversiteden gelince ayaklarımı, başımı kontrol etti ve çok telaşlanıp bağırmaya başladı. Üst katta bir doktor oturuyordu, onu çağırdılar. Başımı çeviremediğimi gördü doktor. Menenjitten şüphelenip "HASTANEYE KALDIRALIM," dedi. Hacettepe'ye gittik. Annemden imza istediler, çünkü belimden sıvı almaları gerekiyordu ve en küçük bir hareketimde felç geçirebilir ya da kör kalabilirdim. Belimden sıvı alırken tam dört tane hademe tuttu kollarımdan ve bacaklarımdan. Ömrümde bir daha öyle bir acı yaşamadım. Bağırmak için ağzımı açıyordum ama acının şiddetinden sesim bile çıkmıyordu.

Menenjit teşhisi konunca ambulansla başka bir fakülteye gittik. Annemle ablam bana bir şey olursa yaşayamayacaklarını söylüyorlardı ambulansta. Çünkü doktorlar başımdan darbe alıp almadığımı sormuşlar. Onlar da hemen, başıma indirdikleri terlikleri hatırlamışlar tabii...

Tıp fakültesinde süren tedavim sırasında sürekli halüsinasyonlar görüyordum. Bir de her şeyi çift görmeye başlamıştım. Boynumu hâlâ hareket ettiremiyordum. Günde otuz tane ilacım vardı. Ablam her okul çıkışı yanıma geliyordu. Vicdan azabından olsa gerek. Annem de her gün hastanedeydi. Bir gün babamın neden gelmediğini sordum. Hastalığım bulaşıcı olduğu için gelmediği yanıtını aldım. Gerisi tam bir yıkım...

*

Bir de insanın şahsiyetiyle oynayan dayaklar var ki, sonuçları belki de menenjitten daha yıkıcı.

İstanbul'daki en eski dostlarım Ayten Alpman'ın kızı Ayşe Gencer, Selim Selçuk, İlhan Gencer ve Ayşegül Aldinç'tir. Ayşegül İlhan'la beraberdi, Ayşe de Selim'le.

Galata Kulesi'nde program yaptığım dönemde, Ayşe'yi caz söylemesi için çok cesaretlendirip destek olmuştum. Ayşe'nin sahneye çıkacağı ilk gece yanında olmak istiyordum. Anneme telefon açtım. Santralde çalışan kız bağlamıştı telefonu ve dinlemede kalmıştı. Annem öyle bir hakaret etti ki bana, o an en çok santraldeki kızdan utandım. Hemen eve dönmemi istiyordu. Hayatta ilk defa annemi dinlememeye karar verdim ve oturup Ayşe'nin programını seyrettim. Ayşe çok başarılıydı o gece.

Program bitiminde dördü beni eve bırakacaktı. Apartmanın önüne bir geldik, annem aşağıda bekliyor! Arkadaşlarımın yanında beni saçlarımdan tutup öyle bir sürükledi ki yerlerde, nasıl utandığımı anlatabileceğimi sanmıyorum.

O gece yaşananlar orada kaldı. Hiçbiri, hiçbir zaman bu rezaleti yüzüme vurmadı.

*

Beden ve dayak deyince, çuvaldızı kendime de batırmam gerekiyor.

Bir kadın kaç erkeği döver, kaç erkeği dövebilir? Ama işte, saygısızlığa hiç tahammülüm yok...

Nükhet Duru bazen beni görür görmez anlar. "YİNE BİRİNİ DÖVMÜŞSÜN SEN," diyerek yürür geçer yanımdan.

Ama bunları da daha sonra anlatacağım.

*

Aynalara şarkıcı olduktan sonra çok sık bakmaya başladım. Ama kendimi hiçbir zaman güzel bulmadım.

Bedenime yönelik ilk iltifat, ilk iyileştirici söz neydi, kim söylemişti, onu da hatırlamıyorum. Ama şu iki hareket bana daima şefkati anlattı: Başımın okşanması ve alnımdan öpülmesi.

*

Şanar Yurdatapan'ın abisi şarkı sözü yazarıydı. Yanılmıyorsam Tuğrul Dağcı diye imza atıyordu şarkı sözlerine. Annemin bir arkadaşı bu kişiyi çok iyi tanıyordu. Anneme günlerce yalvardım beni ona götürmesi için. Sesimi dinlemesini istiyordum. İstanbul'a göç etmemişiz, Ankara'dayız daha. TRT'nin yarışmasına girmemişken. Janis Joplin'in sesinin ve şarkılarının hayatıma tesir etmesinden hemen sonra. İlk istek, ilk umut.

Annem ısrarlarıma dayanamayıp aldı randevuyu. Birlikte gittik. Üzerimde kürklü mürklü bir gocuk. Zaten kiloluydum ama onu giyince iyice şişman görünüyordum.

"SEN NİYE GELDİN Kİ?" dedi beni görünce. "SEN BU HALİNLE TELEVİZYONA ÇIKSAN HERKES KAPATIR TELEVİZYONU."

Dinlemek bile istemedi sesimi. "GALİBA YANLIŞ ANLADINIZ, AMACIM GÜZELLİK YARIŞMASINA GİRMEK DEĞİL," dedim. "İSTERSEN DÜNYANIN EN İYİ SESİNE SAHİP OL, BU HALİNLE KİMSE SEYRETMEK İSTEMEZ SENİ! BAK MESELA NİLÜFER'E, NE KADAR GÜZEL!" diye karşılık verdi. Karşısında çok güç tuttum kendimi ve kapıdan çıkar çıkmaz ağlamaya başladım.

Bu konuşma hayatımdaki ilk rejimin tetikleyicisi oldu. O güne dek annem yaptığı pastaları börekleri benden kaçırıp saklamak için çırpınıp dururdu. Ben de duygu sömürüsü yapar, "BİR POĞAÇAYI BİLE ESİRGEDİĞİN KIZIN," türünden notlar bırakırdım sağa sola.

O günden sonra tam on sekiz kilo verdim. Zayıfladığımda fotoğrafımı çektirip o adama göndermek istemiştim birkaç kere. İçime işlemiş, beynime kazınmıştı o alaycı tavrı ve zalimane konuşması.

Ama günün birinde 'GÖNÜL' şarkısı patladı ve ilahi adalet o kişiyi evime kadar getirtti. Telefon edip, yeni bir şarkı için benimle anlaşma yapmak istediğini söylemişti. Randevu verip önce bir süre beklettim, karşısına çıkınca da başka bir işim olduğunu söyleyip iznini istedim ve evden çıkıverdim.

*

Gazetecinin biri ben havuza girerken gizlice fotoğrafımı çekmiş. Başlık "FOK BALIĞI HAVUZA ATLARKEN."

Bu saygısızlık, bu seviyesizlik çok yıpratıcı, insanlık adına gerçekten çok umut kırıcı.

Sesimi beğenmeyebilirsin, hatta bir öküz gibi şarkı söylediğimi düşünebilirsin. Ama bir kadının duygularıyla oynama hakkını nereden alıyorsun?

*

Bedenimden en çok şişmanladığım dönemlerde utanmama karşın bu konuda da istikrarlı olamadım, daima iki uç arasında gidip geldim. Şişmanladıkça şişmanlayıp ölümüne rejimlere girdim. Çirkin, yaşlı ve bitmiş bir bedene sahip olduğumu düşündüğüm dönemlerin sayısı hiç az değil.

Haftada bir defa pasta yesem olmaz mıydı? Hayır! Her gün yerdim! Sinemaya sadece frigo yiyebilmek için gitme terbiyesizliğini bile yapmış biriyim. Mesela, ileride hayatımdaki çok özel yerini daha ayrıntılı olarak anlatacağım sevgili dostum Fulya Ündüz'ün yanında çalışan Saniye Hanım'ın yaptığı küçük hamurlar şu sıralar bir türlü aklımdan çıkmıyor. Yani Fulya'ya da gidebilirim yakında!

Yedikçe yemek, kilo batağına battıkça batmak hayatımın en büyük çelişkilerinden biri oldu. "YİYECEĞİM DE NE OLACAK?" diye soruyorum kendime. Ama bu sorunun yanıtı sığ bir oburluk ya da açgözlülük yakıştırmasıyla açıklanabilecek kadar basit değil.

Kendimle alıp veremediğim bir şey var. Hep kavga ettim kendimle. Kilo alışlarım da bu kavganın bir parçası. Yoksa neden kendi elimle kendime eziyet edeyim? Şişmanladığım dönemlerden birinde akla sığmayacak bir süreyi tek bir koltukta geçirdiğimi bilirim. Ye, iç, yat. Kalk, tekrar ye, tekrar iç, tekrar yat. Tam yirmi gün!

Yemek yemeyi çok özlemek, kendini durduramamak, boyuna kilo almak ruhun çöküşüyle ilgili bence. Şişmanlayınca kendimi sevmeyişim doruğa çıkıyor. Geriye sevecek hiçbir şeyim kalmıyor artık. Giyinmek, kendini göstermek gibi şeylerin tümünden kopuyorum, sokağa adım atmak gelmiyor içimden.

İşte tam bu aşamada, bir kaçış oluyor artık şişmanlamak. Aldığım darbelerden, alışamadığım küçük oyunlardan, tiksindiğim yalanlardan, hazmedemediğim ikiyüzlülükten, kaldıramadığım saygısızlıktan, beni katil edebilecek hadsizlikten ve hayatımı altüst eden ilişkilerden sonra, insanlarla eskisi gibi görüşmemi engelliyor şişmanlamak.

İnsanlarla arama yağdan duvarlar örüyorum.

*

Bir dönem Berhan Şimşek'le beraberdim. Beni gerçekten sevdiğine inandığım ender insanlardan biridir, çok değerlidir benim için.

"ZERRİN, SEN LÜTFEN SAHNEDE KAL. ORADA O KADAR BÜYÜYORSUN, O KADAR ULAŞILMAZ OLUYORSUN Kİ..." derdi hep.

Aynı lafı çok kişiden duydum. Bu durum benim için her zaman bir bilmece olarak kaldı. Gerçekten de sahnede bambaşka biri oluyorum. Ama sahneden iner inmez ezik ve sinik birine dönüşüyorum.

Belki normalde de sahnedeki gibi olabilseydim, bu hayatta daha az kırılırdım.

*

Annem birçok şey gibi, zencileri de hakir görür, nefret ederdi onlardan. Bense ezelden beri hayrandım zencilere. Gerçek müziğin onların yaptığı müzik olduğuna inanmıştım.

Zenci bir sevgilimin olmasını her zaman dilemiştim. Oldu

da. Charles. Çoğu zenci gibi onun bedeni de bir heykeli andırıyordu. Gittiğimiz spor salonunda "NASIL BU KADAR İYİ OLABİLİYOR VÜCUTLARI, SORAR MISIN?" demişlerdi. Çünkü yaşamları doğayla çok iç içe. Bir sürü kremi vardı Charles'ın ve hepsi doğal kaynaklardan, ağaç köklerinden, yapraklardan yapılmıştı. Bana "AFRİKA'YA GELSEN TANSİYONUN FALAN KALMAZ," derdi sürekli.

Charles'la çok güzel bir ilişki yaşadık. Benimle evlenmek istedi ama olmadı. Kötü bir dönemime denk gelmişti.

*

Çocuğun anlamını ve önemini daha yeni idrak ediyorum. Umarım geç kalmamışımdır. Çünkü eşim Levent'ten bir çocuğumun olmasını çok istiyorum.

Bir iki kere kürtaj oldum, yaptığım şeyi tam olarak anlayamadım. En sonuncusunda sordum, "NE YAPTINIZ?" diye, "TUVALETE ATIP ÜZERİNE SİFONU ÇEKTİK," dediler!

Korkunç bir şey bu... Halbuki birisiyle birlikte oluyorsan dikkat edeceksin, değil mi? Bu kadar hoyratça yaşanır mı? O da bir can... Sana tutunmuş... Katilsin bir anlamda! Nasıl böyle şeyler yapabildim, bilmiyorum.

Üstelik çoğu zaman erkek istemez çocuğu. Benimkilerde tam tersi oldu; birlikte olduğum kişiler istedi, ben istemedim.

Bir evlat isteme hissini yaşayamadım hiç. Çok tuhaf bir şey var bende... Sanki benim çocuğum olamaz. Ben sanki üçüncü bir cinsim ve çocuk sahibi olma hakkına sahip değilim.

Bir erkek ruhu var içimde. "ACABA KADIN GÖRÜNÜMÜNDE BİR ERKEK MİYİM BEN?" diye sordum bazen kendime. Eşcinsel olsam tam oturacak üstüme. Ama değilim, kadınlara ilgim yok. O zaman niye böyleyim?

Belki de en önemli rolü para oynadı. Kürtaj oldum, çünkü çalışmam lazımdı. Para makinesi olarak görüldüm ben. Kuklaya para kazanması gerektiği söylenmişti.

*

Arada sırada kendimi "BEŞ KURUŞUM OLMASA, HER SEVENİMDE BİR GÜN KALABİLİR MİYİM ACABA?" diye düşünürken yakalıyorum. Sonra ölümüm geliyor aklıma. "CENAZEME KAÇ KİŞİ GELECEK?"

Sevgi denen şey bir cenazenin kalabalıklığıdır belki de. Böyle hissediyorum bazen.

İSTANBUL GELİŞİM ORKESTRASI
VE
İLK AŞK

"Beybi, biz babasız kızlar her erkekte o kayıp babamızı ararız ve asla bulamayız. Onun için yalnızlığımız hiç bitmez bizim."

-Turkish Delight lakabıyla anılan, Amerika sahnelerinde yıllarca çalışan, Türkiye'nin ilk büyük dans sanatçısı Nejla Ateş'e söylenmiş iki cümle.-

MARILYN MONROE

Tülay ablam 'İKİMİZ BİR FİDANIN GÜLLER AÇAN DALIYIZ' adlı şarkısıyla Türkiye'yi ayağa kaldırdığında Ankara'daydık daha. İstanbul'dan aldığı tekliflerin ardı arkası kesilmiyordu. O da eşinden ayrılmıştı, annem de. İstanbul'da hem maddi hem de manevi açıdan bizi daha iyi bir gelecek beklediğine inandık ve ablam İstanbul'da yapacağı işleri garantiledikten sonra Ankara'dan temelli ayrıldık. Annem, Tülay ablam, Nilgün ablam ve ben. Songül ablam evlenmişti, o Ankara'da kaldı.

Hiç kimseye haber vermedik İstanbul'a taşınacağımızı. Bir tür kaçış gibiydi. Her şeyden.

Ankara'dan ayrıldığımız için tek üzülen bendim herhalde. Arkadaşlarımdan kopmayı hiç istemiyordum. Hatta taşındığımız gün, İstanbul'a artık çok yaklaşmışken bile "BENİ ŞİMDİ BIRAKSANIZ ANKARA'YA YÜRÜYEREK GERİ DÖNERİM," diyordum.

*

İstanbul'da tanıdığım tek bir kişi vardı: Ahmet. Henüz annemle babam ayrılmamışken, Erdek'teki yaz tatillerimizden birinde tanışmıştık. Alain Delon'a benziyordu. İlk flörtüm olduğunu söyleyebilir miyim bilmiyorum. Ona duyduğum şey aşk değildi sanırım. Aşka benzemeyen, ama tek başına ne cinsel ne de platonik ilgiyle açıklanabilecek bir duygu...

Benzeri hislerle yaklaştığım ilk kişi Emre adında bir çocuktu. Ankara'da Yeşilköy'de oturmuştuk bir ara. Onlar karşı apartmandaydı, annesi öğretmendi. Onu görme umuduyla heyecanla pencereden bakar, o da beni görsün diye perdeyi açık bırakırdım. Evdekilerin dikkatini çekiyor muydu bu halim, hatırlamıyorum. Ama perdenin açık kalması belli belirsiz kuşku uyandırmış olabilir, çünkü perdeyi babam gelip çekmişti birkaç kez.

Ahmet'ten önce çok çocuksu bir aşkla Timothy'yi de sevmiştim. Çankaya'daki Amerikalı komşularımızdandı Timothy. Ailelerimizin bu çocuksu aşktan haberi yoktu. Ortada ciddiye alınacak bir şey de yoktu aslında. Öpüşmemiştik bile.

Ama annem Ahmet'i biliyordu. Demek ki aşka biraz daha yaklaşmışım artık. Sürekli mektuplaşıyorduk onunla. 34 plakalı bir araba gördüğümde Ahmetler geldi sanıyordum. İstanbul denen şehir benim için Ahmetlerin oturduğu bir yerden ibaretti.

Selamiçeşme'de oturduklarını bildiğim için İstanbul'a yerleşme meselesi ortaya atıldığından beri aynı semtte ev tutalım diye tutturmuştum ama Şişli'ye taşınmıştık sonunda.

Bir kere Ahmet bize geldi, bir kere de ben onlara gittim, topu topu iki kere görüşebildik İstanbul'da. Kısa bir süre sonra Fransa'ya yerleşti, bir daha göremedik birbirimizi.

*

Nilgün ablam Şişli Etfal'de fizyoterapist olarak çalışmaya başlamıştı. Küstüğü sevgilisini, Suat abiyi Ankara'da bırakmıştı. Hacettepe'de okurken sanat müziği korosunda tanışmışlar. Ama İstanbul'a geldiğimizde telefonlaştılar, yazıştılar ve barıştılar. Bir süre sonra Nilgün ablam evlenip Ankara'ya dönecek, ama iki buçuk yıllık evliyken eşini kaybedecekti. Yanlış kan verildiği için. Gazetelerde "ÖLÜRKEN BİLE ONLARCA KİŞİNİN HAYATINI KURTARAN DOKTOR" diye çıkmıştı haberi.

Eniştem ölünce ablam tekrar İstanbul'a döndü oğluyla. Kimsenin Atahan'a üvey babalık yapmasını istemedi ve bir daha evlenmedi. Ben ve Tülay ablam ayrı evlere çıktığımızda annemle birlikte yaşadılar.

Annemden o da çok mustaripti. Doktor arkadaşları eve geldiğinde odadan çıkar, "HÂLÂ GİTMEDİLER Mİ?" diye sorarmış yüzlerine karşı. Ne korkunç şeyler...

Söz Nilgün ablamdan açılmışken şunu da yazmalıyım: Çocukluğumda annemden sonra en çok korktuğum kişi Nilgün ablamdı. Sokağa çıkmak için annemi ikna etsem Nilgün ablam dikilirdi karşıma. Ama en kızdığım ablam zamanla sırtımı en çok dayayabildiğim kişi oldu. Menenjit geçirdiğim sırada okulu dışarıdan bitirebilmem için evladıymışım gibi ilgilendi benimle. Bir daha da hiç ayrılmadı yanımdan. Maddiyattan alabildiğine uzak kaldı. O kadar sorunlu bir ailede... o kadar sorunlu bir aileden sonra bile bana sevgiyi yaşatmayı başardı.

*

Tülay ablama teklif üstüne teklif yağıyordu İstanbul'a geldiğimizde. Plakçıların biri gidiyor, biri geliyordu eve. Şimdi olsa 'İKİMİZ BİR FİDANIN GÜLLER AÇAN DALIYIZ'ın yakaladığı satıştan kendisine en az on tane daire alacak kadar para düşerdi. Önceleri koridorlarında farelerin cirit attığı plak firması, sayesinde epeyce yenilenip büyüdü. Ama ablamın eline hiç para geçmedi. Benzer bir başarıyı 'GÖNÜL' şarkısıyla yakaladığımda ben de hiç para kazanamayacaktım. O yıllarda öyleydi, şarkıcı plaktan hiçbir şey kazanmıyordu. Ablamın şarkıcılıkta diretmemiş oluşunun nedenlerinden biri de buydu belki.

İstanbul'a yerleştikten sonra tahsil hayatım bitti. Lise ikideydim o yıl. Okulu bırakmayı ben istedim. Kararlıydım. Daha önce söz ettiğim gibi, ipleri tamamen annemin eline vermemiştim daha, kabul etmek zorunda kaldılar.

Ablam ününün doruğundaydı. Neredeyse bütün Şişli'de biliniyordu Tülay Özer'in kız kardeşi olduğum. Bu durumdan ne o dönemde rahatsız oldum ne de daha sonra. Ablam şöhreti çok onurlu, çok zarif bir biçimde taşıdı. Daha sevecen, daha anlayışlı birine dönüştü.

Annem kapıları üzerime kilitlediği, hiçbir yere çıkmama izin vermediği için çok sıkılıyordum. Arkadaşlar edinmek istiyordum. Ablamdan beni Batı Dilleri'ne yazdırmasını rica ettim. Bu ricamı ikiletmedi. Hiç unutamam.

İyice ünlendiğimde annem "ÇOK ACI BİR ŞEY AMA BİLİYOR MUSUN, ABLAN SENİ KISKANIYOR," demişti. Mutlaka bir şey olmuştur ve annem onun üzerine böyle bir laf etmiştir. Ama önemsenmeyecek türden, kim bilir ne için duyulmuş, gelip geçici bir kıskançlıktı belli ki. İki kardeşi düşmanlığa sürükleyecek bir kıskançlık asla yaşanmadı aramızda.

Ablamın şarkılarını hiç sevmiyordum. Her yerde 'İKİMİZ BİR FİDANIN GÜLLER AÇAN DALIYIZ' çalıyordu ama ben bu şarkıyla da dalga geçiyordum. Çünkü sadece yabancı müzik dinliyordum. Hiçbir zevkimiz birbirini tutmuyordu. Röportaja geldiklerinde arada sırada bizim fotoğraflarımızı da çekiyorlardı. Kılık kıyafetime de değinip, "KARDEŞİYLE BİRBİRLERİNE HİÇ BENZEMİYORLAR" diye yazıyorlardı.

*

TRT'deki birinciliğim şarkı söyleme isteğimi iyice pekiştirmişti. O sıralarda Deniz İzgi'yle tanıştım. Aslında ablamın arkadaşıydı ama zamanla benimle daha yakın olmuştu. Sonradan menajerliğimi de üstlendi. Galata Kulesi'nde sahneye çıkmamı sağladı. Annemi nasıl olup da ikna edebildiğimi hatırlamıyorum. İlk program çıkışında "ALLAH'IM! ŞU AN GECE VE BEN DIŞARDAYIM!" diye sevinmiştim!.. Ne büyük yasaklarla ve baskılarla büyümüşüm...

Galata Kulesi'ndeki program daha çok turistlere yönelikti. Sadece yabancı şarkılar söylüyordum. Masalar iddiaya girermiş Amerikalı mıyım, İngiliz miyim, yoksa Belçikalı mıyım diye. Zenci gırtlağına sahip bir beyaz olduğum ileriki yıllarda da söylendi. Ama o iddiaların iki nedeni daha vardı. Birincisi Ankara'da Amerikalı komşularımız arasında büyüdüğüm için aksanım çok iyiydi. İkincisi, o zamana dek zaten sürekli yabancı müzik dinlemiştim.

Sahneye ilk çıktığım gece şarkıları ben mi söyledim bir başkası mı söyledi, bilmiyorum. Sırtımdan ter boşanmış, dizlerim çözülmüştü, tarifsiz bir heyecan... İlk şarkımın sonunda müthiş bir alkış kopmuştu. Bayılmamı o müthiş beğeni engellemiş olmalı.

Yıllar geçti, o heyecanım hâlâ geçmedi. İlk üç şarkıda hâlâ dizlerim titrer.

Bazı şeyler değişti, bazıları ise hiç değişmedi. Mesela yeni yeni kırdığım, çok enteresan bir şey var: Konserlerime tanıdıklarım geldiği zaman yanlarına gitmeye çok utanırdım. Neredeyse görmeden geçerdim yanlarından. Annem şarkı söyleyerek insanları eğlendirmemde alçaltıcı bir şeyler bulduğu için mi acaba? Olabilir. Beni dinlemeye gelen yakınlarımın omuzlarına elimi atmaya başlayışım falan daha çok yeni.

*

Aynı dönemde İstanbul Radyosu'nda bir programa çağrılmıştım. Ankara'daki birinciliğimden ötürü. Selim Selçuk, Ayşe Gencer, Ayşegül Aldinç ve İlhan Gencer'le orada tanıştım. Hepsini çok sevdim. Hayatı daha yeni yeni tanımaya başlamışken kurulan dostluklar; tertemiz, çok masum. Yüreğimde her zaman aynı yerde kaldılar. Hele Selim'le kardeş gibiydik. Pijamalarla falan otururduk karşılıklı... İstanbul Gelişim Orkestrası'ndaydı Selim.

Deniz İzgi Galata Kulesi'nden sonra Tarabya Oteli'yle anlaşmamı sağlamıştı. Orada çalışırken bir gün Selim aradı. İstanbul Gelişim Orkestrası'nın solist aradığını ve beni dinlemeye geleceklerini söyledi. Deliriyorum sandım. Türkiye'nin gelmiş geçmiş en büyük orkestrası! En ünlü solistler onlarla çalışmak istiyor! Ve ne tuhaftır ki, babamla İstanbul'a gelişlerimizden birinde onlarla sokakta karşılaşıp arkalarından bağırmıştım!.. Çocukluğumdan beri hayran olduğum bir orkestra beni dinlemeye gelecekti.

Ama o akşam çalıştığım yeri bir türlü bulamamışlar. Geldiklerinde programım bitmişti, beni dinleyemediler. Ertesi gün, Ulus'ta prova yaptıkları yere beklediklerini söylediler.

Bekledikleri yere Selim'le birlikte gittik. Korkudan onun elini tutuyordum.

Yabancı bir şarkı söyledim ve "TAMAM," dediler, "ŞU PARÇALARI HAZIRLA." Mutluluktan ölebilirdim oradan çıktığımızda; İstanbul Gelişim Orkestrası'nın solistiydim artık.

*

Kendimle gerçekten çok gurur duyuyordum ama Türkiye Cumhuriyeti'ne bir daha gelmeyecek çapta bir orkestranın solisti oluşum annemi hiç ilgilendirmiyordu. İstanbul Gelişim Orkestrası'yla çalışmamı anneme karşı destekleyen kişi Tülay ablamdı.

Ben ilk provalara başlamışken Ankara'dan bir iş teklifi geldi orkestraya. Annem de o sırada Ankara'da, Songül ablamda. Ben de onlarda kalacağım çalıştığımız süre boyunca.

Gittim, akşam oldu, annem "GÖNDERMİYORUM SENİ!" dedi! Gece kulübünün kapısına adım bile yazılmış artık, nasıl gitmem?! Beni bir odaya kilitledi o gece. Yüz yakan türden bir utanç... İnsanlar sana güvenip yola çıkmış... Şahsiyetinden kuşkulanmaktan başka hiçbir seçenek kalmıyor geriye.

O gece beni odaya kilitlemek yetmedi, ertesi gün İstanbul'a getirdi. Tülay ablam beni karşısında görünce neye uğradığını şaşırdı. Anneme çok kızdı ve beni tekrar otobüse bindirip Ankara'ya gönderdi. Orkestraya durumu açıklayan da o olmuştu...

*

İstanbul Gelişim Orkestrası'nın solistliğine kabul edildiğim gün annemin ileride yapabileceklerini tahmin edebilirdim belki. Ama hayatımın ilk büyük aşkıyla karşılaşacağımı bilemezdim.

Çalışmaya başladıktan kısa bir süre sonra, İstanbul Gelişim Orkestrası'nın davulcusu Asım'a öyle böyle değil, deliler gibi, ölürcesine âşık oldum.

Kendi içimde bıçakla ikiye yarılmıştım sanki. Olumlu tarafım beni evli bir insanla aşk yaşamanın utancına boğuyordu ama sonunda olumsuz tarafıma yeniliyordum. Kendimi kendime karşı çok küçük düşüren bir aşktı, mantığımı kaldırıp atıvermişti.

Büyük bir çelişki: Hem annemi her dakika aldatan bir babadan sonra evli bir erkeğe âşık olmak beni paramparça ediyordu, hem de Asım'da yaşanmamış bir baba sevgisini bulmuştum!

İstanbul Gelişim'in müzisyenleri konuşkan değillerdi ve onlardan çok korkuyordum. Ama yanlış anlaşılmasın, mesela neşeli zamanlarımda uzakta kalmayı tercih eden Uğur Başar, ne zaman üzülsem yanımda biterdi, "NEYİN VAR?" diye. Yani onlardan korkmamın temelinde hayranlık ve saygı vardı.

Bu çekingenliğimden sıyrılmama yardımcı olan tek kişi Asım'dı. Orkestraya ne zaman bir şey söylemem gerekse Asım'a söyletirdim, bir şey olunca da hemen onun arkasına saklanırdım. Müthiş sevecendi, koruyup kollayışı, aşıladığı yoğun güven duygusu beni çok etkiledi. Annem bile güvendi Asım'a. Bir yere gideceğimiz zaman beni ona emanet ederdi, geceleri eve o bırakırdı beni.

Türkiye'nin en büyük orkestra şeflerinden Selçuk Başar ve Uğur Başar'ın bu aşk karşısındaki olgunlukları unutulacak gibi değil. Çünkü Asım'ın eşi onların kız kardeşiydi! Hiçbir zaman bu konuyu yüzüme vurup beni utandırmadılar. Böyle bir şey yokmuş gibi sessiz kalmayı, anlamazlıktan gelmeyi yeğlediler.

Ama kadınlar korkunçtu. Özellikle Garo Mafyan'ın eşi Gülyüz Mafyan. Haklıydılar sonuçta, arkadaşlarını kollamaya çalışıyorlardı.

İnsanın çelişkilerinin sonu yok. Evli birini kıskanıyorsunuz mesela?! Gerçekten de çok çapkın bir adamdı Asım. Ama her seferinde güzel şeyler söyleyerek beni kandırmayı başarıyordu.

Asım'ın eşi ara sıra çalışmalarımıza gelirdi. Evlilikleri kötü gidiyordu. Bu beni aklamaz elbette. Eşinin yüzüne hiçbir zaman bakamadım.

Asım'la ilişkimiz iki yıl orkestradayken, iki yıl da eşinden boşandıktan sonra sürdü. Ama ne boşandıktan sonra affedebildim kendimi, ne de şimdi aradan yıllar geçmişken affedebiliyorum...

Hataydı, evet. Yine de başka bir hata yapmış olmayı yeğlerdim.

"LOVELY GIRL"

"Gönderdiğiniz sanatçının başarısına ve sempatisine hayran kaldık. Kendisine Lovely Girl Özel Jüri Ödülü verdik. Bir sonraki yarışmaya yine onun gibi bir sanatçı yollayın..."

İRLANDA CASTLEBAR SONG CONTEST HEYETİ

İstanbul Gelişim Orkestrası'nda çalışırken Erkan Özerman beni dinleyip çok beğenmiş. Yere göğe koyamam, babam gibi severim Erkan abiyi. Hayatıma atılmış en önemli imzalardan biridir.

İrlanda'da Castlebar'da düzenlenen, daha öncesinde Neco'nun katılması kararlaştırılan ama şimdi hatırlayamadığım bir nedenle gidemediği bir şarkı yarışmasında ülkemizi temsil etmeme karar vermişti Erkan abi.

İstanbul'da sokağa çıkmama bile izin vermeyen annemi üç uçak ve iki trenle beni İrlanda'ya göndermeye nasıl ikna etti bilmiyorum. Öyle bir ikna gücü ki, ancak ben İrlanda'ya varınca aklı başına geldi annemin: "NASIL GÖNDERDİM BEN SENİ!" diye ağlamaya başladı telefonda. Dönüp dönüp aynı lafı söylüyordu; kendi yaptığına kendi bile inanamamıştı. "SENİ UÇAĞA NASIL BİNDİRDİĞİMİ BİLE HATIRLAMIYORUM," diyordu. Üstelik Erkan abi kendisine tansiyonunu fırlatacak bir şey söylemiş uçak kalkınca: "EĞER KAYBOLMADAN DÖNERSE BU HAYATTA HER ŞEYİ BAŞARIR."

*

Yarışmaya katılacağımı öğrenişim de gidişim kadar hızlı olmuştu; şarkıyı bilmiyordum; kasete almışlardı, kulağımda walkman, yolda ezberleyecektim! Elimde notalarla binmiştim uçağa. Şarkının adı 'SOLDIER AND WAR!' Düzenlemesi Garo Mafyan'a aitti.

Erkan abi beni yolcu ederken "REZERVASYONUNU ZÜRİH'E KADAR YAPTIRDIM," demişti. Zürih'ten sonra Londra'ya, Londra'dan Dublin'e; oradan da iki trenle gidecektim kalacağım yere. "ZÜRİH'TEN SONRA BİR TERSLİK ÇIKARSA SANATÇI OLDUĞUNU VE ÜLKENİ TEMSİLEN İRLANDA'YA YARIŞMAYA GİTTİĞİNİ SÖYLERSİN, MUTLAKA YARDIM EDERLER."

Zürih'te "SİZİN REZERVASYONUNUZ YOK," dedi görevli kadın. Hemen yarışma için verilmiş kâğıtları çıkarıp "BEN SANATÇIYIM, BİR YARIŞMAYA KATILMAK ÜZERE İRLANDA'YA GİTMEM LAZIM," diye zırlamaya başladım. "TEK BAŞINIZA MISINIZ? MENAJERİNİZ YOK MU SİZİN?" diye soruyor kadın işkilli işkilli, "YOK! BEN MEMLEKETİMİ TEMSİL EDİYORUM," diyorum.

Nasıl çıldırıp ağladıysam kadın acıdı sonunda. Fakat bu arada Londra uçağını kaçırmış oldum. Londra'da da aynı hikâye yaşandı, Zürih'teki rötardan ötürü, indiğimde Dublin uçağı zaten kalkmıştı. Geceyi bir otelde geçirmek zorunda kaldım; yatağında kırmızı kırmızı yastıkları olan bir oteldi; daha on yedi yaşındayım, ilk defa yurtdışına çıkmışım...

Uzatmayayım, rötar yapa yapa ulaştım Castlebar'a. Yarışmanın düzenleneceği yere gittim. Tıpkı rezervasyondaki kadın gibi şaşırıp, "ARANJÖRÜNÜZ NEREDE?" diye sordular. "YOK," dedim. "TEK BAŞIMA GELDİM."

Verdim notaları, prova yaptık. Oradaki bütün müzisyenler Garo abinin aranjesine hayran kaldı.

On beş gün sürdü çalışmalar ve hazırlıklar. Yarışmacıların en küçüğü bendim. Kısa bir süre içinde herkes beni çok sevdi.

Yarışmacılara Castlebar'daki gönüllü aileler ev sahipliği yapıyordu. Orta yaşın biraz üzerindeki bir karı kocanın çok şirin bir villasında kalıyordum. Kadın hafiften alkolik gibiydi. Bir gün "SENİNLE BİR ŞEY KONUŞACAĞIZ," dedi. "TABİİ, BUYRUN," dedim. Konuya girmeden önce bir dilim pasta kesip çay ikram etti. Sonra da eşiyle karşıma geçip "BİZ SENİ ÇOK SEVDİK. BİZİM HİÇ ÇOCUĞUMUZ OLMADI. BİZİM KIZIMIZ OLUR MUSUN?" dediler!

Kaç kişinin başına gelir böyle bir şey? Kaç kişi böyle bir teklifle karşılaşır hayatta? Çok duygulanmıştım. Ne diyeceğimi, nasıl teşekkür edeceğimi şaşırdım. "BENİ BEKLEYEN BİR AİLEM VAR, DÖNECEĞİM," gibi bir şeyler söyledim.

*

Yarışma öncesindeki günlerden biriydi, "AKŞAM KOKTEYL VAR, HERKES SİYAH GİYSİN," demişlerdi. Ne arasın bende siyah kıyafet? Ayağımda blue jean'le kokteyle girişim epeyce sorunlu olmuştu.

Fakat yarışmada şarkı söylerken asker şapkası takmakta ısrar eden bendim. Ev ev dolaşarak asker şapkası arayıp bulmuştuk.

Yarışmada Lovely Girl Ödülü aldım. Bir de beni çok onurlandıran bir mektup. Fakat mektup Doğan Şener'e gönderildi. İrlanda'daki heyet tarafından. Doğan abi de mektubu HEY dergisinde kapaktan yayınladı: "GÖNDERDİĞİNİZ SANATÇININ BAŞARISINA VE SEMPATİSİNE HAYRAN KALDIK. KENDİSİNE ÖZEL JÜRİ ÖDÜLÜ VERDİK. BİR SONRAKİ YARIŞMAYA YİNE ONUN GİBİ BİR SANATÇI YOLLAYIN..."

*

Yarışma sırasında çok büyük bir teklif aldım. Yarışmacılara İrlanda Orkestrası eşlik ediyordu. Dünyanın en ünlü klasik müzik orkestralarından biri. Orkestra şefi sesime ölmüştü. "BURADA SENİN GİBİ BİR SESE ÇOK İHTİYACIMIZ VAR, DÖNME, BURADA KAL, BİZİMLE ÇALIŞ," dedi.

Kalabileceğime hiç ihtimal vermiyordum ama teklif asla yabana atılacak gibi değildi; anneme telefon açıp söyledim. Kıyamet koptu ve tıpış tıpış geri döndüm tabii.

*

Burada büyük bir parantez açmalıyım.

Şunu hayatımın her döneminde hemen hemen herkesten duydum: "ZERRİN ÖZER BAŞKA BİR ÜLKEDE DOĞMALIYDI."

Yurtdışına gidip şarkılarımla dünyaya seslenmeyi ben de çok istedim ama tuhaftır, kaçırdığım teklifleri düşünüp de üzülemedim hiçbir zaman! Belki de o kadar çok şey vardı ki düşünüp kahrolacak, onlara sıra gelemedi bir türlü!

Dünyaya seslenmenin yanı sıra, "yurtdışı" bana hakkın teslim edilişini de ifade ediyor. Bu benim için çok önemli. Çünkü Türkiye'de önüme çıkarılan oyunların ardı arkası kesilmedi. Bu meslekte "başarılı" olmak için ahtapota benzemek gerekiyor. Kollarınız gazetelerin yöneticilerine de uzanacak, ünlü organizatörlere de. İnsanlarla iş gereği dostluklar, arkadaşlıklar kuracaksınız. Zamanı gelince o ilişkileri kendi lehinize ve başkalarının aleyhine kullanacaksınız. Birisinin başarısını mı gördünüz; gördüğünüz yerde ezip yok edeceksiniz. Ülkemizin bu gerçeği müziğimiz adına çok utanç verici ve çok acıklı.

"Yurtdışı" ve "hakkın teslim edilişi"ni bir arada düşündüğümde aklıma Belçika'da düzenlenen, Avrupa'daki birçok ülkenin milli şans oyunlarının çekilişlerinin bir arada gerçekleştirildiği büyük konser geliyor. Konser, katılan bütün ülkelerin televizyonlarında canlı olarak yayınlandı. Konsere katılacak sanatçıları kendileri belirlemek istemişlerdi. Türkiye'den Milli Piyango için önerilen üç isimden biri bendim ve orada torpil işlemediğinden oyunsuz, hilesiz, hakkım yenmeksizin, sesim çok beğenilerek ben seçildim. 'HANİ YEMİNİN' adlı şarkıma TRT'nin çektiği klibi göndermişlerdi. O yıl Belçika'da gerçekten çok büyük bir başarı elde ettim. Başka ülkelerde bile yazılıp çizildi oradaki başarım ama bizde tek bir satır bile çıkmadı. Oysa orada benim kişisel başarım değil, Türkiye'nin başarısı söz konusuydu.

En büyük tekliflerden birini Muazzez Abacı'yla konser vermek için Amerika'ya gittiğimizde aldım. Washington D.C'de, dünyanın çeşitli ülkelerinden en ünlü müzisyenlerin ve yorumcuların çalıştığı bir kulübe uğramıştık. O gün beni de sahneye davet ettiler ve sahneden iner inmez iki şey teklif ettiler. İlki Yunanistan'ın en ünlü buzukicisinden geldi. "BURADA KAL. ŞARKILARINI YUNANİSTAN'DA BİR NUMARA YAPALIM," dedi. O zamanlar iki ülke arasındaki dostluk bugünkü kadar ilerlememişti. "BENİ VATAN HAİNİ İLAN EDERLER," diye çekinmiştim.

Anthony Quinn'in menajeri de oradaymış o gün. Yanıma gelip "NE OLUR GİTMEYİN, BURADA BİRLİKTE ÇALIŞALIM," dedi. Hatta ertesi gün beni Anthony Quinn'le tanıştırmak istediğini de söylemişti. Ama her zamanki gibi yine kalamadım. Çünkü annemin dizlerinin dibinde olmalıydım.

O kulüpte çalışmayı çok istedim. çalışma izni alabilmek için, röportajlarımın çıktığı dergiler de dahil, mesleğime ilişkin ne varsa Amerika'ya gönderdim. Ama sonra özel sorunlar yüzünden gidemedim ve geçmişime ait ne kadar belge varsa kaybetmekle kaldım.

Çok önemsediğim bir başka teklifse, bu saydıklarımın hepsinden önce Mireille Mathieue'nun aranjöründen gelmişti. O teklif yüzünden başım saçlarımdan tutulup duvarlara çarpıldı, Tülay ablam beni kızlık muayenesine gitmeye zorladı.

[illegible]

[illegible]

[illegible]

[illegible]

[illegible]

KÖTÜLÜK

Doktor, genç kadına Regan'ın küfür ettiğini, açık saçık sözler söylediğini duyup duymadığını sormuştu.

"Hiçbir zaman," diye cevap verdi Chris.

(...)

Bir süre, meraklı gözlerle genç kadına baktı doktor. "Evet, açık saçık sözler söylüyor. Siz farkında değil misiniz?"

(...)

"Nasıl yani? Bir örnek verin! Yani 'bok' veya 'çiftleşmek' gibi mi?"

Doktor rahatladı. "Evet, bu sözleri kullanıyor."

ŞEYTAN, W. PETER BLATTY
(Türkçesi: Selami Sargut)

Yurtdışına ikinci çıkışım yine Erkan Özerman sayesinde oldu.

Paris'te, Binbir Gece Masalları adlı bir organizasyon düzenlemişti. Eyfel Kulesi'nde. Seçtiği kişiler rahmetli Seher Şeniz, idolüm Ayla Algan, ömrümü versem vefasını ödeyemeyeceğim Cemil İpekçi, adlarını ne yazık ki şimdi hatırlayamadığım birkaç manken arkadaşım, Ankara Halk Oyunları Ekibi, Sezen Aksu ve ben.

Bu arada ben hâlâ İstanbul Gelişim Orkestrası'ndayım. Henüz ilk plağım bile çıkmamış...

*

O çalışma sırasında en büyük ilgiyi Ayla Algan'dan gördüm. Havaalanında sigaramın bittiğini fark edip, "BURADA SİGARA NEREDE SATILIYOR?" diye sormuştum. Araya ne girdi, ne oldu, hatırlamıyorum ama ben sigara alamadan bindim uçağa. Uyumuşum. Uyandığımda ayağımın dibinde bir karton Marlboro duruyordu. Yanımda oturan da Ayla Algan'dı. Sorarcasına bakınca, "SİGARAN OLMADIĞINI SÖY-

LEMİŞTİN," dedi. Bu inceliği hâlâ içimde yaşıyor; ne zaman insanlığa ilişkin karamsarlığa kapılsam yıllar öncesinden çıkıp gelerek umudumu tazeliyor. Yaşamak denen şeyin, insan olmak denen şeyin ne olduğunu hatırlatıp teselli ediyor.

Gerçi ablam o dönemlerde Sezen Aksu'yla çok çok samimiydi ve giderken beni aslında ona emanet etmişti. Fakat Sezen katiyen ilgilenmiyordu benimle...

Hatta bir ara, bir yerde yan yan otururken zihninin çalışma biçimi karşısında beni hayrete düşüren bir laf etti. "ŞİMDİ BİZİ AYAĞA KALDIRMAK İSTESELER BEN ANCAK SENİN BOYUNU UNUTTURDUKTAN SONRA KALKARIM," dedi.

Ama Paris'te torpil ya da başka bir şey işlemiyor: Fransız televizyonundan gelip programı dinlediler ve bir tek benimle özel bir çekim yapmak istediklerini söylediler. Çektik benden istedikleri programı... Bu teklif zaten apaçık, herkesin gözü önünde yapıldı. Bir de kulaktan kulağa yayılan başka bir teklif var. Mireille Mathieue'nun aranjörü de bizimle birlikte Eyfel Kulesi'nde... Mireille Mathieue o sıralar çok meşhur ve ben ona ölüyorum. Hatta ilk 45'liğimde, sözlerini yazdığım 'YALVARIRIM' onun şarkısıdır... Aranjörü bana aynen şöyle demişti: "MİREİLLE MATHİEUE'NUN SESİNİ STÜDYODA GÜZELLEŞTİRİYORUZ. OYSA SENİN SESİN ÇIPLAKKEN GÜZEL. SENİNKİ GİBİ BİR SESE İHTİYACIMIZ VAR. BURADA KAL, BİZİMLE ÇALIŞ."

*

Türkiye'ye döndükten sonra aradan çok geçmedi, Tülay ablam bir gün gözü dönmüş bir halde, hışımla girdi eve. Yanıma gelip "ÇABUK KALK! MUAYENE GİDİYORUZ!" dedi. Kalakaldım önce. "NE MUAYENESİ?" diye sordum ilk şaşkınlığım geçince. Ama Tülay ablam yanıt vermek yerine saçlarımdan tutup başımı duvarlara çarpmaya başladı. Annem üstünde önlüğü, mutfaktan koşup geldi, "NEREYE?" diye bağırdı.

"KIZINI MUAYENE ETTİRECEĞİM!" dedi Tülay ablam. "NE DİYORSUN SEN!" diye çıkıştı annem. "BENİM KIZIM ORDUNUN İÇİNE GİRSE YİNE KORUR KENDİNİ. HİÇBİR YERE GİTMİYORSUNUZ!"

Meğer Sezen Aksu, Paris'te Mireille Mathieue'nun aranjörüyle birlikte olduğumu söylemiş ablama.

*

Aradan zaman geçti, Tülay ablam "KALK, SEZEN'E GİDİYORUZ," dedi bir gün.

Onun iftirası yüzünden başım duvarlara çarpılmış, kızlık muayenesi denen şey dayatılmış...

"BEN GİTMEM," dedim ama nereye gitmiyorsun? Aldı götürdü.

Ablama Mireille Mathieue'nun aranjörüyle birlikte olduğumu söylediğinde henüz tecavüze uğramamış, kızlığımı kaybetmemiştim. Evine giderken ise o iğrenç olay başıma gelmişti artık...

"DÜNYADA ÖLDÜRÜLECEK İKİ TANE İNSAN VARSA VE BANA 'ÖLDÜR, İÇERİ GİRMEYECEKSİN,' DESELER ÖLDÜRMEK İSTEYECEĞİM İKİ KİŞİDEN BİRİ SEN OLURSUN," dedim Sezen'e. Hiçbir karşılık veremedi, ağzını büzüp ağlayarak çıktı odadan.

İkisi de kötülükte sınır tanımamıştı ve tuhaf bir benzerlikle ortak bir temaya, cinselliğe vurmuşlardı işi.

BİRİNCİ MEKTUP

O kadar ucuz ve küçüksün ki,
yaptıklarını tek tek yazmaya kalktığımda
kitabın ne kadar kirlendiğini görüp
vazgeçtim.

Yaralamadığın,
canını yakmadığın insan kaldı mı?
Enerji vampiri gibi
emip sömürüp
posasını fırlattın
kalbini kanattın
hayatıyla oynadın herkesin.
Kim bir şeyi başaracak olsa engelledin,
ayağını kaydırdın.
Kendinden bu kadar mı
nefret ediyordun?

Hayatın boyunca uğraştın benimle.
Her yere peşimden geldin.
Gece yarıları insanlara telefon açıp
"BEN NİYE ZERRİN GİBİ OLAMIYORUM?"
diye sordun.

Hastanede
beni sorup iyi haberlerimi aldığında
suratın düştü,
kucağına verdikleri
yeni doğmuş bebeğin bile
durduramadı ihtirasını.
Yazık.
Kendin bile
kendine bu kadar mı katlanamadın?

İşlerimi engelledin,
ekmek paramla oynadın.
Yok etmeye çalıştın beni.
Yemedin içmedin,
"BEN BU ZERRİN'İ NASIL BİTİRİRİM?"
diye düşündün.
Ama atladığın bir şey vardı.
Halkın beni sevdiğini unuttun.

İnsanlara sorduğuna göre
benim gibi olamayacağını
anlayamamışsın demek ki.
Senin işin gücün patronlarla
yöneticilerle,
benimse işçilerle
yönetilenlerle...
Bütün kötüler gibi iktidarla işbirliği yaptın
insanları ezmek için.
Sen benim gibi olabileceğini
nerden çıkardın?

Senin ayrıcalığın ne?
Neden her şeyin
ama HER ŞEYİN örtbas edildi?

Nasıl başardın o kadar masum görünmeyi?
İnsanlar seni neden iyi biri sanıyor?
Hayatımda tanıdığım
en kötü kalpli insanlardan birisin sen.
Sen demek ki içindeki kötülüğü yenemeyeceğini
en başından beri kabul etmiş,
iyi biri gibi görünmek için
iktidarla anlaşma imzalamaktan başka
çaren olmadığını anlamışsın.
Gerçek yüzünü gösterecek kadar
neden cesur olamadın?
Herkesi, herkesi kandırdın sen.
Başarmak ve iyi görünmek için
kötülüğe teslim oldun,
çünkü insanların karşısında çırılçıplak kalırsan
yuhalanıp
insanlıktan aforoz edileceğini biliyordun.
Seni sevenlerin
tertemiz yüreklerinden
ömrünce ödün patladı senin.
Haline acımıyor musun hiç?

Kalbin neden o kadar kirli senin?
Cehennemi görmek için
ölümü beklemene gerek var mı?
Alıp kendi kalbine gömseler seni
al işte sana cehennem.

Senden nefret ettiğim zamanlarda
seni değilse bile işini sevdim.
Ama seni de sevmeye çalıştım.
İnkâr edemezsin.
Söylediğim,

söyleyebileceğim hiçbir şeyi inkâr edemezsin.
"NEDEN İNKÂR EDEMEM?" diye sorarsan,
"ÇÜNKÜ SENİ ÇOK YAKINDAN TANIDIM,"
diye yanıtlarım.
Biliyorsun, bu hiç de
göründüğü kadar alelade bir cümle değil,
sadece ikimiz anlarız ne demek olduğunu.
Her yüzünü gördüm ben senin.

Şaşırır mısın
kinlenir misin
zıp zıp zıplar mısın
ağlar mısın
güler misin
etrafına mı saldırırsın
birlilerinin canını mı yakarsın
yeni planlar
tuzaklar mı kurarsın
kimi kime düşürüp
kimi neye ikna edip
nasıl yeni oyunlar hazırlarsın
ya da insan olup
kalkıp benimle aynı yolu mu seçersin bilmiyorum,
ama seni affediyorum.

SÖYLEDİM VE RUHUMU KURTARDIM

Yıkayın beni.
Güzelce keseleyin.
(...)
Dişsiz olan;
Çattık, dedi. Sabah sabah... Hadi soyun bakalım.
(...)
Ova ova, bastıra bastıra keselemeliydiler beni.
Başka türlü çıkmazdı bu pislik.
(...)
Musalla taşı gibi mermer bir yükseltinin üzerine çıkardılar beni.
(...)
Bastırın.
Daha sıkı.
Deli misin sen kadın, diye bağırdı göğüsleri kafam kadar olanı.
Neredeyse derini yüzeceğiz.
Marangoza git, dedi dişsiz olanı. Zımpara lazım sana.

TEN YÜKÜ, ATTİLÂ ŞENKON

Öleceğim ben... Kabul edilmemiş kanser dualarından, bir türlü içilememiş avuç avuç haplardan sonra, son sevgili ölüm olacak yine de... Acılarımı söküp alıverecek yüreğimden, kollarını boynuma dolayıp "GEÇİP GİTTİ, BİTTİ ARTIK," diye fısıldayacak kulağıma...

Sonra yeniden doğacağım ben... Bambaşka bir bedende, bambaşka bir hayata... Birbirine âşık bir anne babanın kucağına... Kavgasız, mutlu, aydınlık günlere... Henüz çiğnenip tekmelenmemiş, gümbür gümbür bir yürekle...

Ama aradan yıllar geçecek ve annem "BİR BEBEK DÜNYAYA GELİRKEN CİNNET GEÇİRİR Mİ? SEN SANKİ CİNNET GEÇİRİYORDUN. YENİ DOĞMUŞ BİR BEBEĞİN AĞLAYIŞI DEĞİLDİ SENİNKİ," diye anlatacak. "KOĞUŞTAKİ BÜTÜN KADINLARIN SİNİRLERİNİ LAÇKA ETMİŞTİ HIÇKIRIKLARIN. MİNİCİK ELLERİNLE GÖZLERİNİ KORKUYLA KAPATIYOR, TİKSİNTİYLE ÖĞÜRÜYORDUN. BAKIŞLARIN DA BEBEK BAKIŞI DEĞİLDİ, NE GÖRDÜĞÜNÜ TAHMİN ETMEYE ÇALIŞINCA ÜRPERTİLER GEÇİRİYORDUK. SANKİ KIYAMET ALAMETLERİ GÖSTERİLİYORDU SANA; ANALAR YILAN DOĞURMUŞ, BABALAR BABALARINI GIRT-

LAKLAMIŞ, BEBEKLER ŞEYTAN DANSINA KALKMIŞTI SANKİ..."

Annem günün birinde yoksul bir çingeneye benim için fal baktırırsa eğer, kendisine şöyle şeyler söylenecek: "BU DÜNYAYA GELMEYİ HİÇ İSTEMEMİŞ. DAHA ÖNCEKİ YAŞAMINDA DA KANSER DUALARI OKUMUŞ BU. AVUÇ AVUÇ HAPLAR YUTMAK İSTEMİŞ AMA YAPAMAMIŞ. SEVGİYİ, SAYGIYI ARAMIŞ VE BU YÜZDEN ÇOK ÇEKMİŞ."

Anlaşılmaz bir melankoliye kapılacağım sık sık. Nedenini unuttuğum sevincim ve mutluluğum korkutacak, kuşku uyandıracak. "NEYE SEVİNİYORUM BÖYLE?" diye hüzünlenip ağlamaya başlayacağım. Sonra bu sorumu daha doğru kuracağım: "NE ZAMAN VE NEYE O KADAR ÇOK ÜZÜLMÜŞTÜM BEN?"

Günün birinde, "YORGAN ALTLARINDA YILLARCA GÖZYAŞI DÖKEN BİR KIZ VARDI," diye geçireceğim içimden. Yüzü gözümün önüne bir türlü gelmeyecek. "UZAK BİR AKRABA MI? ANNEMLERİN BİR KERE ANLATIP BİR DAHA ANMADIĞI? KİMDİ O?"

Kesik kesik hıçkırıklar işiteceğim sonra. Hayvanın tekinin "ÇOK MU ÖNEMLİYDİ?" dediği gelecek aklıma. Acı şimşek gibi çakacak o an, yerde donup kalmış, put kesmiş bir kız göreceğim o ışıkta...

Fakat hayır, yerde bir değil, iki kız olacak... "İKİZ Mİ BUNLAR?" diye soracağım kendime. Aklım karışacak. İçimi atılamamış çığlıkların, eşiğine kadar gelinmiş cinnetlerin korkunç sıkıntısı kaplayacak...

Pantolonunu çekip ayağa kalkacak ikizlerden biri. Yüzüne bakınca kıyameti görecek yerde yatan, sıtmalı bir ürperişe tutulacak. Adamın onu göremediğini fark edince anlayacağım ki ikiz falan değil bunlar. Ayağa kalkan kız aslında bir ölü. Ama öldüğünün farkında değil. İki dünya arasında sıkışıp kalmış, huzursuz bir ruh. Yerde yatanın içinden çıkmış az önce. Yerini ezik, sinik, şahsiyetsiz, olur olmaz her şeye ağlayan, melankolik birine bırakmış. Ve birbirlerine asla kavuşamayacaklar bir daha. İçimden "İŞKENCE BU," derken, tanıyıvereceğim artık o kızı.

Gözyaşlarım yüzümü yakmaya başlayacak. "GEÇMEMİŞ O ACI," diyeceğim. "BU DÜNYADA DA BIRAKMAMIŞ YAKAMI. ÖLMÜŞ, TEKRAR DOĞMUŞ, BAMBAŞKA BİRİ OLMUŞUM AMA UNUTAMAMIŞIM."

*

Böyle hissediyorum. Dünya yerli yerinde durdukça o günün acısı hiç silinmeyecek, beynim mezarda çürüyüp gitse de uğradığım tecavüz aklımdan çıkmayacak sanki. Yüzyıllarca bir belleğimden diğerine taşınacak. Tenimi yine lime lime edip dağlayacak. Delirtecek, cinnete ve cinayete çağıracak, yüreğimi delik deşik edecek yine.

*

Onu öldürmeyi çok düşündüm. Ciddi ciddi. "YOK OLSUN BU ADAM!" dedim.

Yıllar sonra bile, içip içip telefon açtım. "VİCDANIN RAHAT MI? UYUYABİLİYOR MUSUN?" diye sordum. Sürekli küfrettim. Sadece telefonda değil, onu bir yerde görür görmez yanına gittim ve küfrettim.

En yakınlarından birine aynı şeyi yaşatmak düşüncesinden çok zor vazgeçtim. "ONUN NE SUÇU VAR?" diyebilmek yıllarımı aldı.

Ama benim ne suçum vardı?

O günden sonra bir daha hiçbir güne eskisi gibi başlayamadım. Hem geçmişimi aldı elimden hem de geleceğimi. Kişiliğimi, düşlerimi, özgüvenimi, kadınlığımı paramparça etti. Dünyamı kararttı.

*

Tecavüze uğradıktan sonra babamdan daha çok nefret ettim.

Yanımda olsaydı başıma böyle bir şey gelir miydi yine? Ya da karşı taraf aynı korkusuzlukla tecavüze kalkışır mıydı acaba? Bilmiyorum. Ama şundan çok eminim: Bakmayacaksan doğurmayacaksın. Kimseyi bu dünyada "BENİ NEDEN DOĞURDULAR?" sorusuyla baş başa bırakmayacaksın.

*

Babandan zaten bir darbe yemişsin, üstüne bir de abi saydığın birinden darbe yiyorsun. Ne darbesi, adam canını alıyor düpedüz. Ve erkeklerden nefret etmeye başlıyorsun. Keşke nefret açık seçik bir şey olsa. Nefret çok sinsi. Hücre hücre yayılıyor benliğine, sen bile seçemiyorsun onu. Aşkı yükseltip yükseltip, tam doruktayken ilişkilerini bitiriveriyorsun mesela. Mide kanaması geçirenler, intihara kalkışanlar... Dönüp bakmıyorsun bile. İnancın yitip gitmiş bir kere.

*

"ÇOK MU ÖNEMLİYDİ?" demişti bekaretimi kastederek, işini bitirip ayağa kalkınca. Ne amaçla söylenir böyle bir şey?

Elini enseme atmasıyla yere devirip üzerime çıkması bir olmuştu. Sadece bağırmak için ağzımı açtığımı, ama sesimin çıkmadığını ve donup kaldığımı hatırlıyorum. Hafızam silmiş gerisini. Sonradan, bu olaydan söz ederken sürekli "ÇİMDİK YİYE YİYE, TOKATLANA TOKATLANA" dediğimi ayırt ettim. Demek ki, sesim çıkmasa da, sadece donup kalmamışım, direnmişim. Coştukça coştuğunu da hatırlıyorum. Üstümde bir hayvan vardı sanki.

Bu hayatta en ağrıma giden şeylerden biri de onu yerde öylece beklemek zorunda kalmak oldu. Üstümü başımı toparlayamadım, ayağa kalkamadım. Kaskatı olmuştum. Aklımdan karmakarışık şeyler geçiyordu. Dışarı adım attığım anda otobüs şoförlerinin, taksi şoförlerinin, bütün erkeklerin bana tecavüz edeceğini sanmıştım.

Yolda giderken "KİMSEYE SÖYLEMEYECEKSİN BUNU!" diye tembihliyordu. Şuursuzca dinliyordum. Şöyle cümleler de kalmış aklımda: "ONA ÇOK ÂŞIKTIM, ONU ÇOK İSTİYORDUM, DERSİN." Hangi düşünceyle, neleri hesap ederek söylemişti bunu?

*

Yıllarca "ANNEME SÖYLESEM KALP KRİZİ GEÇİRİR, TÜLAY ABLAM ÖĞRENSE GİDER ONU VURUR VE AİLEMİZ DAĞILIR," diye düşündüm. Kalıplaşıp kaldı bu düşünce beynimde.

Annem Ankara'daydı. Ya Songül ya da Nilgün ablama gitmişti. Tülay ablamınsa o dönemde varı yoğu arkadaşlarıydı. O gün de Sezen'de kalacaktı.

Eve gittim, yorganın altına girdim ve bir kadının ömür boyu dökeceği gözyaşını bir gecede döktüm.

*

Psikolojim çökmüş, zihnim harabeye dönmüştü. Sanki gözlerinde mikroskop varmış gibi, insanlar yüzüme bakar bakmaz kız olmadığımı anlayacaklar sanıyordum! Yaşamayan bilemez bunu.

Belki bekarete verdiğim önemi bugün artık komik bulanlar çıkacaktır. Ama o yıllarda birçok kişi için çok önemliydi bekaret. Mesela, en büyük aşklarımdan birinden "KIZ OLSAYDIN SENİNLE EVLENİRDİM ZERRİN," gibi bir cümle işittim ben.

Evleneceği günü düşlerken, "YERYÜZÜNDEKİ HİÇBİR NİKAH DAVETİYESİNİ DÜĞÜNÜME YAKIŞTIRAMAM

HERHALDE," diyecek kadar coşkuluydum. Asım'a deliler gibi âşıktım...

*

Tecavüze uğramadan önce Asım'la birlikte olmayı istediğimiz bir gece var. Ondan önce öpüşmekten öteye gitmemişti cinselliğimiz. Bu da komik kaçabilir ama o yıllarda, sadece el ele tutuşup, belki bir de öpüşerek çok büyük aşklar yaşanabiliyordu.

Çok içmiştik o gece. Buna karşın "BÖYLE BİR SORUMLULUĞU TAŞIYAMAM BEN," demişti Asım. Bu davranışı ona duyduğum aşkı ne kadar hak ettiğini anlatır. Ama sonradan "KEŞKE BİRLİKTE OLSAYMIŞIZ O GECE," diye üzülecektim. Hiç değilse istediğim biriyle yaşamış olacaktım ilk cinselliğimi.

Aradan birkaç yıl geçtikten sonra Asım bekaretimi kaybettiğimi anlayacak ve sandalyeleri deliler gibi duvarlara çarpıp parçalarken tek bir soru çıkacaktı ağzından: "KİM YAPTI BUNU?"

Söylesem gider vururdu o kızgınlıkla; sadece sustum.

O geceyle sınırlı kalmayan, yıllarca süren, hâlâ süren o ölüm suskunluğu nasıl hayatımı kemirdiyse, öfkeden duvarda sandalye parçalayan, çıldırmış bir adamın, sorusuna "KİMİNLE" diye başlamaması da o kadar onardı hayatımı.

*

Yasemin'in programına giderken aklımdan bile geçmiyordu tecavüze uğradığımı açıklamak. Hatta o programa katılan herkes ağladığı için "SALAK, SEN ZATEN HER ZAMAN AĞLIYORSUN, O YÜZDEN BU PROGRAMDA AĞLAMAYACAKSIN," diyordum kendime. Ne ağlaması! Kalktım neler söyledim...

Ertesi gün Almanya'ya gittim ve sekiz ay boyunca geri dönmedim. İzlenme rekorları kırıyor diye kaç kere yayınlamışlar. Ne büyük ayıp!

'GÖNÜL' ŞARKISI ÇIKTIKTAN SONRAYDI diye belirtmiştim zamanı. Tutmuşlar, o döneme denk gelen insanların fotoğraflarını basmışlar gazetelere, tecavüz eden hangisi diye! Ne programı izledim, ne de gazeteleri okudum. Ama adını duyunca çok üzüldüğüm biri var: Orhan Gencebay. Çok sevdiğim, yüreği o kadar kocaman, o kadar "insan gibi insan" birinin böyle bir şey yapması mümkün mü hiç! Eşi Sevim Hanım'ın da boş yere canı sıkılmıştır belki...

*

Programdan sonra doktorum aramıştı. Hayatımı allak bullak eden bir yükten kurtulmayı seçtiğim için kutlayıp yüreklendirmişti beni.

Televizyonda söylemeyi hiç istemezdim. Ama nerde, nasıl olursa olsun doğruluğunu koruduğuna çok inandığım, Latince bir atasözü var: "SÖYLEDİM VE RUHUMU KURTARDIM."

*

Gerçi geç kaldım söylemekte.

O kadar geç kaldım ki, senin ceza çekmeni o kadar istememe karşın, adını artık açıklayamıyorum.

Televizyonda izlerken ne kadar korkmuşsundur kim bilir! Programdan sonra "AÇIKLARSAN ŞÖYLE OLUR, BÖYLE OLUR," diye tehdit edildiğimi biliyorsun, değil mi? Ne umdun acaba? Korkacağımı mı? Artık her türlü rezalete açık olduğumu kestiremiyor musun gerçekten?

Haklarını (!) hemen öğrenmişsin. Adını açıklarsam, sen artık ispatlamamın çok zor oluşunu kullanıp inkâr edebilir, hatta beni hapse bile attırabilirmişsin. O kadar şerefsizsin ki gözünü kırpmadan yaparsın bunu.

Ama beni tutan hapse girmekten çekinmek falan değil. Ahlâksızlığın, kalleşliğin ve puştluğun bu kadarına artık dayanamam ve seni bu sefer gerçekten öldürürüm.

Adını işte bu yüzden açıklamayacağım.

*

Ama biliyor musun?.. Bir gün sen de öleceksin... Nasıl bir cehennemden geçeceğini düşünüyor musun hiç? Benim son sevgili olarak sarılacağım ölümden sen kim bilir nasıl korkuyorsundur. Bu dünyada kendinle yüzleşmekten ne kadar kaçsan da orada bir ayna tutacaklar sana. Hem de tam alnına. Nasıl bakacaksın acaba?

Adım gibi eminim: Bir an önce yeniden dünyaya gelmek için hiç utanmadan çırpınırsın sen.

Peki doğduğunda ne olacağını biliyor musun?

Gözlerinin dibindeki kötülüğü, adiliği, kalleşliği, şerefsizliği ve leş gibi alnını görüp, kendi doğurduğundan kendisi dehşete kapılacak annen. Bilinçli ya da bilinçsiz, aklı başında olarak ya da aklını kaybederek, ama kucağına verdiklerinde, görür görmez senden tiksinecek ve suratının tam ortasına tükürecek.

AŞK DEFTERİ

"Dinle neyden kim hikâyet etmede
Ayrılıklardan şikâyet etmede."

Mevlana / Naifi

Asım "KİM YAPTI BUNU?" diyerek sandalyeleri duvarda parçaladığında eşinden boşanmıştı artık. Ama biz bu olaydan çok daha önce ayrılmış, uzun bir süre sonra tekrar bir araya gelmiş, evlenmeye karar vermiştik. Annem evlenmemize kesinlikle karşı çıkmıştı. Halbuki bilmediği bir şey vardı: Sadece aşkla sevdiğim biriyle evlenmiş olmayacaktım; içimde kocaman bir yara gibi taşıdığım tecavüzün ve kızlığımı kaybedişimin acısı da bir parça olsun hafifleyecekti.

*

Asım'la ilk ayrılışımızdan sonra Hasan girmişti hayatıma.

Çakıl Gazinosu'nda çalıştığım dönemdi. Annemin aklı bende kalıyordu, geceleri pencerelerde bekliyordu eve dönmemi.

Bu tedirginliğinden teyzemin ve eniştemin de haberi vardı. Güvenilir bir şoför bulsa içinin biraz olsun rahat edeceğinden söz etmiş onlara. Bunun üzerine eniştemin yeğeni Cemal abi kardeşi Hasan'ın spor akademisinde okuduğunu, kendi arabasını kullanması için zaten ona verdiğini, benimle çalışmasının okul masrafına da katkısı olacağını söylemiş. Annem de "TAMAM," demiş.

Hasan'la arkadaşlıktan flörte geçişimiz çok çabuk oldu. Gündüzleri birlikte gezmeye başlamıştık. Ama bir yandan da ödüm patlıyordu annem duyacak diye.

Spor akademisine gidip yaptıkları maçları seyrediyordum. Çok güzel bir arkadaş grubu vardı Hasan'ın. Bana o günlerde, hayatımdaki en değerli dostum Ziya'yı kazandırdı.

Flörtümüzün annemin kulağına gitmesi uzun sürmedi. Hasan çok âşık olmuştu bana. Herhalde aşkının coşkusuyla akrabalarımızdan birine benimle evlenmek istediğini söylüyor. Bu haber hızla yayılıyor; annem akrabalarının "SEVENLERİ NASIL AYIRIRSIN?" diye cephe almasına aldırmadan kıyametleri koparıyor ve ayrılıyoruz mecburen. Benim "AYRILMAK İSTEMİYORUM," demeye hakkım yoktu; annem ne derse oydu! Henüz mesleğini eline almamış biriyle birlikte olmamı istememişti. Flörtlerimin hepsine her zaman bir kulp bulmuştu.

Bu ayrılığın Hasan'a çok acı çektirdiğini biliyorum. Bir gün evlendiğini öğrenince benim de içim cız etmişti.

Her duygunun sonuna kadar gitmedikçe ilişkilerimi bitiremedim. Asım'la uzun bir aradan sonra nasıl tekrar bir araya geldiysek, Hasan'la da buluşacaktık... Tam on sekiz yıl sonra...

*

Hasan'dan sonra, Asım'la tekrar birlikte olana kadar iki kişi daha girdi hayatıma: Berhan Şimşek ve Erol Simavi.

Sanıyorum, insanın geçmişte kalan bir ilişkisini hâlâ mutluluk duyarak anması çok sık yakalanan bir şans değil. Bugün dönüp geçmişe bakmam ve nefis bir ilişkiden, dört dörtlük bir insandan söz etmem istense Berhan'ı anlatırdım.

Bir gün, artık hatırlayamadığım bir nedenle, rahmetli annesinin telefonda söylediği bir söze üzülmüştüm. Berhan eve geldiğinde yüzüme bakar bakmaz üzgün olduğumu hissetmiş, ısrar edip anlattırmış ve daha ayakkabısını bile çıkarmadan annesine gitmişti. Levent'ten Fatih'e. Hiç üşenmeden. Ve daha Berhan eve dönmeden annesi yeniden aramış, "EVLADIM, SENİ BİLMEDEN KIRDIYSAM ÖZÜR DİLERİM. SENİ O KADAR SEVİYORUM Kİ, ASLA ÜZÜLMENİ İSTEMEM," demişti. Berhan'ın birbirinden erdemli davranış ve tavırlarından sadece bir tanesidir bu.

Yıllar sonra ilişkilerime dönüp baktığımda bir tek Berhan'la evlenmediğime üzülmüştüm.

Berhan benimle evlenmek istediğinde annem yine karşı çıkmıştı. Üstelik hiçbir gün lafı bile geçmemiş, çok tuhaf bir nedenle: Berhan'ın benimle film şirketi kurmak için evleneceğini ileri sürmüştü! Bu halüsinasyon nasıl bir zihnin ürünüydü, hâlâ çözemiyorum.

Berhan o sıralar yeni yeni rol almaya başlamıştı filmlerde. Ama asıl istediği şey başkaydı. "BİR GÜN BU ÜLKEYE MİLLETVEKİLİ OLACAĞIM," demişti bir keresinde. Ortaokulu dışarıdan bitirmiş, sonra da hem ailesinin kıraathanesinde çalışmış hem de gece üniversitesinde okumuştu. İstediği her şeyi başaracağına sonsuz inancım vardı. Milletvekili olacağını söylediğinde "İNANIYORUM," demiştim.

Milletvekili olduğunda "KUTLARIM, YILLAR ÖNCE SÖYLEMİŞTİN," diye başlayan, sıcak ama mesafeli bir mesaj çektim.

Berhan bu dünyaya "İNSAN OLMAK NEDİR?" sorusuna verilmiş bir yanıt olarak gelmişti sanki. Onun her zaman çok mutlu olmasını isterim.

*

Berhan'la da annem yüzünden ayrıldıktan sonra Erol Simavi'yle tanıştım.

İzmir'de Efes Oteli'nde çalıştığım sırada bir akşam kalabalık bir grupla beni dinlemeye gelmiş, programdan sonra da masalarına davet etmişti. Tanışır tanışmaz, sesimi çok beğendiğini söylemişti. "TÜRKİYE'DE ÜÇ SES VAR," derdi hep. "İBRAHİM TATLISES, MUAZZEZ ABACI ve SEN." Eliyle kalbimi işaret edip, "ALLAH SENİN ŞURANA MİKROFON KOYMUŞ," derdi.

Erol Simavi o zamanlarda Türkiye'deki en kudretli isimlerden biriydi; medya imparatoruydu. Sanatçılara ayrı bir değer verir, desteğini hiç esirgemezdi. Çok mütevazı ve iyi kalpliydi. Zamanla onu kendime çok yakın görmüş ve kendisine uğradığım tecavüzü anlatmıştım. Ağlamıştı dinlerken. O kadar görmüş geçirmiş, o kadar tecrübeli birinin benim için gözyaşı dökmesinden çok etkilenmiş, onu çok sevmiştim. Sevgimin şekli daha çok hayranlıktı. Annem onunla ilişkimi çok desteklemişti ama benim aklım bir karış havadaydı.

Enteresan bir duyarlılığı vardı. "SEN BİR GÜN İNTİHAR EDECEKSİN," demişti bana. Niçin söylemişti bu lafı anımsamıyorum. Ama aklımdan hiç çıkmadı.

Gücün çok önemli olduğunu biliyorum ama başkalarının gücünü arkama almayı ya da onların sözünü dinlemeyi hiçbir zaman düşünmedim. Mesela Erol Simavi o dönemde şöyle bir şey önermişti bana: "BÜTÜN GAZETELERİME VE DERGİLERİME 'ZERRİN ÖZER SESİNİ KAYBETTİ' DİYE YAZDIRACAĞIM. BİR YIL BOYUNCA ORTALIKTA GÖRÜNMEYECEKSİN. BU SÜREDE ÇALIŞAMAYACAĞIN İÇİN İHTİYAÇLARINI BEN KARŞILAYACAĞIM. AMA SEN BU ARADA TÜRK SANAT MÜZİĞİ DERSİ ALACAKSIN. BİR YIL SONRA TÜRKİYE'DEKİ EN BÜYÜK GAZİNO SAHİPLERİNİ ÇAĞIRIP ŞAN TİYATROSU'NDA KONSER VERECEKSİN VE EN YÜKSEK PARAYI KİM TEKLİF EDERSE ONUNLA ÇALIŞACAKSIN." Düşünmeye bile gerek görmemiş, "SANAT MÜZİĞİ OKUMUYORUM BEN," demiştim. Söylediği şeyi yapsaydım ne olurdu, ne değişirdi diye düşünüyorum bazen...

Benim pervasızlığımı, aklıma eseni estiği anda söyleyişimi de seviyordu. Birbirimizi daha yeni yeni tanıdığımız günlerde,

Bodrum'a gitmiştik arabasıyla. O önde uyurken, arabadakiler çıtını bile çıkaramıyordu. Bense durmadan "ŞURASI NERESİ, BURASI NERESİ?" diye soruyordum yanımdakilere. Dönüp, "BEN UYURKEN KİMSE KONUŞMAZ," deyince, "BEN KONUŞURUM," diye karşılık vermiştim. Ama pervasızlıkla saygısızlığı çok kesin bir biçimde birbirinden ayırdığımı kısa sürede anladığı için sivriliklerimi hep sevimli buldu. Ona hem "siz" diye hitap eder, hem de kimsenin sormaya cesaret edemeyeceği şeyleri sorardım. Çok güldürürdüm onu.

İlişkimiz boyunca aramızda ayrılığa neden olacak türden bir sorun yaşanmamıştı. Ama medyanın en güçlü kişisiyle birlikte oluşum birisini en başından beri rahatsız etmişti. Derken bir gün Erol Bey beni aramayı aniden kesti. Sonradan öğrendim ki, bazı laflar gitmiş gelmiş, birtakım asılsız söylentiler uçurulmuş.

Beni aramadığı gibi telefonlarıma da çıkmamaya başlamıştı. Bir süre sonra İsviçre'ye gittiğini öğrendiğimde oradaki telefon numarasından aramaya başladım. Uzun uzun telesekreterine not bıraktığımı zannedip, meğer o zamanlar daha Türkiye'ye gelmemiş olan faks makinesinin düdüğüne not bırakmışım! Notlarımı aldığı halde (!) beni aramayışına çok sinirlenip, rahatsız etmekten aşırı çekinerek, kimseyi iki kereden daha fazla arayamayacağım için Türkiye'ye döner dönmez yüz yüze görüşmeye ve ne olduğunu öğrenmeye karar verdim.

Ne olduğunu öğrenmezsem içim rahat etmeyecekti. Birincisi, ilişkiler sadece kurulurken değil, biterken de emek ister bence. Dostlukla, konuşarak bitirilmeli. İkincisi, dahil olduğum bir konuda yok sayılmayı ve hakkımda benden habersiz karar verilmesini adaletsizlik sayarım.

Türkiye'ye döner dönmez, kalktım, evi saydığı Etap Oteli'ne gittim. Asansör kapısında karşılaştık. Yanında asistanı ve birkaç kişi daha vardı. "HİLTON'A YEMEK YEMEYE GİDİYORUZ," dediler. "BEN DE GELİYORUM," dedim.

"AFFEDERSİNİZ EROL BEY AMA NE OLDU?" diye sordum yemekte. "YOK BİR ŞEY," diye yanıtladı. Baktı ben vazgeçecek gibi değilim, "ÇOK ŞEY ANLATIYORMUŞSUN BAŞKALARINA," dedi. "ANLATACAK NE VAR Kİ? NEYİ ANLATACAĞIM?" dedim ama aslında çok daha fazla sinirlenip yaralanmıştım. Sesini çıkarmayınca "SİZ DENİZ GİBİ DALGALISINIZ," dedim. Sorma sırası bu sefer ona geçti: "İYİ ANLAMDA MI, KÖTÜ ANLAMDA MI?" Yüzüne şöyle bir bakıp "KÖTÜ ANLAMDA," dedim. Sonra da medya imparatorluğuna, herkesi hazırolda tutan gücüne falan aldırmadan "BİR BAKAR MISINIZ? EROL SİMAVİ YOKKEN DE ZERRİN ÖZER VARDI!" deyip kalkıverdim masadan. Otelden ayrılırken "ARTIK YA BATTIN YA DA ÇIKTIN, ORTASI YOK," diyordum kendime!

*

Oysa beni sevdiğini söylemiş, kendisiyle yurtdışına gitmemi istemiş, "KİMSEYE BÖYLE BİR ŞEY TEKLİF ETMEDİM ŞİMDİYE KADAR. SENDEN ÖNCE KİMSEYE 'SENİ SEVİYORUM' DEMEDİM. HAYATININ SONUNA KADAR BENİMLE OLUR MUSUN?" demişti. Fakat ben onunla ilişkimde yaramaz bir çocuk gibiydim; onun bana verdiği kıymeti ben ona verememiştim belki de...

*

Sonraki yıllarda İsviçre'ye yerleştiğinde defalarca aradım ama ulaşamadım. Birbirimizi bir kere daha göremeden ona ya da bana bir şey olursa diye korkuyorum bazen.

*

Hasan'la on sekiz yıl sonra tekrar buluştuğumuzda "KEŞKE ANNEM YAŞASAYDI DA BUGÜNKÜ HALİNİ GÖREBİLSEYDİ," diye düşünmüştüm. Tam annemin bana yakıştıracağı türden bir erkek portresiydi.

Teyzemler İstanbul'a gelmişti; ziyaretlerine gitmiştim. Birden "HASAN NE YAPIYOR?" diye sordum nedense. "İKİ YIL ÖNCE BOŞANDI," dedi teyzem. Boşandığını öğrenince telefonunu istedim. Teyzem işkillenip "BİZLER AĞIR İNSANLARIZ, SEN DE AĞIRDAN SAT KENDİNİ," falan demeye başladı. "NE DİYORSUN TEYZE SEN! HATIRINI SORACAĞIM SADECE," dedim.

Telefon numarasını çevirirken kalbim çarpmaya başladı. "HASANCIĞIM MERHABA, ZERRİN BEN," dedim. Hasan bir an kalakaldı telefonda. Numarasını teyzemden aldığımı anlattım, "GÖRÜŞELİM," dedim. Hakemlik yapmak için Rusya'ya bir maça gitmek üzere olduğunu, döner dönmez arayacağını söylerken hâlâ şaşkındı sesi.

Günler sanki geçmek bilmedi o dönene kadar! Aradığında yalnız gidemeyeceğimi anladım, kız arkadaşlarımı da yanımda sürükledim.

Kapıyı açtığında "VAYY!" dedim içimden; saçları hafif kırlaşmıştı, eskisinden çok daha yakışıklıydı.

On sekiz yıl sonra insanlar bir araya geldiğinde ne konuşursa, aşağı yukarı aynı şeylerden konuştuk. Rusya'dan romatizma bileziği getirmişti bana.

Görüşmeye devam ettik. Hatta gazetelere bile çıktık. "ZERRİN'İ MUTLU EDEN ADAM," diye yazmışlardı Hasan için.

Bir oğlu vardı artık. Beş yaşında. Ali. Onu ben yıkardım. Oyuncaklar alırdım ona. Kendi çocuğum gibi sevdim Ali'yi. Hasan kendi babasından öyle gördüğü için biraz mesafeliydi oğluna karşı. "ONA ÖYLE ÇOK SEVGİ VER Kİ, DİMDİK DURSUN BU HAYATTA," der, tutumunun yanlışlığını anlatırdım.

Gayet iyi gidiyordu her şey. Ama onun evindeyken sigarayı pencerelerde içmek zorunda bırakılışım beni kuşkulandırıyordu. Her ilişkide mutlaka olması gereken karşılıklı fedakârlık açısından.

Derken, bende olduğumuz bir gece, köpeğim Zilli'yi aldı ve "HADİ SEN ARTIK DIŞARIDA YATIYORSUN," deyiverdi. Ali nasıl onun oğluysa, Zilli de benim evladım! Çok ağrıma gitti hareketi. Uyumasını bekleyip Zilli'nin yanına gittim, beraber salonda yattık. Hasan mükemmel biriydi ama o davranışından sonra "OLMAZ BU ADAMLA," dedim kendime.

Çok üzüldü ayrıldığımızda. Ben de çok üzüldüm. "LÜTFEN BENİ UNUT, KENDİMİ TANIYORUM, YARIN ÖBÜR GÜN SENİ ÇOK MUTSUZ EDERİM," dedim. Ona acı vermekten korktum.

*

Asım'la tekrar birleşip ayrıldıktan sonra Müslüm Toprak'la birlikte olmuştum. Onu daha sonra, başka bir biçimde anlatacağım. Dostluktan sevgililiğe her türlü ilişki hayatımda çok önemli bir yer kaplamış olsa da, BÖYLE AŞK DEFTERİ TUTAR GİBİ HEPSİNİ PEŞ PEŞE SIRALAMAK İSTEMİYORUM. Gerçi birazdan, yedi senemi verdiğim Okay'ı anlatacağım ama önce hayvanlar üzerine düşünmek istiyorum biraz.

HAYVANLAR ÂLEMİ

"Hayvanların ne yaptıklarını, kunduzun, ayının, sombalığının ve öbür yaratıkların nelere gereksinim duyduklarını biliriz, çünkü eskiden insanlar onlarla evlenirlerdi, bu bilgiyi hayvan karılarından edindiler... Beyazlar bu ülkede kısa bir süre yaşadılar, hayvanlar konusunda pek bir şey bilmezler; biz binlerce yıldır buradayız, hayvanlar bizi eğiteli çok oldu. Beyazlar unutmayalım diye her şeyi bir kitaba yazıyorlar; ama bizim atalarımız hayvanlarla evlendiler, onların bütün göreneklerini öğrendiler ve bilgilerini kuşaktan kuşağa geçirdiler."

YABAN DÜŞÜNCE, CLAUDE LEVI-STRAUSS
(Türkçesi: Tahsin Yücel)

Zilli suratıma uzun uzun, derin derin bakınca ürperiyorum; annem geldi sanıyorum.

Yanlış anlaşılmaktan çekindiğim için uzun süre bu benzerlikten hiç kimseye söz etmemiştim. Ta ki Tülay ablam "ZERRİNCİĞİM YANLIŞ ANLAMA AMA ZİLLİ AYNI ANNEM GİBİ BAKIYOR," diyene kadar.

Hayvanların suratında herkes görür mü ölülerini? Neden görür? Nasıl görür?

*

Onun konuşmaya başlayacağı hissine kapılıyorum ara sıra. Bazen de ona benzemeyi istiyorum. Ufacık boyuyla ve bir kiloluk cüssesiyle herkesi parmağında oynatıyor.

Cüsseleri ve vahşilikleriyle sürekli iki uçta olduğumu belli eden iki köpeğim daha var. Efe kırk altı, Levi ise henüz yavru olduğu için otuz kilo... İkisi de Rottweiler.

Zilli, Efe'ye bile saydırdı kendini. "HAYVANLAR DA YAŞÇA KENDİSİNDEN BÜYÜK OLANA SAYGI DUYUYORDUR BELKİ," diye düşünüyorum bazen. Çünkü Zilli'nin dünyanın en saldırgan, en vahşi cinsi olarak kabul edilen bir köpekte uyandırdığı bu saygıyı kendime açıklamakta zorlanıyorum.

Gerçi Zilli sadece yaşına güvenmiyor, aklını da kullanıyor! Efe'nin önündeki kemiği kapmak için kumpaslar kuruyor. Mesela durduk yerde gidip kapının önünde havlamaya başlıyor. Efe işkillenip yanına gidince fırlayıp kapıveriyor kemiği. Küçücük ağzıyla kendi boyundaki kemiği çekiştire çekiştire televizyon sehpasının altına saklanıyor. Delirtiyor Efe'yi.

*

Hatırladığım en eski hayvan, görünce ağlamaya başlayıp annemle babamı restorandan kaldırmama neden olan o topal kedi.

Janis ise birlikte yaşadığım ilk hayvan. Ama annem onu götürüp Sarıyer'e bıraktıktan sonra çok yaralandım. Herhalde bu yüzden bir daha kedim olmadı. Kangalım oldu, kurt köpeğim oldu, Danua'm, Yorkshire'ım, kanişim oldu...

*

İnsanın hayvandan ölümlü olduğunu bilmekle ayrıldığı söylendi hep. Kediler ölmeden önce neden evi terk ediyor o zaman? Ya da her sene aynı gün sahibinin mezarını ziyaret eden bir köpeğin, ölümü hiç bilmediği ileri sürülebilir mi?

Bence insanlar değişip geliştikçe hayvanlar da değişip gelişiyor. Eskiden kediyle köpeği yan yana göremezdik. Artık birbirlerine annelik bile yapıyorlar. Sokak köpekleri trafik ışıklarına bakıp da geçiyor karşıdan karşıya. Geçemezse gidip yardım istiyor insandan. İnsanlar paylaşmayı bilse, hayvanlar birlikte yaşamaya çok yatkın bence.

*

İnsanoğlunun hayvan etine tenezzül edişi beni çok düşündürdü. Öldürüp öldürüp yiyen insanın hayvana kıyasla ne kadar aşağılık olduğu böylece bir kez daha ortaya çıkıyor bence.

Yıllar önce Almanya'ya konser vermek için gittiğimde kadının birini kürk giyiyor diye bağıra çağıra aşağılamışlardı. Kadın kürkünü çıkarıp çantasına saklamak zorunda kalmıştı. O protesto insanoğlunun zalimliğinin çok tuhaf zevklerden kalkındığını düşündürmüştü bana. İnsanın, derinlerde bir yerde, hayvana aslında "SENİN KÜRKÜNE SAHİBİM," diyerek tatmin olduğunu... Kurban etmenin ve can almanın altında insanın tanrılaşmak gibi karanlık bir arzu taşıdığını...

*

Duygudan yoksun cinselliği anlamadığım için hayvanların cinsel ilişkilerine bakamam. Belki gözden kaçırdığım bir şey vardır cinselliklerinde, bilmiyorum.

Zilli bir keresinde çok irkiltmişti beni. Arkadaşımın kedisinin üstüne çıkmıştı! Üstelik ikisi de dişi! Gözlerime inanamamıştım.

Çocukluğumda çok irkiltici gelen başka bir sahne daha saklı zihnimde: Bir tanıdığımızın erkek köpeği vardı. Köpeği kadının koluna sürtünmek isterken görüp dehşete kapılmış, "NASIL İZİN VERİYOR BÖYLE BİR ŞEYE?" diye düşünmüştüm.

Erkek köpek beslemenin iftiralara ve karalamalara neden olduğu iğrenç bir dönem vardı. Nasıl beynime kazınmışsa, yıllarca köpeklerimin dişi olduğunu vurguladım gereksiz yere. "ADI NE?" diye sorarlardı mesela. Adını söyler söylemez, "DİŞİ," diye eklerdim!

*

Töre ve namus cinayetlerinden hemen anlaşılacağı gibi, cinselliğini ölümün yanı başında, ölümle iç içe yaşayan bir toplumuz. Ölümle kardeş olmuş cinselliğimiz yüzünden hayvanı denemeye kalkışmak da korkunç bir cehaletten kaynaklanıyor.

Batılı, seks problemini çoktan çözmüş. Seks problemini çözdüğü için dünyayı ve insanı tanımaya yöneliyor. İşinde bile bu yüzden daha başarılı bence.

*

Hangi hayvanlara neden yöneldiğimi düşündükçe kendimi daha iyi tanıyorum. Vahşi köpek sevişimin altında korunma isteği yatıyor mesela. Erkeğin ve ilişkinin de vahşi olanını seviyorum. Sigara yakan, kapı açan, kibarlıktan kırılan erkekten hoşlanmam. Erkek dediğin koydu mu oturtacak. Saç saça baş başa falan gireceksin. Şaka yapıyorum tabii. Sadece ilişki çok kibar olmamalı diye düşünüyorum. Gerçi şu da bir gerçek: Erkek o söylediklerimi eyleme geçirmeyecek ama hissettirecek. Son olarak, bunu hissettirmeye benim de hakkım olacak. Çünkü sinen, saklanan, hakkını aramaktan âciz, pısırık kadının hayatımda hiç yeri yok.

*

Hayvanların hepsi başka şeyler anlattı bana. Akrepler o küçücük halleri ve yandan yandan yürüyüşleriyle hem bir güç sembolü oldu gözümde hem de güç denen şeyin cüssede olmadığını anlattı bana. Panterlerin estetiğine hayran oldum; içimden "PANTER OLMAK İSTERDİM," diye geçirdim bazen.

Hiçbir hayvanın uğursuz olduğuna inanmadım. Kötülüklerine baktığımda, biraz eşeleyince, altından yine insan çıktı. Uyuşturucu kaçakçılığında şebeke olarak kullanılan şahinleri kim suçlayabilir? Hatta köpekbalıklarına bile kızamadım.

*

İnsanlara arkamı dönemezken, tanıdığım hayvanların hiçbiri sırt çevirmedi bana. Kimin sözüydü anımsayamıyorum ama "İNSANLARI TANIDIKÇA HAYVANLARA DAHA ÇOK

SARILIYORUM." Çıkarsız, katıksız sevgiyi bir tek onlarda buldum.

"ZİLLİ'NİN KALBİ NE KADARDIR?" diye sormuştum veterinerime. "PARMAĞINIZIN UCU KADAR," diye karşılık vermişti... Hayvanlar o küçücük kalpleriyle insanlardan yüz gömlek daha üstünler bence.

HAYAT BANA APANSIZIN ÖYLE ŞAKA YAPAR Kİ...

"Ey yüreğim, ne karmaşa!"

SYLVIA PLATH

Okay'la ilişkimiz yedi yıl sürdü ama onunla birlikte bir ömür geçti sanki.

Bir gazetede "GİTTİ ZERRİN'İN BEŞ YILI" diye yazılmıştı. Hakikaten gitti...

*

Caddebostan Maksim'de çalışıyordum... Gelenler belli. Orta yaşın üstünde, kalantor aileler.

Fakat bir gece sahneye bir çıktım, masalardan birinde sakallı, blue jean'li, genç bir tip, tek başına oturuyor. Genel müşteri profilinin yanında o kadar ayrıksı kaçıyor ki, sadece benim değil, bütün çalışanların dikkatini çekmişti.

O gece sahneden inip kulise gittiğimde adıma orkide gönderilmiş olduğunu gördüm. Üzerine iliştirilen karta tek bir sözcük yazılmış: "HAYRANLIKLARIMLA." Kimden geldiği belli değil.

Program aralarında kıyafet değiştirme modası vardı o yıllarda. O aralarda bile orkide gelmeye başladı. Bu böyle on beş gün falan sürdü. Orkideleri yollayanın o olduğundan emindim artık.

Ama Okay'la tanışmamız Maksim'de değil, Regine'de gerçekleşti. Arkadaşlarla eğlenmeye gittiğimiz bir gece, bir baktım o da orada.

Kalktı masasından, ağır ağır bana doğru gelmeye başladı. Kaç gündür Maksim'deki herkesin müthiş merakını uyandıran adam tam karşımdaydı.

*

İnat, aşkımı çılgınlığa, deliliğe sürükleyen şeylerin başını çekiyordu. O güne dek bütün birlikteliklerimde el üstünde tutulmuştum, ilişkilerim niyet açısından belli bir ciddiyetle başlayıp gittikçe güçlenmiş, sonunda da hep evlenme teklifi almıştım. Başka türlüsü ne aklımdan geçmişti, ne de yaşamıştım öylesini. Oysa bu sefer karşıma değil evlenmek, bir süre sonra babasına "EVLENENE KADAR MÜSAADE ET," diyecek biri çıkmıştı! Bütün bunları sonradan öğreniyorum tabii. Hem de babasından. Çünkü Maksim'e gelip bana tutulduğu günlerde ailesi Kahramanmaraş'a Okay'a kız istemeye gitmiş meğer!

"NASIL OLUR DA EVLENİLMEYE LAYIK GÖRÜLMEM? EVLENENE KADAR İDARE EDİLECEK BİRİ GÖZÜYLE NASIL BAKILIR BANA?" inadı beni tam yedi yıl esir aldı.

*

"BENİ ZORLA EVLENDİRECEKLER ZERRİN," dediğinde ona iyice tutulmuştum artık; gözüm hiçbir şey görmüyordu.

Babasının Ümraniye'de bir fabrikası vardı. Durumları bayağı iyiydi. Okay da aynı fabrikada çalışıyordu. Babası öğrenciler arasında sağ-sol çatışmalarının yaşandığı dönemde liseden almış Okay'ı. Ailenin tek erkek çocuğuydu ve çok kıymetliydi. Bende olduğumuz akşamlar bile belli bir saatten sonra eve dönmek zorundaydı.

İlişkimiz gazetelere yansıdığında babası, yanında çalıştırdığı, çoğu hapisten çıkmış adamlarını peşimize takmaya başlamıştı.

Arabayı mahalledeki caminin önüne park eder, bizi bulmasınlar, Okay'ı alıp götürmesinler diye dua ederdik Allah'a.

*

Ailesinin ilişkimizi onaylamamasının birkaç nedeni vardı. Birincisi, daha önce de değinmiştim, şarkıcılık o yıllarda küçümsenirdi. Çocuklarının sahneye çıkan biriyle aşk yaşamasına karşı çıkıyorlardı. Bu bir önyargıydı elbette ve istenirse aşılabilirdi. İkincisi ve daha önemlisi ise, kızlarını istemeye gittikleri aileye verilmiş bir söz vardı; bu sözden dönmeleri söz konusu değildi.

Caydırmak için yapmadıkları kalmadı. Babasının adamları, hatta daha sonra Okay'ın akrabaları anneme telefonlar açıp, "BİZİM KARDEŞİMİZ BİLMEM NEREYE GİTMİYOR; KIZINIZI BİLMEM N'APIYOR," türünden, ağza alınmaz küfürler savurdular, sürekli tehdit ettiler.

Annem her gün çıldırıyordu. "BENİM KIZIMI İSTEMEYEN BİR AİLENİN OĞLUNU BEN HİÇ İSTEMEM," diyordu. "ANNE SEVİYORUM," diyorum ama dinleyecek hali kalmamış artık. Okay'ın babasının adamları, kızları annemi aradıkça o da Okay'ı arıyor, "BIRAK KIZIMIN PEŞİNİ," diye kıyametleri koparıyor.

Hiçbir çıkış yolu bulamıyoruz; ben ağlıyorum, Okay ağlıyor...

Büyük bir gizlilik içinde, hileyle falan görüşebiliyoruz ancak. Arada bir terslikler de oluyor tabii. Mesela Ankara'da programım vardı, Okay'la bir arada olabilmek için anneme izinsiz çalışacağımı söylemiştim. Boş olan tek günüm vardı zaten, onda da kalktım İstanbul'a geldim. Ben geldim diye İstanbul karlar altında kaldı! Dönemiyorum! Ertesi gün sahnede olmam lazım. Rezalet. Ne yapmıştım, nasıl yapmıştım aklımda kalmamış, ama dönmenin bir yolunu bulduğumda korkudan delirmeme ramak kaldığını çok iyi hatırlıyorum.

*

Bütün bu imkânsızlıklar aşkımı körükledikçe körükledi. Okay'ın tahammül sınırlarımın ötesine geçen, işkenceye dönen kıskançlıklarına ya da yalanlarına katlanmakla kalmadım, söz verildiği için o kızla evlenmesine de razı oldum. Üstelik Okay şöyle bir şey söylediği için: "BABAM BENİ EVLENDİRECEK AMA SÖZ VERDİ, ÜÇ AY SONRA BOŞANMAMA MÜSAADE EDECEK."

Daha öncesinde biz kendi aramızda evlenmeye karar vermiştik. "BEN GECEKONDUDA BİLE OTURURUM," demiştim Okay'a. Yeter ki evlenelim!

Nikâh dairesine gideceğimiz gün "MATİNEDEN SONRA BENZİNCİDE BULUŞALIM," dedik. Yetişeceğim diye sahne kıyafetlerimi çıkarıp tekrar giyinirken kan ter içinde kalmıştım. Saat tam üçte oradaydım. Bekliyorum bekliyorum, gelen giden yok. Sonra bir çocuk geldi, "OKAY BEY ÖZÜR DİLİYOR, TOPLANTIDAN ÇIKAMAMIŞ, O SİZİ ARAYACAKMIŞ," dedi. O kadar çok yalan söylüyordu ki... Körü körüne inanıyordum...

Şunu da yazmam lazım: Biz Okay'la imam nikâhı kıydırmıştık! Hoca "NE İSTERSİN?" diye sormuştu. "BİR KAMYON DOLUSU GÜL," demiştim. Kafa yok ki...

*

Okay'a "EVLEN," dedim demesine ama evleneceğini haber verdiklerinde çıldırıyorum sandım. Neden? Çünkü zorla evlendiriyorlar çocuğu!

Okay'la bozuşup küsmüştük o sıralar. Ablamlarla birlikte

Antalya'da tatildeydim. İnsanın karakteri ne tuhaf değişikliklerden geçiyor; şimdi olsa ilişkim ve moralim bozukken asla bir yere gidemem...

Bir akşam telefon çaldı, açtım, "OKAY YARIN EVLENİYOR," dedi tanımadığım biri. O kadar. Tak diye kapandı telefon. O zamanlar cep telefonu yok henüz. İstanbul'dan ayrılırken, evde çalışan kadına her ihtimale karşı otelin telefon numarasını bırakmıştım. Arayan kişi ondan öğrenmiş olmalı...

Çok yakın iki arkadaşımı, Seda'yı ve Anuş'u aradım hemen. "ARAŞTIRIN," dedim. Aradan ne kadar zaman geçti, o zaman nasıl geçti hatırlamıyorum. Uzatmayayım, telefon açıp "GALİBA DOĞRU," falan dediler. "TAMAM," deyip telefonu kapadım ve bir şişe viski açtım.

"HEMEN İSTANBUL'A DÖNMEM LAZIM," diyorum ama uçaklarda yer yok. Delireceğim. Odanın içinde dört dönüyorum, ablam oturmuş beni seyrediyor.

Şişenin dibi göründüğünde, birden otelde gördüğüm pilotlar geldi aklıma. İstanbul-Antalya hattındaki uçuş ekibi de bizimle aynı otelde konaklıyordu.

Saat gecenin üçü olmuş ama zurnayım, resepsiyonu arayıp "ÖLÜM KALIM MESELESİ," diyerek kendimi bir pilota bağlattım. "MERHABA, BEN ZERRİN ÖZER. İSTANBUL UÇAKLARINDA HİÇ YER YOKMUŞ. MUTLAKA ORADA OLMAM LAZIM, BENİ KOKPİTTE GÖNDEREBİLİR MİSİNİZ? ÇOK ÖNEMLİ," diye rica ettim.

Ertesi sabah saat yedide kokpitteydim.

*

Seda'yla Anuş havaalanında karşıladı beni.

Anuş'un evine gittik. "ÖNCE BİR TELEFON AÇALIM," dedim. Başkası çıkarsa konuşmayacağım. Telefonu açan hemen anladı. Nispet yaparcasına kendi kendine konuşmaya başladı: "AY BUGÜN NASIL MUTLUYUZ NASIL MUTLUYUZ, OKAY ÖĞLEDEN SONRA EVLENİYOR, EŞİ ŞİMDİ GELİNLİĞİNİ GİYİYOR, NE KADAR GÜZEL," falan dedi; ben tamamen delirdim.

O gün sabahın on birinden akşamın altısına yedisine kadar sürecek, takipli makipli, koşturmacalı kovalamacalı, ağlamalı zırlamalı bir taksi macerasına başlamadan önce kuaföre gidip süslenmeyi ihmal etmedim.

Kızlarla birlikte taksiye atladığımızda gördüğüm ilk marketin önünde sağa çekmesini söyledim şoföre. İndim ve rakı aldım. Şişeyi jelatin gibi bir şeye sardırmıştım. Dikmeye başladım. Sek.

"AH! CANIM!" diyorum yolda. "ZORLA EVLENDİRİLİYOR, BENİM ONU KURTARMAM LAZIM!" O kadın, ben de erkeğim çünkü!

*

Anuş'un işe gitmesi gerekiyordu. O gazeteye gitti, biz de Seda'yla Okayların evinin tam karşısına!.. Seda'yla Anuş öğrenmiş; nikâh saat beşte fabrikanın bahçesinde kıyılacak ve daha epey zaman var.

Anuş ayrılırken tembih ettiği için Seda inmiş, Anuş'a nerede olduğumuzu haber vermek için telefon açıyor bir bakkaldan. Başımıza bir şey gelmesi ihtimaline karşı tetikte olacak Anuş.

*

Bizi çoktan fark etmişler. Bir baktım, babası geliyor.

"NE YAPIYORSUNUZ SİZ BURADA?" dedi. "ARKADAŞIMI BEKLİYORUM," dedim. Üstelemedi.

Bir süre sonra yanında kendi yaşlarında biriyle tekrar çıktı evden. Galiba kızın babasıydı. Arabaya bindiklerinde taksiye hareket etmesini söyledim. Baktım, peşimize takıldılar, biz nereye gidersek onlar da geliyor! Babası beni nikâhtan uzak tutmakta kararlı.

O kadar çok turladık ki, yanımdaki paranın yetmeyeceğini anladım. Kadıköy'de bir bankaya girip para çektik. Sonra da başka bir taksiye atlayıp şaşırttık onları ve izimizi kaybettiler. Ama bu arada nikâh saati çoktan geçmişti. Nikâhı geciktirecek kadar kararlıydı beni uzak tutmaya.

*

Evleneceğini düşündükçe ağlıyordum takside. Seda taksi şoförüne açıklama yapmak zorunda kaldı. "NİŞANLISINI ZORLA EVLENDİRİYORLAR DA," dedi. "VAH VAH VAH!" demeye başladı adam.

Zurna kafayla ne yaparsın? Saate bakar, düşünür taşınır, taksi şoförüne nikâhın kıyılacağı semte götürmesini söylersin. Rampa gibi, tepelik bir yere çıkarttırırsın arabayı. Ama yol değil durduğumuz yer; yolun üstü. Özetle, taksiyi dağlara bayırlara çıkarttırmışım. Fabrikanın tam karşısına.

*

Biraz zaman geçti, bir araba yanaştı fabrikanın kapısına. İçinden Okay'la kız indi. "GÖRÜYOR MUSUN?" diyorum şoföre, "ZORLA EVLENDİRİYORLAR." Artık zurnayım ki ne zurna!..

Birden yanımızda dört beş kişi bitti. "NE YAPIYORSUNUZ BURADA?" diye sorguya çekiyorlar. Okay'ın babasının adamları. "HAVA ALIYORUM," diyorum. "NASIL HAVA ALIYORSUNUZ?" diyorlar. "DEMOKRATİK BİR ÜLKEDEYİZ. BEN BURADA HAVA ALIYORUM," diye karşılık veriyorum. "ALAMAZSINIZ," diyorlar. "ALIRIM," diyorum. Ve arabayı tekmelemeye başlıyorlar. Şoför bir anda parlayıp arabadan iniveriyor. "KARDEŞİM, ZATEN NİŞANLISINI ZOR-

LA EVLENDİRİYORLAR, NE DİYORSUNUZ SİZ!" diye bağırmaya başlıyor.

Bu arada nereden çıktığını anlayamadığım bir gazeteci görüyorum karşımda. Saklanıp kaçacağıma, gazeteciye baş parmağımla zafer işareti yapıp poz veriyorum. Şak şak şak, fotoğraflarım çekiliyor. Çünkü o kafayla şöyle düşünüyorum: Okay ertesi gün beni gazetede görecek ve kendisini yalnız bırakmadığımı, onun için bir şeyler yaptığımı anlayacak! Zırdeliymişim demek ki...

Babasının adamları başımızdan ayrılmıyor. Yok hava alırsın, yok alamazsın, içimden "ALLAH KAHRETSİN!" deyip taksiye gitmesini söylüyorum.

Bu sefer de onlar takılıyor peşimize. Neredeyse bütün İstanbul'u tekrar turluyoruz; adamlar dönmeyeceğimden emin olmak zorundalar.

Gece on buçuk uçağıyla Antalya'ya döneceğim. Bu arada sabahtan beri kuşkuluyum; "DÜĞÜN YAPACAKLAR MIYMIŞ?" diye soruyorum Seda'ya, ama sürekli "HAYIR," diyor. Havaalanına yolcu etmeye Anuş da gelmişti, tekrar soruyorum, beni uçağa bindirip yollamakta diretiyorlar, "DÜĞÜN FALAN YOK," diyorlar.

Uçağa "HEYT!" diye biniyorum. Anuş ve Seda arkamdan derin bir nefes almış olmalı. Ama benim hayatım kaymış artık...

Uçakta Mükerrem Taşçıoğlu görüyor beni. Hostes "SİZİ BİR ARKAYA ALALIM MI?" diye geldiğinde, "RİCA EDERİM, BURADA OTURSUN ZERRİN HANIM," diyor zarifçe. Mükerrem Taşçıoğlu'na teşekkür ediyorum ve gözümü Antalya'da açıyorum. Mükerrem Taşçıoğlu'nun omzunda!

*

Seda'yla Anuş benden gizlemişler, sonradan öğreniyorum: Tarabya Oteli'nde düğün yapılmış ve babası Okayların odasının bulunduğu koridorun hem sağ hem de sol başına iki adam diktirmiş! Benim oteli basma ihtimalime karşı!

*

Söylediğine göre, Okay ne o gece ne de daha sonra kızla birlikte oluyor. Hatta Bayramoğlu'ndaki yazlıklarında bütün odaları kilitleyip, bir tek yatak odalarını açık bırakıyorlarmış kızla birlikte yatsınlar diye ama Okay bahçede, şezlongda uyuyormuş.

Ama kız ayrılmadan önce bir sürü şey istemiş. Bilezikler falan. Okay da istediklerini alabilmek için para biriktirmeye başladı. Böyle saçma bir şey de yaşadık.

Aslında Okay'la, bir ilişkide yaşanması ve yaşanmaması gereken ne varsa hepsini yaşadım.

*

Sadece ailelerin baskısı değildi söz konusu olan. İlişkimiz de inişli çıkışlıydı.

Bir dönem yine atışmıştık. Küsüz. Kız da artık Kahramanmaraş'a dönmüş. Merak ettim, "NE YAPIYOR ACABA?" dedim, "BİR ARAYAYIM."

Aradım, evde yok. Odasındaki özel telefonu cevap vermiyor.

Kalktım, Okay'la sürekli gittiğimiz Starlife'ın işletmecisi sevgili arkadaşım Nihal'i aradım. Bir şey düşündüğümden değil. Hatırını sormak için. Ama karşı taraf telefonu kaldırınca "NİHAL ORADA MI?" diyeceğime "OKAY ORADA MI?" dedim! "OKAY BEY'İN REZERVASYONU VAR, BEŞ DAKİKA SONRA BURADA OLACAK," dediler! Neye uğradığımı şaşırdım! O beş dakika bana nasıl uzun geldi, anlatamam. Zıp zıp zıpladım evde!

Beş dakika sonra telefon açıp Okay'ı çağırdım. "NE İŞİN

VAR SENİN ORADA?" diye sordum. "E DÜN AYRILDIK YA SENİNLE!" dedi! "ÖYLE Mİ? KİM VAR YANINDA CANIM?" diye sordum. "BİR ARKADAŞIM VAR," dedi. "PEKİ," dedim.

Hemen telefon açıp bir taksi çağırdım. Doğru kulübe... Ama içeri almıyorlar! Yüzümden gözümden, saçımdan başımdan olay çıkaracağım belli ve üzülmemi istemiyorlar.

"LÜTFEN ÇEKİLİN!" dedim. "OKAY BEY İÇERDE," falan dediler. "TAMAM," dedim, "BEN DE ONUN İÇİN GELDİM ZATEN!"

*

Neyse, sonunda girdim içeri. Okay bir kızla baş başa oturmuş, elinde viski, konuşuyor. Doğru yanına gittim. "BAKAR MISIN?" dedim. "EFENDİM?" dedi. Önce "SEN BİLEZİK PARALARINI BÖYLE Mİ BİRİKTİRİYORSUN?" deyip viskisini aldım elinden, sonra bir o yanağına bir bu yanağına elimin tersiyle iki tokat patlattım, arkasından da viskiyi kafasından aşağı şırrr diye döktüm ve "İYİ AKŞAMLAR," deyip ayrıldım.

Yanındaki kıza bakmamıştım bile sinirden. Kimdi, nasıl biriydi, seçemedim. Elim ayağım boşalmıştı.

*

Yanımda Şencan vardı. Sekreterim. "ZERRİN HANIM, OKAY BEY KESİN ARKAMIZDAN GELİR ŞİMDİ," dedi. "NEREYE GELİYOR? NASIL GELEBİLİR!" diye terslendim kendi kendime.

Etiler'de oturuyordum o dönemde. Giriş katın altında. Benim deyişimle Yerebatan Sarayı'nda. Evin balkonu apartmanın caddeye baktığı yerde bitiyordu. Ama caddeye mesafesi epeyce vardı. "BALKONA ATLAR ŞİMDİ, PANJURLARI KAPATALIM," dedi Şencan. Hiç ihtimal vermemiştim o kadar mesafeden balkona atlayabileceğine ama Şencan haklı çıktı o gece.

Panjurları indireli iki dakika ya olmuş ya olmamıştı. "ZERRİİİİNNNN!" diye bir ses... Nasıl bağırıyor! Durmadan zile basıyor ama açmıyorum.

Bir süre sonra balkondan çatır çutur sesler gelmeye başladı. Panjurları kırıp söküyor. Panjurların ardından yüzü göründüğünde onu durduramayacağımı anladım. "AÇ BARİ KAPIYI," dedim Şencan'a. Ama yanımda kurt köpeğim var. Adı Ani. Saldırmak için aportta. Okay'ın da ödü patlıyor ondan, "TUT ONU!" diyor bana.

Tam o sırada zil çaldı. Kapıyı bir açtım, karşımda namlular. Polisler silahlarını doğrultmuş, "HANEYE TECAVÜZ VARMIŞ ZERRİN HANIM, ŞİKÂYET ALDIK," diyorlar.

Yanıt vermeden önce Okay'ın suratına baktım. Kısacık bir an. "YOK ÖYLE BİR ŞEY," dedim sonra. "MÜZİK DİNLİYORDUM DA DUYMAMIŞIM ZİLİ." İnanılacak şey değil tabii. Zili duymuyor diye kim apartmanı, mahalleyi ayağa kaldırır!

İkna olmadılar. "EMİN MİSİNİZ?" diye sordular. "EVET," deyip teşekkür ettim. Komşular falan geldi o arada, "İYİ MİSİN?" diye soruyorlar.

Herkes gittikten sonra Ani'yi alıp başka bir odaya kaçtım. Okay da çıkıp gitti sonra. Ama sabaha kadar arabasında bekledi. Evin önünde.

*

Bir gün zurna gibi geldi Okay. "KALK," dedi, "BİZE GİDİYORUZ."

Babası biz ne zaman küssek "OKAY'I ZERRİN'LE BARIŞTIRIN," demeye başlamıştı artık. Çünkü biz ne zaman barışsak Okay'ın hayatı düzene giriyor, işine gücüne sarılmaya başlıyordu. Gerçekten çok tembeldi. Başladığı işi bitirmesi için altı ay geçmesi gerekirdi aradan. Bende kaldığı geceler onar dakika arayla dört beş saat kurar, tam vaktinde işte olmasını sağlardım. Hatta bir sabah, sözgelimi yedide uyandıracağıma altıda uyandırmışım. Fabrikada kimseyi göremeyince telefon açmıştı, "ZERRİN NE YAPTIN? BENİ ERKEN Mİ YOLLADIN SEN İŞE?" diye.

Neyse, tutturdu "GİDİYORUZ," diye. O kadar sarhoş ki arabasıyla kaza yapmış bana gelirken. Kalktım hazırlandım.

Ailesi çoktan yatmış uyumuştu. "KALKIN," diye bağırdı. Herkes salona toplaştı. Üstlerinde pijamalar, gecelikler, saç baş dağılmış... Bize bakıyorlar.

O kadar tehditlerden, küfürlerden, peşimize adam takmalardan sonra Okay, başkaldırıdan aşka, kim bilir içinde neler barındıran tek bir cümleyle karşılık verdi ailesine: "BEN ZERRİN'İ SEVİYORUM!"

*

Onlarda kaldık o gece. Ayrı ayrı odalarda tabii.

Ben Okay'dan ailesini tanıdıktan sonra soğumaya başladım aslında. Çok farklı bir aile beklerken, karşıma gayet aklı başında insanlar çıkmıştı.

Babası bir gün "O KIZA AYRI, BANA AYRI, ZERRİN'E AYRI KONUŞUYOR. ÜÇÜMÜZ BİR ARAYA GELELİM," diye haber yollamıştı. İlişkinin en başında babasına "EVLENENE KADAR MÜSAADE ET," dediğini de o gün öğrenmiştim. Çok ağrıma gitmişti.

Gerçi sonradan "SEN KIZ DEĞİLDİN AMA YÜZ KIZA BEDELDİN," diyecekti Okay ama öncesinde "KIZ OLSAYDIN SENİNLE EVLENİRDİM ZERRİN," diyen de oydu.

Bekarete verdikleri önem aynı bile olsa, kızlığını kendi isteğiyle kaybetmiş biriyle tecavüze uğrayarak kaybetmiş biri böyle bir cümle karşısında aynı şekilde yaralanamaz sanıyorum.

*

Bir gün Okay'ın beni aldattığı lafı geldi kulağıma.

Gözüm anında karardı. Akşamı falan beklemedim, onu dışarıda bir yere de çağırmadım; doğru fabrikaya gittim. Kendisini çok sayıp seven yüzlerce işçisinin gözü önünde Okay'ı tekme tokat dövmeye başladım. O kadar tartakladım ki, gömleğinin düğmeleri falan kopup fırladı. Bir yandan da "HAYATIMI MAHVETTİN SEN BENİM!" diye bağırıyordum. Okay ne durdurmaya çalıştı ne de karşılık verdi; öylece durup bekledi.

Babası da oradaydı. Hiç sesini çıkarmadan sonuna kadar izledi. Sonra da bizi yanına çağırıp "EVLENECEK MİSİNİZ, NE YAPACAKSANIZ YAPIN! EĞER AYRILACAK OLURSANIZ ÖLDÜRÜRÜM SİZİ! BEN BIKTIM ARTIK SİZDEN!" dedi.

*

Okay'ın bütün ailesi, özellikle de kız kardeşleri çok sevdi beni sonradan. Ben de onları çok sevdim... Birlikte tatillere çıkıyorduk, çoğu akşam Bayramoğlu'ndaki evlerinde babası mangal yakardı ve ailece yemek yerdik. Her dakika beraberdik; bana gelinleri gözüyle bakıyorlardı.

Herkes o kadar küfrü yedikten sonra onlarla nasıl o kadar samimi olabildiğime çok şaşmıştı. "NASIL AFFEDERSİN!?" diye kızmışlardı arkadaşlarım. Çünkü neler yaşadığımı çok iyi biliyorlardı; sabahlara kadar durmak bilmeyen tehdit ve hakaret telefonlarının beni ne hale getirdiğinin çok yakın tanığıydılar.

Annem hiçbiriyle görüşmüyordu tabii. Zaten Okay'la da on kere görüşüyorsam ancak ikisinden haberi oluyordu.

Babası "EVLENİN," dedikten sonra Okay'la birlikte Kızıltoprak'ta bir ev tutup baştan aşağı beyaza boyamıştık. Evin içini müthiş bir hevesle döşedim. Bembeyaz eşyalar seçiyor, Okay'a söylüyordum; o da bütün istediklerimi alıyordu.

Kıskançlıkları ise aynen sürüyordu. İnsanın kendine güvensizliğini en yakınındakinden çıkarmaya çalışması gerçekten çok saçma. Onunla birlikteyken neredeyse hiç çalışamadım. Albüm yapmama bir itirazı yoktu ama sahneye çıkmamı istemiyordu. İlişkimizin sonunu hızlandıran da yine itiraz ettiği bir program oldu.

Ankara'nın en kaliteli eğlence yerlerinden Alba'da yılbaşı öncesinde başlayıp, yılbaşı gecesini de kapsayacak bir program... "GİDEMEZSİN," dedi. "HA HA HAY!" dedim, "NASIL GİDEMEM? GİDİYORUM İŞTE." Uçak biletimi aldı, göndermiyor işe! "BİR DE EVLENİP GELİRMİŞSİN!" dedi. Böyle bir şey söylemesi beni çok şaşırttı, "SAÇMALAMA," dedim.

Neyse, kavga dava gittim Ankara'ya.

Giderken de bir sürü terslik oldu. Önce sevgili Sezen Aksu orkestramı elimden aldı. Lokomotif'le çalışıyordum. Sürekli arayıp "İŞ ALALIM," diyorlardı. Herkesin bir hayatı var tabii; haklılar ve bir an önce iş almayı kendimden çok onlar için istiyordum. Ankara işini sırf onlar için kabul etmiştim. Sevinçle telefona sarılıp "ÇOCUKLAR, ANKARA'YA GİDİYORUZ!" diye haber verdiğimde "GELEMEYİZ," dediler. Afallamış olmalıyım. "NEDEN?" diye sordum, "BİZ SEZEN AKSU'YLA ANLAŞTIK," dediler.

İş alıp orkestrasız kalmıştım. Sağ olsun, TRT'den sevgili Kahraman Afyonoğlu hemen yeni bir orkestra ayarladı, Piramit'le çalışmaya başladım.

Kadroda, tanıyıp kardeş gibi seveceğim Yasemin Yalçın da vardı. İlyas İlbey'le yeni nişanlanmışlardı. Enişte diye hitap edecek kadar sevmiştim onu da... İlyas İlbey Kıbrıs'ta askerdi ve sık sık Yasemin'i görmeye geliyordu.

Çalıştığımız yer her gece tıklım tıklım doluyordu.

"GELSENE," diyordum Okay'a. Yılbaşı yaklaşmış, birlikte olalım istiyorum. Hatta kız kardeşleri de gelmek istiyorlar, "ABİMİ ANCAK SEN İKNA EDERSİN," diyorlar. Ama hayır, Okay gelmiyor.

1981'de İzmir Fuar'ında tanışıp çok büyük bir dostluğa doğru yol aldığımız Funda ve Tekin Alkan hayatımın en kritik, en önemli anlarında her zaman yanımda olmuşlardır.

Ankara'daki programım sırasında beni çok kritik bir karara sürükleyecek o haberi de Tekin'den aldım. Telefon açıp "OKAY SİZİN EVE KADIN ATMIŞ," dedi. Elimle döşediğim eve! Yakında evlenip içinde yaşayacağımız eve!

Okay'ı arayıp "NE YAPTIN SEN!?" diye sordum. "BİR ŞEY YAPMADIM," diye yanıtladı. "ÖYLE Mİ?! GÖRECEKSİN SEN!" dedim.

*

"GÖRECEKSİN SEN," derken şu kadarını ben de tahmin edemezdim: On beş gün sonra, Okay'ın beni göndermeyeceğini söylediği gece içine doğan şey gerçek oldu. Daha İstanbul'a dönmeden, program sırasında tanıştığım Alper'le evlenmeye karar verdim!

Evlendiğimi birlikte olduğu kız görmüş önce. Kahvaltı ediyorlarmış, gazeteyi Okay'ın önüne uzatıvermiş.

Sonradan sitedekiler o günü şöyle anlatmıştı: "SABAH SAATLERİYDİ. BİRİSİNİN ÇOK BÜYÜK BİR ACIYLA NARA ATTIĞINI DUYDUK..."

OLAMAZDIM SENİNLE

"Cellatlar çırılçıplak soydukları bir mahkûmu yere yatırmış, yalvarmalarına aldırmadan itip kakarak ellerini ve ayaklarını halatlarla sımsıkı bağlıyorlardı. İnsanlar sanki bir panayır gösterisi seyreder gibi neşeli ve heyecanlıydılar."

KIRMIZI ZAMAN, MİNE SÖĞÜT

Alba'nın üst katı restoran, alt katı gece kulübüydü. Yasemin Yalçın ve ekibinin programı bizimkinden hemen sonra kulüpte başlıyordu.

Alba'nın sahibi rahmetli Altan abi bir gece bizi kulübe davet etti. Kendi programımı bitirip kulübe indiğimde Yaseminlerden önce sahneye birisi çıkıp Türk Sanat Müziği okumaya başladı. Görür görmez etkilendim. "NE KADAR YAKIŞIKLI," diye geçirdim içimden. Kim olduğunu sorunca, "ALPER ÖNAL," dedi yanımdakiler.

O gece sık sık bizim masaya geldi Alper. Çok samimi bir şekilde, şarkıları sanki bana hitaben okudu.

Alper programını bitirince Yaseminler çıktı. Katıldık gülmekten; müthişti şovları.

O geceden sonra kendi programımızı bitirir bitirmez kulübe inmeye başladık.

*

Tanıdıkça hayran oluyordum Alper'e. Dayanamadığım, karşı koyamadığım, kendimi bildim bileli çok önemsediğim iki şeye sahipti: Şefkat ve sevgi.

Dahası, kısacık bir sürede, Okay'ın beni aslında ne kadar çok yorduğunu anlamamı sağladı. Yıllarca Okay'ı birçok konuda değiştirmeye çalışmış ama başaramamıştım ve değiştirmesini istediğim ne varsa, hepsini Alper'de bulmuştum.

Mesela Okay'ı işe vaktinde gönderebilmek için yıllarca üç beş tane saat kurup uyumuşken, Alper'in kaçta yatarsa yatsın, sabah tam sekizde işinde olduğuna tanık oldum. Bu disiplini Alper'in neredeyse bütün karakterini, bütün hayatını anlattı bana.

*

İki üniversite bitirmişti, Bakanlığa bağlı bir mankenlik ajansı vardı. Denebilir ki, hayata sıfırdan başlamış, sahip olduğu her şeyi kendisi var etmişti.

Alper'in karakterinden ve hayat karşısındaki başarısından çok etkilenmiştim. Üstelik bu güçlü karakteri içindeki çocuğu öldürmemişti. Evliyken, iş dönüşünde evde ok işaretleriyle karşılaşırdım. Takip edince kendimi mutfakta bulurdum. Ocağın üstündeki bir tencere dolusu haşlanmış kestaneyi işaret ederdi oklar.

*

Okay'ın beni aldattığını öğrenene dek onu iyice tanımıştım. Kaldığımız otele geliyordu, orkestradaki arkadaşlarımla toplanıp hep birlikte sessiz film oynuyorduk. Alper çok sevimli kartlar alıp, çok güzel şeyler yazıyordu bana. Kısa sürede aramızda romantik bir gerilim doğmuştu. Ama o kadar. Cinselliğe ilişkin hiçbir şey yaşamadık o dönemde.

Okay'ın eve kız atma meselesi patlak verdikten sonra Seda Ankara'ya gelmişti. Oturup lafladığımız bir gün, Alper'den çok hoşlandığımı söyleyince, "ONUN HAKKINDA GÜZEL ŞEYLER DUYMADIM," dedi Seda. "GAY DİYORLAR ONUN İÇİN."

"BÖYLE DEDİKODULARA İNANMIYORUM," diye karşılık verdim. Çünkü insanları karalamanın ne kadar kolay olduğunu, en azından kendi başıma gelenlerden ötürü çok iyi biliyordum artık.

Fakat Seda kulağına çalınanlardan neredeyse emindi. Şöyle bir şey söyledi çünkü: "ALPER'İN SENİN ZERRİN ÖZER'LİĞİNDEN FAYDALANMAK İSTEDİĞİNİ DÜŞÜNÜYORUM. EĞER SEN HAKLIYSAN, HADİ, EVLENİN O ZAMAN."

*

Evlenme meselesini açtığımda Alper beni karşısına alıp "ZERRİN, SEN BENDEN ÇOK DAHA FAZLA PARA KAZANIYORSUN," dedi. "BİLİYORSUN, BENİM TEK GELİRİM MANKENLİK AJANSIMDAN. BİR DE ARA SIRA YAPTIĞIM ŞARKICILIKTAN PARA KAZANIYORUM, HEPSİ BU. SANA ALIŞTIĞIN HAYAT STANDARTINI SUNAMAYABİLİRİM. AMA NE YİYOR NE İÇİYORSAM, SENİNLE SEVE SEVE PAYLAŞIRIM. İYİ DÜŞÜN. SENİNLE EVLENMEKTEN BÜYÜK BİR GURUR DUYACAĞIMI DA BİL. SENİ HAKİKATEN ÇOK SEVİYORUM."

"ÇEKİNDİĞİN ŞEYLERİN HİÇBİRİNİN ÖNEMİ YOK, SENİNLE EVLENMEK İSTİYORUM," diye karşılık verdim.

*

Bütün bunları 1 Ocak'ta konuşmuştuk. Yılbaşı programından sonra Yaseminler, orkestram falan, hepsi İstanbul'a dönmüştü, biz Seda'yla birlikte Alper'de kalmıştık.

Alper'le evlenmeye karar verdiğimizde Seda o kadar üzüldü ki, İstanbul'a gitti. Fakat aklı bende kaldığı için dayanamadı ve İstanbul'a iner inmez geri döndü. Hatta ayın ikisinde Alper'le birlikte nikâh dairesine gidip 3 Ocak'a gün aldılar.

*

Aynı günün akşamı Alper'in ailesi bizi yemeğe bekliyordu. Alper "BİZ YARIN EVLENİYORUZ," deyince ailesi neye uğradığını şaşırdı. Babası askerdi. "BİZİM ÖRF VE ÂDETLERİMİZ VAR; ZERRİN'İ AİLESİNDEN İSTEMEMİZ GEREKİRDİ. MADEM ANLAŞTINIZ, EVLENİN, AMA BİZ GELMEYELİM," dedi. İkimiz de çok üzgündük eve dönerken.

Heyecandan sabaha kadar uyuyamadık o gece. Nikâhımız 10.30'da kıyılacaktı. Çankaya Evlendirme Dairesi'nde.

*

Kendimi bildim bileli aklımda hep blue jean'le evlenmek vardı. Giderken blue jean ve tişört giydim. Alper bana oyuncak bir ayı, Seda ise gelin çiçeği almıştı. Öyle gittik nikâh dairesine. Alper, ben, dostlarımız Seda, Gülgün, Türker ve Mehmet...

Evlendirme dairesinin bahçesinde Alper'in anne babasını bizi beklerken bulduk. "HADİ YİNE DAYANAMADIK, BAŞINIZDA BİR BÜYÜĞÜNÜZ OLSUN," dediler.

Nikâh memuruna "EVET! EVET!" derken gerçekten de rüyada gibiydim. Göz açıp kapayıncaya kadar kıyıldı bitti nikâhımız.

*

Alper'in arkadaşı bizim için bir gelin arabası hazırlamıştı. Binip eve gittik. "MUTFAĞI BEYAZ OLMALI," diye tutturduğum için, kaç daire dolaştıktan sonra .nihayet içime sinmiş olan evimize...

Fakat eve girer girmez kendimi kapana kısılmış gibi hissettim! Odalar üstüme üstüme geliyordu sanki. Duvarların beni sıkıştırıp öldüreceğini sanmıştım!

O an neden öyle hissettiğimi anlayamadım, ancak yıllar sonra çözebildim: Birincisi, özgürlüğümü yitirmiştim evlenerek. İkincisi, yıllardır bir erkek gibi yaşamıştım. Bir restorana gittiğimizde garsondan "BAKAR MISINIZ?" diyerek hesabı isteyip, sonra da yanımdaki erkek arkadaşımdan özür dilediğim çok olmuştu! Hem mesleğim gereği hem de yıllar yılı bir başıma yaşam mücadelesi vermemden ötürü kendimi erkek gibi görüyordum. Bunu nasıl değiştirecektim? Değiştirebilecek miydim?

Her şeyimin kısıtlanacağı duygusuna kapılıp dehşete düştüm. Halbuki evlendiğim kişi son derece moderndi. Sanki bir kâbus görüyordum... Dudağım bile uçukladı korkudan!

*

Anneme telefon açıp "BEN EVLENDİM," dediğimde "HAYIRLI OLSUN," dedi!

Olgunluğu karşısında kalakaldım önce. Dumura uğradım, demek daha doğru. Ama sonra annemin bütün diktatörlüğüne karşın sevgi karşısında ne kadar duyarlı olabildiğini anımsadım. Mesela teyzemin kızı nişanlısından ayrıldığında gerçekten çok üzülmüştü. Okay'ın beni ruhen ve bedenen yıktığını düşünüp, sırf sonunda ondan kurtulduğum, kendime yeni bir yol çizdiğim için sevinmişti belki de, bilemiyorum. Zaten tahakkümünün biraz da çelişkin yapısından kalkındığını yazmıştım daha önce...

*

Kendisini Alper'le ziyaret edeceğiz diye saçını bile yaptırmış olan annemin bu tavrından cayışı uzun sürmedi. Ama bunda hem Tülay ablamın hem de Ankara'daki tanıdıklarından gelen telefonların çok etkisi oldu.

Tülay ablamla ikisi ben sanki zorla evlendirilmiş ya da kaçırılmışım gibi davranmaya başladılar. Yanımdaki kişi severek evlendiğim eşim değildi de, azılı bir sapıktı sanki! "MERAK

ETME ZERRİN! KURTARACAĞIZ SENİ!" diye telefon açıyorlardı!

Sadece kulaktan kulağa yayılmakla kalmamış, dergilere kapak bile olmuştu Alper'in gay olduğuna ilişkin dedikodu.

*

Bu arada Alper'in annesi nikâhımızın kıyıldığı gün "BAK ZERRİN, HER GENÇ KIZ EVLENDİĞİNDE GELİNLİK GİYMEK İSTER. SEN BLUE JEAN'LE EVLENDİN. SİZE BİR DÜĞÜN YAPALIM SONRA," demişti.

Alper'in babası asker olduğu için orduevinde yapılacaktı düğün. Annemin düğünümde olmasını elbette çok istiyor ama gelmeyeceğinden de için için korkuyordum. Zor, kritik dönemlerimde hep yanımda olan sevgili Tekin Alkan bir kere daha devreye girdi. "ASTRAGAN ÇANTA, AYAKKABI VE KIYAFET ALIRSA GELİRİM BELKİ," demiş. Ama Tülay ablam "BEN GİTMEM! GİDEMEM!" diye haber yolladı ve annemi de doldurdu. Ailemden hiç kimsenin gelmeyeceği anlaşılınca ben üzülmeyeyim diye düğünün Alper'in ailesinin villasında yapılması kararlaştırıldı.

Düğünümde Seda, Gülgün, Tekin ve Sibel Can yanımdaydı, sağ olsunlar. Alperlerin akrabaları, arkadaşları, bütün tanıdıkları düğünümüzdeydi. Gelinlik giymek her şeye karşın çok güzel ama ailemin de yanımda olmasını çok isterdim. Ailesi ölmüş biri gibiydim düğünümde. Yıllarca her şeyimi onlarla paylaşmıştım. İki gün sonra boşanacağımı bilseler, yine de gelmeleri gerekirdi bence.

Tekin Alkan çok üzüleceğimi bildiği için düğünüme orkideler getirmiş ve "ANNEN ÇİÇEK GÖNDERDİ," demişti. Ama gerçek hemen ortaya çıktı. Anneme telefonda teşekkür ederken "BEN ÇİÇEK FALAN YOLLAMADIM! O AİLEYLE YAN YANA GELEMEM!" diye bağırdı.

Evliliğimi yaşamama izin vermediler. Alper'den hiçbir zaman "KOCAM" ya da "EŞİM" diye bahsedemedim, zira kendimi asla evli biri gibi hissedemedim.

*

Aldığım tepkiler büyüdükçe büyüyor, genişledikçe genişliyordu. Herkes çıkan haberlere inanıyordu.

Özellikle Tülay ablam bu evliliğin baş düşmanı kesilmişti. Etraftan duyduklarına gözü kapalı inanmış, "HATA YAPIYORSUN, ÇABUK BOŞAN O GAY'DEN," diyordu!

Burada artık şunu yazmalıyım: Ben Alper'in gay olduğuna ilişkin hiçbir şey hissetmedim. Tek bir sözü hariç: Ayrılmak istediğimi söylediğimde "ARADAYIM ZERRİN, NE OLUR BENİ BIRAKMA," demişti. Neyin arasında olduğunu soramamıştım. Ama Tülay ablamdan anneme, basından arkadaşlarıma herkes o kadar üstüme gelmişken, Alper'in bu lafını doğru yorumlayıp yorumlamadığımdan emin olamazdım.

Kaldı ki ne zaman, nerede eşcinsel lafı geçse ben sürekli "ALLAH'IM SEN BENİ EŞCİNSELLERDEN UZAK TUT," diyen biriydim. Eşcinseller hakkında çok büyük takıntılarım vardı. Hatta onları diğer insanlardan ayırdığım için Allah'tan beni affetmesini dilediğim dönemler bile olmuştu ama bu konuda kendimi aşamamıştım. Kafamı durduk yerde eşcinsellere takmış değildim tabii; bu da annemin eseriydi! Zencilerden ne kadar nefret ediyorsa, eşcinsellerden de o kadar nefret ediyordu. Nedenini bilmiyorum.

Ama eşcinselleri çok çektiğimi biliyorum. Bunun nedenini, bende, sesimde, yorumumda, hayat karşısındaki duruşumda ne bulup da kendilerini bana yakın hissettiklerini onlara sormak lazım; kendi kendime yorum yapmam yakışık almaz.

Yeri gelmişken şunu da yazmalıyım: Bugün artık travestileri ve eşcinselleri çok seviyorum. Onlar da beni çok seviyor. Acılarla yoğruldukça onları daha iyi anladım. Ne kadar sağlam olduklarını da... Onlar için nerede, ne yapılacaksa, çağırsınlar yeter...

*

Alper'le bir yıl evli kaldık ama topu topu dört ay görüşebildik. "BENİM BÜTÜN İŞİM ANKARA'DA, BURADAN AYRILAMAM. BURADA YAŞARIZ, SEN İŞ ÇIKTIKÇA GİDER GELİRSİN," demişti evlenirken. Ben de kabul etmiştim. Ama maalesef sözümde duramadım. Hem annemle ablamın baskıları aşırı artmıştı hem de ardı arkası kesilmeyen karalama yazıları psikolojimi allak bullak etmişti. Ne yapacağımı bilemez bir haldeydim. Alper'in durumu benden de kötüydü; evde bile telefonda psikiyatrıyla konuşuyordu.

İnsanlar hiç tanımadıkları birini elbirliğiyle neden bu kadar karaladılar, hâlâ anlamış değilim. Kendisini ne kadar sevdiğimi daha sonra anlatacağım Aysel Gürel bile "SAÇINI BAŞINI YOLACAKTIM O ADAMLA EVLENDİĞİNDE," demişti. Okay da "SENİN EŞİN GAY," diye aramış, boşanıp kendisiyle evlenmemi istemişti.

*

Bir insanın annesinden korkup, kocasıyla gizli saklı görüşmesi şahsiyetsizlik gibi geliyor bugün bana. Alper'i seviyordum; beni çok mutlu ediyordu. Yanına gidebilmek için başka şehirlerde konserim, ekstram var diye yalan söylemek zorunda kalıyordum anneme. Arkadaşlarımı da yalanım açığa çıkmasın diye tembihliyordum.

Birlikte harika vakit geçiriyorduk. Herkesin hayal ettiği türden bir evlilikti. Günde yedi sekiz defa arayıp bir şeye ihtiyacım olup olmadığını sorardı. Bana sürekli sürprizler hazırlardı. Geceleri bana kollarında masallar okuyup çocuk ruhumu doyururdu.

Ama en başta Tülay ablam ve annem olmak üzere, sanki herkes bu evliliği linç etmeye kararlıydı.

*

İpi çeken belki de Tülay ablamdı. Çünkü hamile kaldığımı öğrendiğinde deliye döndü. Doğru dürüst sevinemedik bile. Özellikle Alper çok mutlu olmuş, bana oyuncaklar almıştı sevincinden.

Bir sabah, saat yedi miydi, sekiz miydi, gözümü zor açtım: Tülay ablam başımda dikilmiş, "KALK, GİDİYORUZ. SAPIK İNSANIN ÇOCUĞU DA SAPIK OLUR," diyerek beni doktora götürdü. Çocuğumu nasıl aldırdığımı bile anlayamadım!

Narkozun etkisi geçip de gözümü açtığımda Tülay ablam Alper'le konuşuyordu: "GÖZÜNÜZ AYDIN ALPERCİĞİM, ZERRİN KAZASIZ BELASIZ GÖZÜNÜ AÇTI!" Sonra da bana uzattı telefonu.

Alper çığlık çığlığa bağırmaya başladı: "BANA SORMADAN BENİM ÇOCUĞUMU ALDIRDIN! SEN BU HAYATTA HİÇBİR ZAMAN MUTLU OLAMAYACAKSIN!" dedi ve telefonu suratıma kapattı.

Alper'e kendimi affettirdim ama barıştıktan sonra ikinciye hamile kaldım ve ablamlar o çocuğu da aldırttı maalesef. "SEN BİR CANI CANINDAN ETTİN. TANRI BUNUN ACISINI ÇIKARACAK SENDEN!" diye yeniden kahroldu Alper...

Kendimi çoğu zaman bir üçüncü cins gibi hissettiğimi, çocuk sahibi olmayı kendime hak göremediğimi anlatmıştım daha önce. Buna karşın, hele şimdi bir çocuğum olmasını çok isterken, kendimi affedemiyorum.

*

Ankara'dayken bile evimde değil de, otelde kalmaya mecbur oldum bazen.

Alba'dan yeni bir program istemişlerdi, ben de şart koşmuştum: "TÜLAY ABLAM DA PROGRAMA DAHİL EDİLMEZSE KABUL ETMEM." Tabii Tülay ablam başımdayken gidip de Alper'le kalamazdım.

Her gece tıklım tıklım doluyordu Alba. Bütün milletvekilleri oradaydı. Ama sonra ansızın Körfez Savaşı başladı. Tülay ablam çok korktu, "OĞLUMUN YANINDA OLMAM LAZIM, DÖNECEĞİM," demeye başladı. Daha Alba'dan aldığımız avansı bile ödeyecek kadar çalışmamışken. "PROGRAMI YARIDA BIRAKMAMALISIN," dedim.

Birkaç gün sonraydı; bir program çıkışında otele dönmeden önce bir gece kulübüne gittik. Tülay ablam çok içti. Otele döndüğümüzde "EŞİNİZ ARADI. KAÇTA DÖNERSENİZ DÖNÜN, TELEFON BEKLEDİĞİNİ SÖYLEDİ," dediler. Tülay ablam sinirlenip bağırmaya başladı. Yanımızda Gülgün'üm de var...

Aradan biraz zaman geçince "BİZ DIŞARI ÇIKACAĞIZ," dedim. "BEN BİLİYORUM SİZİN NEREYE GİDECEĞİNİZİ!" diye bağırdı ama biz yine de çıktık.

Biz çıktıktan sonra Alper'e telefon açıp hakaretler, küfürler yağdırmış, sonra da oteli ayağa kaldırmış. Telefon, sandalye, ne varsa kırıp dökmüş. Bunları sabah otele dönünce öğrendim. "GİTTİ ABLANIZ," dediler. Kulaklarıma inanamadım. Meğer muhasebeyi arayıp para istemiş, sonra da uçak bileti aldırıp İstanbul'a dönmüş. Altan abiyi arayıp "BEN İSTANBUL'A DÖNÜYORUM," demiş. Altan abi "TÜLAY HANIM NASIL DÖNERSİNİZ, PROGRAM VAR!" deyince de oğlunun yanında olması gerektiğini söylemiş.

Ablamın adına ben özür diledim Altan abiden. "PROGRAMI YARIDA BIRAKMAK İŞ AHLÂKINA SIĞMAZ," dedi önce. Ama çok iyi biriydi. "ZERRİN'CİĞİM ÜZÜLME, ARAMIZDA HALLEDERİZ. ARADA SEN OLMASAN HİÇ HOŞ OLMAYAN ŞEYLER YAŞANABİLİRDİ," dedi.

Fakat Tülay ablam İstanbul'dan da yetişti Ankara'ya. Sürekli baskı, baskı, baskı... Ayrılmamızı istiyordu Alper'le...

*

Alper'le, geçirdiğim safra kesesi ameliyatından sonra ayrıldık.

Hayatımdaki ilk ortak sahne çalışması sırasında hastalanmıştım. Tülay ablam, Yalçın Menteş, Levent Can, Seda Akay ve ben, hep birlikte müzikal bir şov hazırlamıştık 3A'da. İlk hafta biraz sessiz geçmişti. Çünkü benim en başarılı işlerim bile basında hiçbir zaman yer almadı. Bir yerlerde bir şeyler yaptığım kulaktan kulağa yayılırdı neredeyse. İkinci haftasında, tam çalıştığımız yer tıklım tıklım doluyordu ki, sancılarım hafiften kendini duyurmaya başlamıştı.

Çalışmayı inatla sürdürdüm. Zira o çalışmamız beni çok mutlu etmişti. Ama bir gece iki büklüm kalakaldım acıdan.

Hastanede acımı belli etmemek için çok mücadele ettim. Acıdan ellerimi ısırıp kanatıyor, ama yine de inlemiyordum. Sanatçı şımarıklığı zannedilir diye çok çekinmiştim. Oysa ki doktorum "DOĞUM ACISININ İKİ KATINA BEDELDİR BU ACI," demişti. Safrakesemde oluşan taşlar kanalı tıkamış meğer. Hemen ameliyat olmamı istemişti ama 3A çalışanları işsiz kalacak diye ayakta tedaviyi seçip, uzun bir süre daha sıktım dişimi.

Ben ameliyattayken annemler Alper'le birbirlerine girmişler. Ayılır ayılmaz beni doldurmaya başladılar. Söylediklerine göre, ben ameliyattayken Alper odamda duş alıp, hastanenin kapısında bekleyen gazetecilerle röportaj yapmaya inmiş. "REKLAM YAPIYOR, KULLANIYOR SENİ," dediler.

Annemdi, ablamdı, basındı, şuydu buydu derken, baktım artık olacak gibi değil. Alper'e ayrılmak istediğimi söyledim.

Ayrılmamak için çok yalvardı Alper. Beni gerçekten sevdiğine bugün de inanıyorum. Ama her şey, herkes üstüme üstüme geliyordu artık. Ayrılmak dışında bir seçeneğim kalmamıştı.

"AİLEN AYRILMAK İÇİN SENDEN MALK MÜLK İSTEYECEĞİMİ DÜŞÜNÜYOR AMA YANILIYORLAR," dedi Alper. Neden öyle söyledi bilmiyorum.

Seda nikâh şahidimdi, Gülgün ise boşanırken şahitlik yaptı.

Tek celsede boşandık. Ailem çok mutlu oldu.

KIRIK DÖKÜK
BİR SEVGİ BESTESİ

"Zerrin'ciğim, ben baban.
Nasılsın?
Seni özledim, bir arayayım dedim."

BİR TELESEKRETER KAYDI, M. NİYAZİ ÖZER

Kartal'da düzenlenen bir müzik festivaline katılmıştım. Tam sahneye çıkacağım sırada birisi kulise gelip bir buket çiçek uzattı. "BABANIZDAN," dedi. Ölüyorum sandım. Ve bugün hâlâ üzüldüğüm bir şey yaptım: Çiçeği kabul etmedim, geri gönderdim. Hep annemin korkusundan...

Yıllarca, büyüdükçe büyümüş bir özlemle, her sahneye çıkışımda içimden "ACABA BABAM BURADA MIDIR?" diye geçirmişken, o gün sahneden inene kadar başımı yerden kaldıramadım.

*

Annemle boşanmalarının üzerinden on beş yıl geçmişti babamı gördüğümde. Bir gün Tülay ablam çalıştığım gazinoya gelmiş, "ZERRİN, BABAMIZA GİDECEĞİZ," demişti. Halam aramış, babamın bizimle görüşmek istediğini söylemiş.

Açıkçası içimden gelerek gitmemiştim. Bir yandan annemin bitmek bilmez dolduruşları, bir yandan babamın bizi hiç arayıp sormamış oluşu...

Tabii aklımda kalan yıllar önceki hali; o çok çekindiğim babam... Apar topar makyajımı sildim, saçlarımı arkaya topladım...

Babamın üzerinde çok hoş bir yelek vardı. Bakar bakmaz çok modern birinin karşısında olduğumu kavramıştım. Korkup çekindiğim adam gitmiş, yerine bambaşka bir adam gelmişti. Ben bu hislerle sarsılırken kalkıp bir de sigara ikram etmez mi!.. Kahroldum! "BENİM BABAM NEREDE? BU ADAM BENİM BABAM DEĞİL. YOK SENİN BABAN!" dedim kendime. O an tam olarak ne hissedip de o kadar üzüldüğümü açıklamak zor. Sanırım zihnimdeki baba figürü yıkılmıştı. Eski haliyle karşılàşsam kesinlikle daha mutlu olacaktım.

Neler yapıp ettiğimizi anlattık birbirimize. O evlenmişti. Kartal'da oturuyordu eşiyle birlikte. Yeni eşinin eski evliliğinden çocukları var... Hatta babamın üvey kızı evime annemin mevlidine gelmişti yıllar sonra. Tuhaf bir içgüdüyle dikkatimi çekmişti. Mini etek vardı üzerinde. Bir de "BAK, ZERRİN ÖZER!" gibi bir şeyler söylüyordu yanındakine. "KİM BU?" diye sorunca öğrenmiş ve hemen gönderilmesini istemiştim. Annem ve babamın üvey kızı! Olacak şey değil...

*

O ilk görüşmenin devamı nasıl gelirdi, ilişkimiz hangi aşamalardan geçer, nereye varırdı bilmiyorum. Çünkü annem babamla görüştüğümüzü öğrendi ve yer yerinden oynadı. Hem ruhen hem de bedenen o kadar hastalandı ki, bir daha gitmedik babama.

*

Aradan bir beş yıl daha geçti. Maksim'de çalışıyordum. "BABANIZ GELDİ," dediler bir gün. Kulisteydim. Kalbim deli gibi çarpmaya başladı.

Bir de benim bir fobim var; ailemden hiç kimse kulise gelmemeli! Çok acilse belki ziyaret edip gidebilir, ama yanımda olmamalı... Neden böyle bir fobi geliştirdiğimi daha sonra açıklamaya çalışacağım.

Neyse, babam geldi. Gelenin babam olduğunu biliyorum ama onu tanımıyorum. Araya yıllar girmiş, eskimiş her şey... Kimsenin yaşamasını istemem bu duyguyu...

"MERHABA BABA, HOŞ GELDİNİZ," dedim. Belli etmedim tabii ama kulise gelmesine çok sinirlenmiştim. "AMELİYAT OLACAĞIM, YARDIMCI OLUR MUSUN?" diye sormuştu. Tereddüt bile etmedim, "TABİİ Kİ," dedim. Çünkü bence bu türden bir evlatlık görevi dünyanın hiç değişmemesi gereken bir kuralı.

Benim sinirlendiğim şuydu: Benim babam kulise gelip kimseye müdana etmemeliydi. İnsanlar onun ayağına gitmeliydi!.. Aynı benim çocukluğumdaki gibi...

Gelmemeliydi, diyorum ama gelmeyip de ne yapacaktı? Telefon açsa ya da halama aratsa annemin kıyametleri koparacağını biliyordu.

Belki kulise gelişinin bende uyandırdığı duyguların etkisiyle, tedarik etmem gereken parayı onu kendi evime davet ederek vermek istedim; ya ertesi gün ya da iki gün sonrası için "İSTERSENİZ BANA GELİNİZ," dedim.

*

Bana geldiği gün "KIZIM, AMELİYAT BU... BELLİ OLMAZ," demişti. Her ihtimale karşı belli belirsiz bir veda tınısı vardı sesinde. Belki de ayrı geçirilmiş yılların acısı, ezikliği, özrü... İçim burkuldu.

Babamı o günden sonra iki yıl boyunca görmedim. Ameliyat olmadığını çok sonra öğrendim. Belki başka tedavi yolları aramıştı, belki yine bana ulaşamamıştı, bilmiyorum.

*

Aradan iki yıl geçtiğinde, bir sabah çok erken bir saatte Kartal Devlet Hastanesi'nden aradılar ve "BABANIZ YOĞUN BAKIMDA," dediler. Sonrasını hatırlamıyorum desem yeridir.

Bir sürü şeyi bir arada düşünmeye başladım: Hemen hastaneye gitmem lazım. Maksim'den bütün avansımı çekmişim. Ama yanımda para götürmem lazım. Nereden bulacağım? Ablamlara haber vermeliyim hemen...

Tülay ablam ve Nilgün ablam "GELİRİZ," dediler. Bir tek Songül ablam gelmedi. Babamın, evlenirken imzalattığı senetlerden sonra gelen haczi affedememişti.

*

Hastaneye gittiğimizde bizi babamın odasına götürdüler. Odada iki kişi vardı. Meğer hastanede yer kalmamış, babamdan da rica etmişler "YANINIZDA BİR KİŞİ DAHA KALABİLİR Mİ?" diye, o da kabul etmiş tabii.

Ben babamı yine tanıyamadım, "HANGİSİ BENİM BABAM?" dedim. Belki de kafamdaki baba figürünü yıktığı ilk günden sonra onu bir daha hiç tanıyamamıştım.

Gözünü açınca tanıdım ancak. Kafamda o kadar kudretli haliyle yer etmiş insan küçücük kalmıştı yatakta...

*

Elini öptük. Ablamlara torunlarını görmek istediğini söyledi. Hiç görmemişti onları.

Hastalığı böbrek yetmezliğiydi. Bir ay kadar diyaliz makinesine götürüp getirdim babamı. Müstahdemler arka kapıdan çıkarıyordu beni; bir gazeteci falan görmesin diye... Gazetecinin biri beni çekerse annem her şeyi öğrenir diye korkuyordum.

*

Babam tam bir playboy'du! İyileşip çıktığında Bostancı Gösteri Merkezi'ndeki konserlerimden birine davet etmiştim onu. Ameliyat sonrası yorgunluğuna aldırmadan, bana hastanede kendisiyle çok ilgilenen bir hemşireden bahsetmiş, "ONU DA DAVET EDELİM," demişti! "NASIL İSTERSENİZ," derken, içimden de "NE ADAMSIN BE BABA!" diye gülümsemiştim.

Fakat babamın geleceği gün yüreğim ağzımda dolaştım. Çünkü ertesi gün de annem gelecekti! Babamı kulise alıp orkestra arkadaşlarımla tek tek tanıştırdıktan sonra herkese bu tanışmayı unutmasını tembih ettim. Ertesi gün annemin yanında biri ağzından kaçırıverir diye kalbim çarpıyordu, "HAYATIM BİTER, ONA GÖRE," diyordum çocuklara...

O iki günü kazasız belasız atlattık ama annem daha sonra babamla görüştüğümüzü yine öğrendi, yine ayağa kalktı ortalık, yine koptu babamla ilişkimiz...

*

Vefat ettiğini öğrendiğimde Bodrum'daki evimdeydim. Kız arkadaşlarım vardı yanımda, kendisini daha sonra anlatacağım balet sevgilim Alper vardı... Nilgün ablam telefon açıp babamın çok rahatsız olduğunu söyledi. "UÇAKLARDA YER BULABİLİRSEM HEMEN GELİRİM TABİİ Kİ," dedim. Sanırım İstanbul'a gittiğimde söyleyeceklerdi, telefonda öğrenmemi istememişlerdi. Ama ben gideceğime ilişkin kesin bir şey söylemeyince hemen tekrar aramak zorunda kaldılar. Alper açmıştı telefonu. Yüzüme bakıp öyle bir "ZERRİN," dedi ki... Hemen anladım. "BABAMA BİR ŞEY Mİ OLDU?" diye sordum... "MAALESEF..." dedi...

Alper "MAALESEF," der demez, nasıl bir birikimle, nasıl bir acıyla, nasıl bir patlamayla ve kendini bilmezlikle telefona sarılıp annemi aradım, hâlâ tam olarak çözemiyorum. "GÖZÜN AYDIN," dedim. "BABAM ÖLDÜ. KURTULDUN."

*

Yıllar sonra çıkıp gelen, babam olduğunu bildiğim halde inanamadığım adamı tabutunda yatarken de tanıyamadım. Hocadan yüzünü son kez görmek için izin istemiştim. Orada yatan yabancı bir dedeydi, benim babam değil...

*

O günlerde bir mimar tarafından dolandırılmış, Ulus'taki evi bir başka mimara verip, bir süre için arkadaşımın Kurtuluş'taki çatı katına geçmeye karar vermiştim.

Eşyaların taşındığı gün şoför beni aşağıda bekleyecekti. Tam iki koli kaset yukarı çıkarılacakken, beklerken sıkılmamak için bir kaset alıp alamayacağını sordu. "TABİİ SİNANCIĞIM, SEÇ AL," dedim.

Yukarı çıktıktan sonra aradan beş dakika geçmemişti, Sinan alı al moru mor içeri girip "AFFEDERSİNİZ," diyerek kaseti uzattı.

Hiçbir şey anlamadım önce. Kaseti teybe koydum. İçinde telesekreter kayıtları var. Birini ilk defa duyuyorum: "ZERRİNCİĞİM, BEN BABAN. NASILSIN? SENİ ÖZLEDİM, BİR ARAYAYIM DEDİM."

Neler hissettiğimi anlatmak zor....

Daha önce nasıl olup da duymadığımı ve nasıl olup da silinmediğini hiçbir zaman çözemediğim bir kayıt...

Hayır, kayıt değil...

Ölüler ülkesinden kopup gelen bir sevgi bestesi...

Yaşanamamış, becerilememiş, ama kırık dökük de olsa, hayat tarafından geri püskürtülmüş de olsa, yüreğin bir yerinde hep sürmüş, hiç susmamış bir sevgi bestesi...

Allah'ın bana bir lütfu...

Alper'e dönüp "BABAM BANA VEDA ETTİ," dedim.

HÂLÂ BİLMİYORUM NEDEN

"Bir insan acı çekiyorsa, başkaları bir sarhoşmuş gibi davranırlar ona."

YAŞAMA UĞRAŞI, CESARE PAVESE
(Türkçesi: Cevat Çapan)

Alper'den boşandıktan sonra içime müziği bırakma isteği gelmişti. Ansızın ve önüne geçilmez bir biçimde. Hem de en iyi zamanımda. Zirvedeyken.

*

Peş peşe yaşadığım çok üzücü iki olay mesleği bırakma isteğimi kesin karara dönüştürmüştü. Ama öncesinde ruh halimi anlatmam gerek.

Boşandıktan kısa bir süre sonra fenalaşıp fenalaşıp bayılmaya başlamıştım. Doktor doktor dolaştık ama bir şey bulamadılar. En sonunda hocaya bile götürdüler. Karaköy Cami'ne. Hoca "PAPAZ BÜYÜSÜ YAPILMIŞ SANA. NASIL YAŞIYORSUN SEN!" dedi okuduktan sonra. Büyüye hiç inanmam. Hoca "İNANMADIĞIN İÇİN KORUNMUŞSUN BÜYÜNÜN ETKİSİNDEN," dedi. Sonra da büyüyü yaptıran anne oğlun adlarını verdi. Çok şaşırdım. Ama gözümle görmediğim hiçbir şey için kimseyi suçlayamam. Bütün malımı mülkümü yitireyim diye yapılmış büyü. Gerçekten de yitirdim. Hem de hiç anlamadan. Klip çekmek için bile ev sattım sonradan. Mesleği bırakırken de, birçok kişi "ZERRİN ÖZER YIĞDI PARALA-

RI, ARTIK RAHAT BİR HAYAT YAŞAYACAK," demişti ama gırtlağıma kadar borç içindeydim. Buna rağmen bıraktım... Kendimi durdurabilecek gibi değildim.

Hatta plak şirketimin sahibi Aydın Oskay'dan yüklü bir avans almıştım. O avansa karşılık olarak Bayramoğlu'ndaki, daha keyfini bile süremediğim evimi verdim kendisine. Hem de zorla! "NE MÜNASEBET! SAÇMALAMA. GİT ALMANYA'YA, BİR SENE DİNLEN SEN. BİZE GETİRECEĞİ TEK EKSTRA MASRAF UÇAK BİLETİN OLUR," dedi. Fakat hayır, kararlıydım. Evi yalvar yakar verdim. O kadar istemedi ki, evi kendi üzerine almayı reddetti; bir başkasının üzerine geçirtti. Aydın Oskay tanıdığım en beyefendi insanlardan biridir ve artık çoktan unutulmuş, çok köklü bir terbiyeyi sürdürmekte kahramanca diretir. Kendisinden daha sonra da bahsedeceğim ama şimdilik şu kadarını söyleyeyim: Beni o dönemde kararımdan caydıracak bir patron olsaydı, o kişi mutlaka Aydın Oskay olurdu...

*

O tarifsiz, o çok büyük sıkıntının beni boyuna müziği bırakmaya zorladığı dönemde, TRT dayanma gücümü hepten yitirmeme yol açan bir vefasızlık örneği sergiledi.

Oysa ben TRT'nin hatırını tek bir gün bile kırmamıştım. Yıllar önce hepimizi meşhur eden TRT'ydi. Duyduğum gönül borcunu TRT'nin kadrolu sanatçısıymışım gibi davranarak ödemeye çalışmıştım; nereye, ne zaman çağırsalar gitmiş, bir kere bile "HAYIR" dememiştim. Safra kesesi ameliyatı olduğumda uçağa binmem yasaklanmasına karşın, Berlin Duvarı yıkılırken hazırladıkları Stüdyo Berlin adlı programa bile gittim! Ve bütün bunların karşılığı, özel televizyonlar açıldığında yapayalnız bırakılmak oldu!

Özel televizyonlar sanatçıları yüksek ücretler karşılığında kendi bünyelerine dahil etmeye başlamışlardı. O kadar emindim ki "TRT BENİ SAHİPLENECEK," diye!.. Mesele para değildi aslında; "BİZİM SANATÇIMIZ; BAŞKA BİR YERE GİTMESİN," diyecekler sanıyordum.

Tam o günlerde TRT'den Yücel Yener'le Bülent Varol beni toplantıya beklediklerini söylediklerinde iyice inandım beni özel televizyonlara karşı sahipleneceklerine. Ama ben anlaşma yapacağımız umuduyla gitmişken, onların çoktan başka sanatçılarla anlaştıklarını öğrendim. Benden istedikleri ise birkaç gün sonraki bir programa çıkmamdı! Önemli kararlar verirken hiçbir zaman "NE KAYBEDERİM?" diye düşünmediğimden, "RİCA EDERİM KİMLERLE ANLAŞTIYSANIZ ONLARI ÇIKARIN," deyip ayrıldım yanlarından. O günden sonra da çok uzun yıllar boyunca hiç çıkmadım TRT'ye.

Yıllarımı verdiğim bir kurumun bu çok kırıcı vefasızlığı mesleğime olan inancımı temelden sarstı. Sadece mesleğime ilişkin değil, neredeyse hayata olan inancımı da sorgulamaya başladım. Sevgi, saygı, vefa kalkmıştı sanki artık dünyadan. İnsanlara iyi davrandıkça size her istediklerini yaptıracaklarını sanıyorlardı. Öyle bir dünyada var olmak istemiyordum artık.

*

Bardağı taşıran son damla, babamın ölümünü takip eden günlerde hakkımda yazılıp çizilenler oldu.

Babamı kaybedeli daha iki gün olmuştu ama vefatından önce Ahmet San'ın Çeşme'deki 9,5 adlı yerinde çalışmak üzere anlaşmış, avans almıştım.

Sahneye ancak Xanax alarak çıkabilmiştim. Ayakta zor duruyordum. Çalıştığım yerse cehennem kadar sıcaktı. İkide birde boğazım kuruyordu. Elimde kocaman bir su bardağı vardı; sürekli su içme ihtiyacı hissediyordum.

Bir baktım, birisi, elinde kamera, beni çekiyor! O sıralarda böyle kaçak çekimler yapılıyor, sonra da video kaseti olarak piyasaya sürülüyordu.

"AFFEDERSİNİZ, SİZ NEYİ ÇEKİYORSUNUZ?" diye sordum, orkestrayı durdurup.

Tenezzül edip başını bile kaldırmadı. Devam etti çekime!

Yanına gidip, "BU SAHNE BANA AİT. ŞARKI SÖYLÜYORUM VE SİZ BENİ SUİSTİMAL EDİYORSUNUZ ÇÜNKÜ BENDEN İZİN ALMADINIZ. MÜSAADE EDEMEYECEĞİM," deyip kaseti istedim.

Ondan kaseti aldım almasına ama meğer bir başkası daha çekmiş o gece beni. Ben diğerinden kaseti isterken o kaçıp gitmiş.

Kaçıp giden kişi aynı zamanda Hafta Sonu gazetesinde çalışıyormuş. Ertesi gün manşetten şöyle bir haber: "TÜRKİYE'NİN EN BÜYÜK SESİ İÇKİDEN MASALARA YIKILIYOR." Halbuki elimdekinin su bardağı olduğu fotoğrafta bile görülüyor! Ama ona bakan kim!.. Hele annemi ben bile inandıramadım! "ANNE LÜTFEN BANA İNAN, BEN SAHNEYE İÇKİLİ ÇIKMAM," dedim, şöyle dedim, böyle dedim, yok! İnanmadı. Çok üstüme geldi. Beni o kadar bunalttı ve en ufak bir terslikte zaten patlamaya o kadar hazırdım ki, mesleği bırakmaya karar verdim. Yoksa ya intihar edecek ya da birilerini öldürecektim artık!.. Sırf kayda izin vermediğim için yazmışlardı o yazıyı!.. Ve nelere neden oldu!

*

"MESLEĞİ BIRAKIYORUM," dediğimde kıyamet koptu. Mesleği bırakma nedenim olarak kanser gösterildi. "ZERRİN ÖZER KANSER" diye dergilere sürmanşetten haber yaptılar. Yolda beni görenler boynuma sarılıp ağlamaya başlamıştı. Şaşırıp ne olduğunu sorduğumda "SİZE HEP DUA EDİYORUZ, KANSER OLMUŞSUNUZ," dediler. Çıkan yazılar o kadar inandırıcıydı ki, doktoruma telefon açıp "BEN KANSER MİYİM VE SİZ BENDEN Mİ GİZLEDİNİZ?" diye sormuştum!..

Asparagas haberler dışında, radyo programları, televizyon

programları yapıldı... Mesleğe dönmem için insanlar olağanüstü çabalar gösterdi. Mesela, hiç unutmuyorum, bir sürü sanatçının benim için katıldığı bir programda Cem Karaca "ZERRİN ÖZER'LER SAKSILARDA YETİŞMİYOR," demişti... Çok sevdiğim, hakikatli Dilara Endican mesleğe geri dönmem için bir imza defteri hazırlamış; taşınmıyordu defter; o kadar çok kişi yazıp imzalamış ki...

*

Yine de çok şanslıyım. Tam dört yıl aradan sonra sevenlerim beni eskisi gibi bağrına bastı yine...

*

Kadınlık gururumu kıran haberler... Berbat bir özel yaşam... Berbat bir çocukluk... Desteksiz, sırtını kimseye dayayamadan, yapayalnız sürdürülmüş bir hayat... Bütün bunlar... Kitapta buraya kadar anlattığım... anlatamadığım her şey etkilemiştir bu kararımı herhalde ama HÂLÂ TAM OLARAK BİLMİYORUM MESLEĞİMİ NEDEN BIRAKTIĞIMI...

LANETLENMİŞ TAŞLAR, PAVYONLAR VE ALKOL

"Oysa uyuşmuşluğunda, -öğle sonundan gece yarısı sonrasına sarkan sürede tükettiği bir büyük şişe votkadan sonra gelen- durulmuşluğunda yıkımın bütün aşamalarını, -başlangıç, gelişme, sonuç- tek tek seçiyor, gözünün önünde sözcüklerin, düzenlerin, kalıpların, düğümlerin, kısaca büyük bir karmaşanın çözülmeye başladığını fark ediyordu."

MOR, İNCİ ARAL

İçkiyle kurduğum ilişki, diğer bütün ilişkilerimden etkilendi, irili ufaklı izler taşıdı. Dahası, ilk bakışta birbirinden çok uzakmış gibi görünen ilişkilerimi birbiriyle ilişkilendirip kardeş kıldı.

Mesela yıllarca gözümden çıkarmadığım siyah gözlükler beni ne kadar kendi gerçeğime yaklaştırdıysa, içki de o kadar yaklaştırdı. İçki içerken siyah gözlüklerimi takmama gerek kalmadı; içki siyah gözlüklerimin yerini tuttu bir bakıma.

Gözlük takmamın en baskın nedeni kendimi bildim bileli şiddetle duyduğum alay edilme korkusu. Ama sırrını tam olarak çözemediğim bir tarafım daha var: İnsanların gözlerinin içine bakamıyorum ben.

Eğer gözlerinin içine bakarsam karşımdakine sürekli güzel sözler söylemem gerektiği hissine kapılıyorum. Belki Martin Heiddegger'in gündelik konuşmaların kişinin kendisiyle de gerçekle de hiçbir ilgisi olmadığına ilişkin saptamasına inanıyorum. İnsanın hem kendine hem de karşısındakine sürekli yalan söylediğinden kuşkulanıyorum belki de.

Böyle bir kuşkuya bir kere bile kapılsa insan, geçmiyor bir daha. Acılarını kestirebilmem için karşımdakinin konuşup anlatmasına gerek kalmıyor artık. Gözlerinin diplerine baktığım kişilere sürekli güzel sözler söyleme zorunluluğu duyuşum onların dile gelmez yaralarını sarma isteğimden kaynaklanıyor olabilir. Şu ya da bu şekilde benzer acılardan geçtiğimizi söylemeye çalışıyorumdur belki de. Çünkü karşımdakilere güzel sözler söyleyişimin yaranmacılık ya da sevgi dilenciliği içermediğine eminim. Ama içtiğimde bu tür şeyler yapmıyorum. Çok daha dolaysız, sansürsüz konuşuyorum; içince ağzımdan çıkanları kendi söylemime, kendi gerçeğime çok daha yakın buluyorum.

Toparlarsam, sayısız yasaklamalardan ötürü insanın dramını, trajedisini ve acısını anlatamamış olan gündelik dili içkiyle yıkıp, yerine kendi dilimi kurduğumu sanıyorum.

*

İçki başlı başına bir dildir belki de. Beni bana anlatan... bana hayatı anlatan bir dil... Tıpkı müzik gibi.

İçkinin bana sunduğu dostluğu, Janis Joplin'in sunduğu dostluğa benzettim çoğu zaman. Benimle dertleşip bana güç veren bir dost... Mesela annemin hastalığı sırasında iki buçuk yıl boyunca, sabah sekizden gece on ikiye kadar süren bakımından sonra her gece iki şişe şarap içtim. Yoksa hayata katlanamaz, çektiğim acıya başka türlü dayanamazdım.

Dönem dönem çok içtim, dönem dönem de hiç içmedim. Ama iki buçuk yıl gerçekten de uzun bir süre. Alkole tutkun olmayışımın en büyük nedeni zayıflığa asla tahammül edemeyişim. İçki ya da bağımlılık yapan başka maddeler karşısında aciz kalan birisinden, o kişiye deliler gibi âşık bile olsam anında soğuyabilirim... Bir de içtiğim gecelerin sabahında çok kötü uyandığım için alkolden vazgeçmekte hiçbir zaman zorlanmadım. Zaten kendimi içkiyi özlerken yakalamadım hiç. Dolayısıyla içkiyi bırakma kararı almak zorunda da kalmadım.

Ama iki kadeh içip "BANA BU KADAR YETER," diyenlerden de olamadım. Her seferinde, şişenin dibini görene kadar içtim. Uykun artık karşı konulmaz bir biçimde bastıracak ama yatağa bile elinde kadehle gideceksin... İçince öyle içtim...

*

İnsanlar keyiflenmek için içer, ben ağlamak için!.. İçkiyi müzikten bağımsız düşünemem. Kafam iyi olunca kafama taktıklarıma mesaj çekerim ya da arayıp müzik falan dinletirim onlara! İçince neden böyle şeyler yapılır, kimse tam olarak açıklayamaz. Ama o ruh haline girmem için bir şişeyi devirmiş olmam gerekir...

İçkiliyken hiçbir zaman ayakta sallanmadım. Bazı kadınlar tuvalete falan gidip istifra eder... Taşıyamıyorsan içme. Sarhoşluğun böylesini ne kadına yakıştırabildim ne de erkeğe.

Tek başınayken de içenlerden değilim. Sadece, sevgilimden ayrıldıysam ya da bir ilişkinin ilk günlerinde, heyecan bastırmak için tek başıma içmişimdir.

*

İçki sofraları bazen başka anlamlar ve imalar da içerebiliyor. O tür sofralardan her zaman uzak durdum. Mesela, Nişantaşı'nı Kurtuluş'a bağlayan yokuştaki bir gece kulübünde çalışırken o türden bir sofraya davet edilmiştim. Program sonrası paramı alabilmek için kuliste bekliyordum. Paramın hazır olup olmadığını sormak için müdüriyete gittiğimde menajer Hasan Bora'nın telefonda birilerine "TAMAM ABİ, GELİRİZ ABİ," dediğini işittim. Telefonu kapatınca lüks bir otelde tutulmuş kral dairesinden, kadınlı erkekli çiğ köfte partisi yapıldığından ve bizi de beklediklerinden söz etti. Parti değil, içkinin su gibi aktığı bir âlemdi belli ki... Adı geçenler arasında şarkıcılar da vardı, tekinsiz kişiler de... "HAYATTA GELEMEM, ANNEM BENİ PENCEREDE BEKLER," demiştim hemen. İnsan bazen kendi söylediği lafı kendi de unutamıyor.

Neden "HAYIR, GELEMEM," demekle yetinmeyip öyle bir cümle kurmuştum?..

Gitmediğim için içkili mi içkisiz mi olduğunu bilemeyeceğim bir başka davet daha var. Ama niyet açısından diğer sofraya benziyor. İzmir Fuarı'nda çalıştığım bir gazinonun sahibi çağırmıştı... Yemeğe çıkmak istediğini söylettiğinde "BEN BİLMEM ÖYLE ŞEYLER!" diye terslemiştim gönderdiği aracıyı. Ertesi gün işime son verilmişti. İnsan yıllar geçse de hazmedemiyor...

*

Sahneye alkollü çıktığım dönemler oldu. Ama bundan da çabuk vazgeçtim. Çünkü alkollüyken dinleyicilerin konsantrasyonunu sağlamak, onlarla bütünleşmek mümkün değil. Onları ortak bir coşkuda birleştirmek için reflekslerimin asla zayıflamaması gerektiğini gördüm.

Kaldı ki, ayıkken daha toleranslı oluyorum. İçkili yerlerde program yaparken ben de zurna olsam ve biri kalkıp "HEYT!" dese, "SANA HEYT!" diye üzerine yürümeyeceğimin hiçbir garantisi yok. Çünkü içki içimdeki erkeği uyandırıyor ve kadın zarafetini kaldırıp atıveriyor üzerimden.

Çalıştığım bir yerde, söyleyeceğim şarkıyı ithaf ettiğim garsonları sıralarken adamın biri "TUVALETÇİ KADINI DA SAYSAYDIN!" deyince kan beynime sıçramıştı. Sahneden atlayıp, "SEN KİMSİN Kİ TUVALETTE ÇALIŞAN KADINI AŞAĞILIYORSUN!" diyerek dövmeye başladım adamı; zor kurtardılar elimden. Alkollüyken yaptığım en onurlu şeylerden biridir o züppeyi pataklamak.

*

Sonumun Cahide'ninkine benzemesinden korkarken onun içkiyle ilişkisini düşünmedim hiç. Beni malını mülkünü koruyamaması... korumaması korkuttu asıl. Ona neden ve nasıl yakınlık duydum, tam olarak anlatamıyorum. Ama korktuğum şey başıma geldi. Bütün malımı mülkümü yitirdim. Yarınımdan korkuyorum artık. "HER SEVENİMDE BİR GÜN KALARAK HAYATIMI GEÇİREBİLİRİM" diye düşünüşüm sevenlerimin sayısıyla böbürlenmekten değil. Muhtaç kalırsam, hiç kimseyi bir günden fazla rahatsız etmek istemeyeceğimden...

*

Cahide elinde ispirto şişesiyle Beyoğlu sokaklarında dolaşırmış... Bense lanetlenmiş kaldırım taşlarında yatma isteğine kapıldım bir ara. Öyle böyle değil, "İÇİM İSTİYOR," denir ya, ondan bile daha şiddetli bir istekti. O lanetlenmiş taşların herkesten, her şeyden daha kıymetli olduğunu düşünüyordum. Mesleğimde uğradığım haksızlıklar ve özel yaşamımdaki olumsuzluklar artık canıma yetmişti. Hem hayatı ve insanları hem de kendimi suçluyordum. Hiçbir şeyi hak etmediğime ve ancak o kaldırım taşlarında mutlu olacağıma inanıyordum. O taşlarda sürdürülecek bir hayat çok daha yalın, çok daha temiz ve bana çok çok daha yakındı. İnsanlar beni o taşlarda yatarken görünce "EVET! BEN BU TAŞLARDA YATIYORUM ARTIK!" diyecektim. 'ÇOK BÜYÜK SES, ÇOK BÜYÜK SES' DEDİNİZ AMA BİR YANDAN HER FIRSATTA EZİP ÇİĞNEDİNİZ!.. BURADA YATIYORUM ÇÜNKÜ YALNIZIM VE BU TAŞLAR SİZDEN DAHA TEMİZ."

*

Pavyonlarda şarkı söyleme isteğine 'BİR ZERRİN ÖZER ARŞİVİ' çıktıktan sonra yakalandım. Daha doğrusu geleceğimin garantisi saydığım o albümümün parasının üstüne yatıldığında... Beş kuruşsuz kaldığımda ve bütün inancımı yitirmişken... "PAVYONDA ŞARKI SÖYLEYECEĞİM," diye tutturdukça, arkadaşlarım "İYİCE ŞAŞIRDIN ARTIK SEN," diyorlardı.

Taşlarda yatmak isteğimle pavyonlarda sahneye çıkmak isteğim arasında benzeşen noktalar var. Bir Rumelihisarı'nda çıkabilmek için insanların bitmek bilmez hırsları ve kıskançlıkları yüzünden yedi yıl beklediysem, pavyonlar çok daha temizdir diye düşündüm. Pavyonda her şey o kadar açık yaşanıyor ki... Açık oynanıyor orada. Biri "BEN VÜCUDUMU SATIYORUM," diyor, öteki "BEN MASALARA GİDİP KONSOMASYON YAPIYORUM," diyor. Sakladığı hiçbir şey kalmamış. Ama diğerinde her şeyi hince, aşağılık bir biçimde oynayanlar ne kadar da namuslu, ne kadar da beyefendi, hanımefendi geçiniyorlar.

Şunların da payı vardı bu isteğimde: "BEN PAVYONDA ÇALIŞIYORUM, HADİ ŞİMDİ DE BUNU YAZ," diyecektim gazetecilere. "BENİ BU HALE GETİRENLERİN İÇİNDE SİZ DE VARSINIZ." Bir de kimsenin bana hükmedemeyeceğini söylemek istiyordum herhalde: İstediğim yerde çalışırım, kimse karışamaz. Kaybedeceğim hiçbir şey yok.

*

Pavyonların hayatımdaki yeri bu kadar değil. Hayatımda tuttukları yeri anlamam için beni cesaretlendiren şey yine içkiydi belki de.

Yıllar önce Ankara'da Başkent Gazinosu'nda çalıştığım sırada pavyon görmek için çıldırıyordum. Gazinonun sahibinin bir pavyonu olduğunu öğrenince gidelim diye tutturdum.

Kadro arkadaşlarımla birlikte gittiğimizde zurnaydım. Acayip bir iyilikle dolup taşmıştı içim. Mesela iki adamın garsonu çağırmaya çalışıp beceremediğini görüyor, hemen garsona sesleniyordum adamlarla ilgilenmesi için. Neredeyse masalara fındık fıstık servisi yapmaya başlayacaktım. İçince şuursuzca, tepeden tırnağa iyilik kesiliyorum...

O kafayla bütün konsomatrisleri tuvalete toplayıp hayat hikâyelerini anlattırdım ve delicesine ağladım. Hepsini çalıştığım gazinoya çağırdım. Ertesi gün, hiçbiri gelmedi diye tekrar oturup ağladım.

Neden oturup konsomatrisleri dinlemek ve onlara sahip çıkmak istediğimi kendime çok sordum. Aynı şeyi fahişelere karşı da hissediyordum. Ama bir farkla: Bu işi lüks için, kendi isteğiyle yapanlar beni ilgilendirmiyordu. Beni kendisine çekenler bu işe zorla bulaştırılanlardı. Hayatı acı çeke çeke yaşayanlar... Onlarla buluştuğumuz yer acının tam kalbiydi. Tecavüze uğradığım için kendimi nasıl olup da konsomatrislerle ve fahişelerle özdeşleştirdiğim sorulsa böyle yanıt verirdim.

*

Şimdi düşünüyorum da taşlarda yatma ya da pavyonda şarkı söyleme isteği bile birer yaşam belirtisiymiş. Artık kendimi kaybolmuş gibi hissediyorum. Hiçbir şey ilgilendirmiyor beni. "VUR ENSESİNE AL LOKMASINI," dedikleri cinsten biri haline geldim. Hiçbir şeye tepki duymuyorum. Ölüme bile. Ölenin arkasından ağlayamıyorum artık. Bu dünyada misafir olduğumuzu derin bir biçimde kavradım. Her şey olağan geliyor. Ama böyle olmamalı. O heyecan, o dürtü, o coşku ve nefret kaybolmamalı. Taşlarda yatmak isteyecek kadar acı çekerken daha mutluymuşum meğer.

Hiçbir şeyden zevk almıyorum. Niye böyle oldum, bilmiyorum. Sanki düz bir çizgi çizildi benim için. Plan bile değil, dümdüz bir çizgi: Uyan, şunları şunları yap, yat... Ertesi gün yine aynı şey. Monotonluk mu bu hale getirdi beni diye düşünüyorum, ama buna da yanıt veremiyorum. Varlığımdan bile emin değilim. Kendimi tanıyamadan öleceğim herhalde... Bu beni çok korkutuyor.

Ama bugünkü hale gelişimdeki en büyük nedenlerden birinin, hak ettiğime inandığım şeylerin bana yaşatılmaması olduğunu biliyorum. Bence Zerrin Özer Açıkhava konserlerinde olmalı, Rumelihisarı konserlerinde her yıl olmalı... Ödül de almalı... "SEN KİM OLDUĞUNUN FARKINDA MISIN?" ya da "SEN TÜRKİYE'NİN EN BÜYÜK SESİSİN," falan diyorlar ama bu söylenenlerle bana reva görülenler arasında çok büyük uçurumlar var. Bana 'teyzemizin kızı' muhabbeti yaptılar sürekli. Hani eve misafir gelip de yer kalmayınca "SEN SONRA YERSİN," diye masadan kaldırılan teyze kızları vardır... İnsanların bana tavrı hep öyle oldu... Duygularımı kötüye kullandılar. Ama çoğu kez de buna ben izin verdim, diye düşünüyorum

Mesleki açıdan çok kırgın ayrılacağım bu dünyadan. Hak ettiğim şeyleri alabilmek için kendimi ağırdan mı satmalıydım? İnsanları küçük mü görmeliydim? Sevgili Selim İleri'nin bir sözü var... Ya "Cehennem Kraliçesi"nde geçer ya da "Ölünceye Kadar Seninim"de... "İNSANOĞLU KENDİSİNİ EZEN İÇİN ÇIRPINIR DURUR," der... İnsan ilişkilerinin acınası özünü hakikaten çok iyi anlatıyor bu cümle...

ADI HER NEYSE, BU SEVGİYİ ÇOK SEVMİŞTİM

"Unutmamalı o güzel günleri
Anılarla gönülleri hoş tutmalı..."

TARKAN

Çevre Bakanlığı'nın Yılın Sanatçıları adı altında düzenlediği ödül töreninde tanıştım Tarkan'la. 'KIL OLDUM ABİ' adlı şarkısı almış başını gitmişti, herkes hayrandı ona. Bense hiç sevmiyordum.

Yanıma oturmuştu. Gözüm ayakkabılarına takıldı. Gerçekten çok güzellerdi. "YERİM SENİN O AYAKKABILARINI!" dedim! Çünkü ben bir sınava tabi tutulsam ve "YİRMİ DAKİKA SÜREYLE CİDDİ, AĞIR BİR KADIN OLACAKSIN," deseler, en geç on dokuzuncu dakikada elenirim. Elimde değil, yapım böyle.

*

Tarkan "BEN SİZE HAYRANIM," dedi o gün. Kardeşi Handan da oradaydı. "ARTIK FENALIKLAR GEÇİRİYORUM. GECE GÜNDÜZ, 'ARTIK SEVMEYECEĞİM'İ DİNLİYOR," dedi. Yutmuş albümü.

"NİYE SEVMEMİŞİM? NE KADAR ŞEKER BİRİYMİŞ," diye geçirdim içimdem. Beni bana methettiğinden değil; sıcaklığından, insanlığından ötürü. Güler yüz çok önemli benim için. İç dünyamda çok suratsız olduğumdandır belki.

*

Tarkan'ın annesi Neşe abla sonradan hayatımdaki en özel

insanlardan biri olacaktı. Annemin ölümünden sonra beş altı gün bende kalmış, beni göğsünde uyutmuştu. Annem Neşe ablayı da Tarkan'ı da tanımıştı. "GÜZEL GÖZLÜ OĞLUM," diye severdi Tarkan'ı...

*

Tarkan'ın doğuşunu anlatmıştı Neşe abla bir gün.

Hamileliği sırasında annesi kansermiş Neşe ablanın. Bir gün annesinin kaldığı hastaneden arayıp çağırmışlar. Üst kat komşuları arabalarıyla götürecekmiş Neşe ablayı hastaneye. Almanya'dalar o yıllarda.

Komşuları karı koca arabanın önündeymiş, "NEŞE, SİGARA İÇER MİSİN?" diye sormuş bir ara komşusunun eşi dönüp. "GERİSİNİ HATIRLAMIYORUM," diye anlatmıştı Neşe abla. Araba bir yere çarpıp takla üstüne takla atıyor; Neşe abla camdan dışarı fırlıyor...

Ameliyatı on bir saat falan sürmüş. Başına metal bir parça koymak zorunda kalmışlar. O kadar ağır bir kazadan sonra hastanedeki doktorlar "BEBEĞİNİZİ KESİNLİKLE ALMAK ZORUNDAYIZ," demişler.

O gece rüyasına beyaz sakallı bir dede girmiş Neşe ablanın. "BU ÇOCUK O KADAR ÖZEL BİR ÇOCUK Kİ ONU KESİNLİKLE ALDIRMAYACAKSIN, DOĞMASINA İZİN VER," demiş.

Sabah eşi aramış Neşe ablanın. "BİR RÜYA GÖRDÜM, SAKIN ÇOCUĞUNUZU ALDIRMAYIN, ÇOK ÖZEL BİRİ OLACAK O, DEDİ YAŞLI BİR DEDE," diye anlatmaya başlamış. Kalakalmış Neşe abla. Eşiyle aynı rüyayı görmüş olmalarından çok etkilenmiş ve allem edip kallem edip Tarkan'ı aldırmadan hastaneden çıkmanın bir yolunu bulmuş.

Doğum yapacağı zaman gittiği hastanedeki doktorlar kaza raporlarını ve bebeğin alınması gerektiğine ilişkin kararı görünce kıyameti koparmışlar, "NASIL ALDIRMAZSIN!" diye. Bir dayak yemediği kalmış. "ÖLÜ DOĞACAK," demişler.

Odasında doğumhanenin hazırlanmasını beklerken, ıkınmış mı bir şey mi olmuş ve tak diye çıkmış Tarkan. Annesine doğum sancısı bile yaşatmadan!

O sırada yanında bir hemşire varmış Neşe ablanın. Ağlamaya başlayan Tarkan'ı eline almış ve "SESİ ÇOK GÜZEL OLACAK," demiş.

*

Tarkan insanları hakikaten etkileyen, köklü bir terbiyeye sahip, Osmanlı bir tarafı da olan, çok özel biri. Dürüm yemeye gittiğimiz bir gece biraz yüksek perdeden bir kahkaha attığımda "NE YAPIYORSUN SEN?" diye sormuştu.

Onunla çok kısa sürede çok samimi olduk. Jelibon hastasıydı; ona Jelibonlar, hediyeler alır, kapısına bırakıp kaçardım. İğneden ödü patladığı için, sahneye çıkarken sesimiz açılsın diye yapılan iğnelerden vurulurken yanında ben olurdum. Gazetelerde birlikte çekilmiş fotoğraflarımız çıkmıştı. Gazetecilere "RUMELİHİSARI'NI ÇOK SEVDİM, ÇÜNKÜ ZERRİN'İ TANIDIM," demişti...

Çok uzun bir süre boyunca, her gün beraberdik. Onunla acı tatlı, hüzünlü komik, bir sürü şeyi çok yoğun bir biçimde yaşadık. Şimdi burada hepsini tek tek sıralamak istemeyişimin nedeni, ilişkimizin tuhaf sonundan ötürü, yaşananları artık nereye oturtacağımı bilemeyişimden kaynaklanıyor. Yaşarken, ileride yok sayılacağını kestiremediğiniz olayları ve duyguları anlatmakta zorlanırsınız...

*

Enteresan bir şey yaşadık Tarkan'la... Adını koyamadığımız... aramızda yeşeren şeyleri söze dökemediğimiz... söze dökmekten kaçındığımız... platonik bir şey.

Dışarıdan bakıldığında da seziliyordu. Ajda Pekkan "SEZEN'DEN DUYDUM, TARKAN'LA İKİNİZ PLATONİK BİR

AŞK YAŞIYORMUŞSUNUZ," demişti mesela. Tarkan'a da "O SENDEN ÇOK BÜYÜK," falan diyenler olmuş. "ZERRİN BENİM İÇİN ÇOK ÖZELDİR," diye karşılık vermiş. Hatta o dönemde birlikte olduğu Elif de bizi haklı olarak kıskanmaya başlamıştı...

Çok incitici şeyler de geçti aramızda.

Bodrum Kalesi'ndeki konserinde hem ona hem de bana ödül verilecekti. O sıralar Bodrum'da bir evim vardı. Ödül töreninden sonra bende toplandık. Benim "aile" tayfası, Tarkan'ın ekibi...

Sabaha kadar içip şarkılar söyledik terasta. Sonra da hiç uyumadan tekne gezisine çıktık.

Dönüşte, tam kıyıya yanaştığımız sırada üç beş kişi "TARKAN! TARKAN!" diye bağırmaya başladı. Vokalistleri "NE YAPALIM?" falan dediler, "SAÇINA PERUK MU TAKALIM? HAVLU MU BAĞLAYALIM?" Bir parça da dalga geçiyorlardı aslında.

"BU YAPTIĞINIZ NE KADAR AYIP VE TERBİYESİZCE!" diye çıkıştım elimde olmadan. Tarkan'dan çok vokalistlerinin şımarıkça müdahalesine sinirlenmiştim. "SEN ALBÜM YAPIYORSAN, BU İNSANLAR DA SANATÇI OLARAK SENİ SEÇMİŞLERSE, GİDİP YANLARINA BİR MERHABA DİYECEKSİN ELBETTE, NEYİN EKSİLİR?" dedim.

Tarkan bozuldu ama o anda bir şey demedi. İkimiz onun arabasında yalnız kalınca beni derinden yaralayacak bir şey söyledi: "SEN NE YAPTIN! EKİBİMİN YANINDA BENİ AZARLADIN! SEN HİÇBİR ZAMAN BENİM KADAR ŞÖHRET OLMADIN VE BENİM YAŞADIKLARIMI YAŞAMADIN BELKİ DE!" 'OYNAMA ŞIKIDIM ŞIKIDIM' yeni çıkmıştı, yani dünya çapında falan tanınmıyordu daha.

Hiçbir karşılık veremedim. Arabanın camından dışarıya bakıp ağlamaya başladım. Elimi öptü, "ZERRİN, BEN ÖYLE DEMEK İSTEMEDİM, NE OLUR YANLIŞ ANLAMA," falan dedi. Evin önüne gelene kadar ne söylediyse sustum. Sonra da kapıyı çarpıp indim.

Gece saat iki buçukta siteye gelmiş. Uyuyordum. Bas bas bağırıp, 'UNUTMAMALI'yı söylemeye başlamış. İkimizin şarkısıydı; o söylerken babasını düşünüyormuş, ben de dinlerken... "NE TESADÜF," demiştik bu şarkıdan ilk söz ettiğimizde...

Bütün site ayağa kalktı o gece. Beni de uyandırdılar, "KALK ZERRİN, TARKAN GELMİŞ," diye.

Ekibiyle beraberdi yine. İçeri alınca herkese "HOŞ GELDİN," deyip öpmeye başladım ama Tarkan'ı es geçtim. Hâlâ bozuktum.

Kalkıp gittiklerinde barışmış sayılmazdık. Ama sonradan içime dert oldu; telefon açtım, konuşup barıştık.

*

İlişkimiz çok güzel giderken, çok uzun süre her günümüzü birlikte geçirirken, Tarkan birden benden uzaklaştı. Hâlâ içim sızlar aklıma geldikçe, çünkü kimlerin hangi niyetle o tertemiz ilişkiyi bozduğunu biliyorum...

Biraz da Tarkan'ın yaşananları unutan bir yapısı var.

İnsanın sevgisi güçlüyse her şeye direnebileceğine, gerçek dostluklarda, gerçek sevgilerde üçüncü şahısların ilişkiyi bozamayacağına inananlardanım.

*

Tarkan'ın aklına Amerika'yı düşüren de bendim. Hatta birlikte gitmeyi kurmuştuk bir ara ama gidemedim. "SEN GİT, BEN SONRA GELECEĞİM," dedim.

Onu yolcu edemedim. O sabah arkadaşım Esra beni ne kadar uyandırmaya çalışsa da kalkamadım. Giderken de bir şey lazımdı ona, kayıt cihazıydı galiba... Esra'dan rica etmiştim götürmesini. Beni göremeyince üzüntüden bir duvarın dibine çökmüş. Neşe abla "BEN TANIRIM OĞLUMU, ÇOK ÜZÜLDÜ SENİ GÖREMEYİNCE," demişti sonradan.

Yıllar sonra geldiğinde, "ZERRİN, BİZ NELER YAŞADIK SENİNLE!" gibi bir şey söyledi. Sanki çok silik bazı hatıralardan söz ediyordu... Bu lafı da incitmişti beni. Yaşananların yageçmişe gömülmesi, yok sayılması üzücü ve kırıcı. Çünkü yaşananlar denince insanın aklına ilk ağızda ilgisizmiş gibi görünen şeyler de geliveriyor: Hastalandığı bir gün Tülay ablamın ona çorba yapışı, sonra bir daha ne zaman hastalansa Tülay ablamdan aynı çorbayı yapmasını isteyişi, benim Tülay ablama gidip çorba yaptırışım, eniştemin "BANA BİLE YAPMIYOR," diye hafiften bozuluşu, Tarkan'ın bu çorbaya "TÜLAYCIK ÇORBASI" adını koyuşu... Bir turne dönüşünde daha valizlerini bile eve bırakmadan "SENİ ÖZLEDİM," diye bana gelişi... Sabahlara kadar başbaşa şarkı dinleyişimiz... Dertleşmelerimiz... Düşlerimiz... Hangi birini anlatayım... Zihnimde o kadar çok anı saklı ki... Ama o yok saydıysa, artık ne önemi var?..

*

Yaşattığı olumsuzluklar bile ona olan sevgimi değiştirmedi. Kimsenin ona laf etmesine hiçbir zaman izin vermedim. Gerçi ben de onun için değerli olmak isterdim. Çünkü biliyorum ki, bu kitapta andığım ve anacağım bütün özel kişiler için ben de çok özelim. Benim de onların hayatlarındaki yerim apayrı. Tarkan bu bakımdan bir istisna... Çünkü insanın karşı tarafı kendisi için sevdiğine inanıyorum. Bu durumda, sevdiğimiz birini suçlamanın hiç yararı yok.

*

Aramızdaki şey neydi bilmiyorum, ama adı her neyse, bu sevgiyi çok sevmiştim...

ANNEMİN VEDASI

Düşlerin bitmek bilmiyor
Gözlerin gülmek bilmiyor
Gönlünde sonsuz arayış, sevmek istiyor
Kalbin acılar dolu, kaçmak istercesine
Gönlün kanatlanıyor, uçmak istercesine
Şimdi uzaklardasın, hayallerdesin, rüyalardasın,
Yalnız kendi halinde, kendi derdinde, derinlerdesin...
Ağlıyor sessiz sözlerin
Tanıyor bitkin gözlerin
Sönmeyen ateşler gibi yanar yüreğin, yanar yüreğin
Kalbin acılar dolu, kaçmak istercesine
Gönlün kanatlanıyor, uçmak istercesine
Şimdi uzaklardasın, hayallerdesin, rüyalardasın,
Yalnız kendi halinde, kendi derdinde, derinlerdesin...

ŞİMDİ HAYALLERDESİN, CEM-ALİ

Annemin hayatta en sevdiği mekan eviydi. Her pazar ablalarımla birlikte onun muhteşem sofralarına konuk olurduk. Bir evde, bir sofranın başında bir araya gelmek çok önceden sezinlediği bir dağılışın önleyicisi, ertelenişi gibiydi annem için. Hangimizde neler gördü, hangimizin konuşmalarından, jestlerinden ya da tavırlarından neler çıkardı bilmiyorum, ama bir araya geldiğimiz pazarlardan birinde bana söylediği şey doğru çıktı: "BEN ÖLÜNCE HEPİNİZ ÇİL YAVRUSU GİBİ DAĞILACAKSINIZ ZERRİN."

*

Annemin ölümü sıradan, ani bir ölüm değildi. Hayatımı hem altüst eden hem de allak bullak olmuş psikolojimi toparlayıp zapteden o akıl almaz tahakkümünün gözümün önünde gün be gün çöküşüne tanık oldum. Yakalandığı alzheimer hastalığı annemin çatık kaşlarının altındaki kısık bakışlarına kim bilir ne zaman vazgeçtiği çocuk masumiyetini tekrar yerleştirdi. Önce onun gözlerini ve bakışlarını aslında tanımamış olduğumu anlayıp şaşırdım. O kocaman bakışların çocukluğundan kalma bakışlar olduğunu sonradan ayırt ettim. Annem ömrünü tamamlarken geçmişine; genç kızlığına, çocukluğuna, bebekliğine doğru koşacaktı hızla.

*

Beni ilk kuşkulandıran şey akşam çökerken korkmaya başladığını söyleyişi oldu. "GECELERİ EVİME BİRİLERİ GELİYOR SANKİ," dedi. Çok şaşırdım. Güvenlik görevlisinin koruduğu bir apartmanın en üst katında oturuyordu; anlattığı şey gerçek olamazdı. Evde yalnız kalmaktan korkan biri olmamıştı hiç. Dahası, bu korkusunu söylerkenki tavrı ve ses tonu da ona ait değildi sanki. Bunları düşünürken, son zamanlarda bir anlam veremediğim unutkanlıklarını anımsadım birden ve gülünüp geçilecek bir kuruntu karşısında olmadığımı sezerek o günden sonra annemi takibe almaya karar verdim.

Durumunun ciddiyetini peş peşe sökün eden tuhaf davranışlarıyla birlikte çok kısa sürede anladım. Kemal Sunal'ı çok severdi. Televizyonda filminin gösterildiği bir akşam annemi arayıp Star'ı açmasını söyledim. Telefonda dinliyorum: Yaklaşık bir dakika kadar Star'ı bulmaya uğraştı ama sürekli televizyonun sesini açtı. "7'YE BAS," dedim. "TUŞUN ÜSTÜNDE EN SEVDİĞİN KIZININ ADININ BAŞ HARFİ DE VAR. S." Çok mu üzüldüm, çok mu sinirlendim, yaşadığım şeye bir anlam mı veremedim, bilemiyorum ama ona kendisinin okumuş bir insan olduğunu, nasıl olup da uzaktan kumandadan bir televizyon kanalını seçemediğini sordum. "YAPAMIYORUM İŞTE," deyip sinirlendi ve yüzüme kapattı telefonu.

Ertesi gün Nişantaşı'ndaki Faik Sönmez mağazasından aradılar. İstediği şeyleri oradan alırdı, ben gider öderdim sonradan. Mağaza müdürü "ANNENİZ GELDİ BUGÜN, TER İÇİNDE KALMIŞTI, SORUNCA MAĞAZAYI ÇOK ZOR BULDUĞUNU SÖYLEDİ," dedi. "SAKIN ZERRİN'E SÖYLEMEYİN," diye tembih etmiş.

Aynı gün annemi bir ayakkabıcıya götürdüm. Birkaç ayakkabı denedikten sonra yüzüme bakıp "BEN BUNLARIN HİÇBİRİNİ İSTEMİYORUM, EVDEKİ AYAKKABILARIM ÇOK DÜRÜST," deyince ablalarımla soluğu o dönemki psikiyatrım profesör Kerem Doksat'ta aldık.

*

Kerem Bey'in en kolay sorularına bile yanıt veremedi o gün annem. Cumhurbaşkanının adını soruyor, hatırlamıyor; babamın adını soruyor, düşünüyor düşünüyor, çıkaramıyor...

Tahliller, testler, check-up'lar, beyin tomografileri ve MR'lardan sonra Kerem Bey "MAALESEF ÇOK İYİ," deyince bocaladım, "NİYE MAALESEF?" diye sordum. Annemin başka hiçbir hastalığının olmadığını, bünyesi gayet sağlıklıyken maalesef alzheimer hastalığına yakalandığını söyledi. Alzheimer'ın sebebi belli olmayan, sonucu belli olan bir hastalık olduğunu ekledi ve "HASTAYA BAKMAK DAYANILMAZ DERECEDE ZORDUR. ANNENİZİN ÖMRÜ İKİ SENEDİR," dedi. Korkunç bir çığlık atmışım bunu duyunca...

O an neler hissettiğimi sözcüklere dökmek çok zor. Hayatımın diktatörüydü. Ve diktası altındayken onun bir gün ölebileceği aklımın ucundan bile geçmemişti. Dahası, onsuz bir hayatta ne yapacağımı, o hayatı... hayatımı nasıl sürdüreceğimi, hatta sürdürüp sürdüremeyeceğimi hiç düşünmemiştim.

*

O gün annemin her geçen gün daha da unutkanlaşacağını, çamaşır suyu görse su zannedip içebileceğini, asla yalnız bırakılmaması gerektiğini, zaten bir süre sonra hiçbir ihtiyacını kendi kendine karşılayamayacağını çünkü yatalak olacağını da öğrendik. Yaşı, beyni sıfırlanana kadar geri gidecekti. İnsanın bebeklikten yaşlılığa uzanan doğal sürecini, annem bir de tersinden yaşayacaktı...

"EVİNDEN AYRILAMAZ ÇÜNKÜ EVİNİ ÇOK SEVİYOR," dedi Kerem Bey. "KALDI Kİ SİZİN EVİNİZDE BAKILMAMASI DAHA DOĞRU. KARŞINIZDAKİ İNSAN ANNENİZ; KENDİNİZİ BİLDİNİZ BİLELİ ONUN OTORİTESİ ALTINDA YAŞAMIŞSINIZ, HAYATINIZDAKİ BÜTÜN ÖNEMLİ KARARLARA İMZA ATMIŞ. ZAYIF OLDUĞUNUZU KABUL ETMİŞSİNİZ. BU HASTALIK BAKAN İÇİN ÇOK ZOR BİR İMTİHANDIR. SİZSE PANİK ATAK HASTASISINIZ. ONA ASLA SİZ BAKMAYACAKSINIZ! ÇÜNKÜ SİZE İLERİDE ÇOK BÜYÜK ZARAR VERECEKTİR."

*

Annemi evine bıraktım ve o gece iki şişe şarap içip sabaha kadar ağladım.

Kerem Bey "YAKINDA EVİNİ DE TANIMAYACAK; O ZAMAN YANINIZA ALIRSINIZ," demişti. Ertesi gün bütün aile toplanıp öncelikle anneme yardımcı olacak birini bulmaya karar verdik. Benim de, ablalarımın da erteleyemeyeceğimiz işler vardı. Annemin hastalığı ise yanından bir an bile ayrılmaya gelmeyecek kadar ağırlaşacaktı bir süre sonra.

O aşamaya geldiğinde annemi teker teker yanımıza almaya başladık. Fakat kime gitse gece on ikide, birde "ZERRİN'E GİDECEĞİM," diye tutturuyordu. Durdurmak, ikna etmek mümkün olmuyordu; kalkıp bana getiriyorlardı. Beni görünce bir çocuk gibi seviniyordu. Yanımda yatırıyordum; bir bebek nasıl bakarsa öyle bakıyordu artık bana. Kaşlarını çatmayı bıraktığı için, hep küçücük sandığım gözlerinin aslında ne kadar da büyük olduğunu fark ediyordum.

Hayata karşı duyarlılığı hızla azalmaya başlamıştı. O uyurken ben hiç uyumazdım. Bir gece birden uyanıp yataktan kalktı. "ANNECİĞİM NEREYE?" diye sorduğumda odanın kapısına ulaşmıştı. Kapının kolunu tutup bana döndü ve ayakta idrarını yapmaya başladı. Kalktım, temizleyip yatağa yatırdım.

Yılbaşında Tülay ablamlardaydık; o zamanlar birbirimize çok bağlıydık, annemin korktuğu dağılma başlamamıştı henüz.

Annemle gözlerimizle anlaşmaya başlamıştık. Konuşamıyordu, konuşmayı neredeyse unutmuştu. Son konuşmalarından birinde Allah'a seslenmişti: "BU DÜNYADA İŞLEDİĞİM HİÇBİR SUÇ VE GÜNAH YOK. TEK YAPTIĞIM HATA İNSANLARI HAKİR GÖRMEK OLDU. BENİ AFFET ALLAH'IM!" dedi.

*

Alzheimer, hastaya bakan kişi ruhen ve bedenen çok sağlıklı, çok dayanıklı biri de olsa, bakanı ağır ruhsal çöküntüye sürükleyecek bir hastalık; annem beni tanımıyordu, ben de annemi...

Ama o yılbaşı gecesi, boşalmaya yüz tutmuş kelime haznesiyle, ömrüm oldukça içimi titretecek bir cümle kurdu: Gözlerimin içine derin derin bakıp, heceleyerek "SE-Nİ SE-Vİ-YO-RUM!" dedi.

*

Yine Tülay ablamda olduğumuz bir gündü. Oturuyorduk. Bir ara annemin odasına gittim. Beni görünce kalkmak istedi yataktan ama kalkamadı. "ZERRİN," diyebildi sadece. Yüzüme karşı söylediği son sözcük oldu bu... İyice ağırlaşıp doksan kilodan on iki kiloya düştüğünde tüyler ürperten bir biçimde bir kere daha seslenecekti bana... Üstelik eski, sağlıklı günlerindeki sesiyle...

O gün "ZERRİN," dedikten sonra onu öpüp içeriye, ablamın yanına geçmiştim tekrar. Odasından sesler gelmeye başladı. Gidip bakınca ille kalkmak istediğini gördüm. Kollarıma alıp içeri getirdim. "ANNE, SENİ ÇOK SEVİYORUM, BENİM

BİR TANECİK ANNEM!" dedim. Bir süre oturduk, sonra yatağına götürüp yatırdım.

Yatağına yatırdığımda bana öyle derin baktı ki... O bakışı gözümün önüne gelince bugün bile kötü oluyorum... Az önce içeride kendisine söylediklerime karşılık verememişti ama beni anlamıştı... Bir daha konuşamayacağını da anlamıştı belki... Yoksa kimse karşısındakine onu ne kadar sevdiğini düpedüz konuşurcasına anlatamaz gözleriyle.

Öpe öpe uyuttum onu. Giderken Tülay ablama "ANNEM BANA VEDA ETTİ," dedim.

Tülay ablam "SAÇMALAMA," falan deyip hem kendini hem de beni rahatlatmaya çalıştı ama gece yarısı telaşla beni aradı. Annem yatağında o kadar tuhaf hareketler yapıyormuş ki, Tülay ablam odadan çıkıp kapıyı kapatmış korkudan. Meğer annem o sırada felç geçiriyormuş...

*

Artık yemek yiyemeyeceği için burnuna gavaş takılmıştı annemin. Saat başı dört şırınga su, dört şırınga portakal suyu ve dört şırınga, mikserden geçmiş tuzsuz sebze vermeye başladık burnundan.

Tülay ablamlarda kalıyorduk. Annem felç geçirince yanlarına taşınmıştım. Aslında annemi kendi evime almak istiyordum ama Tülay ablama ayıp olmasın diye götüremiyordum.

Çekine çekine de olsa, "TÜLAY ABLACIĞIM, YANLIŞ ANLAMAZSAN ANNEMİ GÖTÜRMEK İSTİYORUM," dedim bir gün. "AA ÇOK İYİ OLUR!" diye karşılık verdi. Bir sürü şey sıraladı peş peşe; eşi Ahmet'in sabaha kadar açık kalan lambalardan ve sürekli çalışan çamaşır makinesinden çok rahatsız olduğunu, zaten oğlu Hakan'ın yaz tatilinin yaklaştığını, yakında eve doğalgaz döşeneceğini anlattı. Tabii çok üzüldüm...

*

Kerem Doksat'a annemi eve götürmemin bir sakıncası olup olmadığını sormuştum. "ANNENİZİN TEK SORUNU BEYNİNDE. BEDENİ GAYET SAĞLIKLI. O YÜZDEN KORKMADAN GÖTÜREBİLİRSİNİZ, YER DEĞİŞTİRMEK BEDENİNE BİR ZARAR VERMEYECEKTİR SEDYE İLE TAŞIYIP BİR AMBULANSLA GÖTÜREBİLİRSİNİZ," demişti. Yalnız evde havalı yatakta yatması gerekecekti. Havalı yatağı nereden bulacağımı düşünürken, hayatımda apayrı bir yeri olan, Ali Poyrazoğlu Tiyatrosu'nun oyuncularından Levent Can elinde davetiye, bir hastaneye gidiyor, "YALNIZ BU OYUNDA BİR HAVALI YATAĞA İHTİYACIMIZ VAR," diyor, yatağı alıp geliyor. Ölsem unutmam onun o iyiliğini...

Fizyoterapist olan Nilgün ablam kar kış demeden iki yıl boyunca her gün annemi ziyarete geldi; ona gerekli beden hareketlerini yaptırdı.

*

Annemin neyi hissedip neyi hissetmediğini anlayamıyorduk artık.

Sabah kalkıyor, gece on ikiye kadar her saat başı dört şırınga portakal suyu, dört şırınga sebze ve dört şırınga su veriyorduk burnundan. Yatak yarası oluşmasın diye onu oturtmaya çalışıyordum. Yatağının yanına bir koltuk koymuştum; önceleri üç, sonraları on dakika oturmaya alıştırdım onu. Bedeni iyice hantallaştığında ancak ikinci bir kişinin yardımıyla koltuğa oturtmaya başlamıştım annemi. Kan dolaşımını sağlamak için kollarının altına yastıklar koyuyordum; yatak yarası oluşmasını engelleyebilmenin tek yolu buydu. Aynı nedenle gecelik de giydirmiyorduk ve on dakikada bir altındaki çarşafı geriyorduk vücudunu tahriş etmesin diye...

Sabahları onu koynuma yatırıyor, derisinin kalınlaşıp kuvvetlenmesi için her yerini alkolle ovuyordum. İki günde bir yıkıyordum annemi. Altını alma işini sadece Nilgün ablamla ben yapıyorduk. Tülay ve Songül ablamlar haftada iki üç gün gelip, burnundan besliyorlardı annemi.

Geceleri biraz zorlanıyordum. Tek yardımcım Sevgi'ydi. Onu okula kaydettirmiştim. Bende kalıyor, annemin yatağını temizlemekte zorlandığım gecelerde bana yardım ediyordu. Çünkü annemin dört günde bir sondasının değişmesi gerekiyor; o sırada bütün yatak idrar kesiyordu.

Sürekli yanı başındaydım annemin; sondanın ayağından çıkma tehlikesi vardı. Sabahlara kadar konuşuyordum onunla. En sevdiği sanatçı olan Necdet Tokatlıoğlu'nun kasetlerini çalıyordum, bazen dönüp bana bakıyordu. Beni tanıyıp tanımadığını anlayamıyordum.

*

Onu yine gavaşla beslediğim bir gün burnundan kan geldi. Ne yapacağımı şaşırdım, hemen doktorları aradım. Seruma geçip midesini dinlendirmemiz gerektiğini söylediler. İki yıl olmuştu burnundan beslenmeye başlayalı. Burnundan midesine indirilen hortum o kadar uzun bir sürede kayarak kanamaya neden olmuş. Serumu takacak damarı binbir güçlükle bulabildiler.

Serum bitene kadar başında bekliyordum; bittiği anda değiştirilmesi şarttı, yoksa damarı tıkanabilirdi. Yarı yarıya hemşire olmuştum artık.

Bir gece saat ikide damarı tıkandı. Tülay ablamın eşi Ahmet'in babası Şişli Etfal Hastanesi Beyin Cerrahi Bölümü'ndeydi. Aradık Yusuf amcayı, hemen geldi sağ olsun. Yusuf amca annemin ancak ayağında damar bulabildi. Ablamlar dayanamayıp dışarıda beklediler, Yusuf amcaya ben asistanlık yaptım. O günlerde, ayak bileğindeki damar tekrar tıkanabilir diye hemen hemen hiç uyumadım...

Hangi bayramdı anımsamıyorum, uzun bir tatile girecekti herkes... Ablamları Bodrum'daki evime yolladım, çocuklarının tatile ihtiyacı vardı sonuçta... O dönemde ve annemin hastalığı boyunca eniştem Ahmet'in kız kardeşi Ferahnaz'ın bana verdiği desteği ve gösterdiği dostluğu hiç unutmadım.

*

Annemin yatağının tam karşısındaki balkona çıkıp oturuyordum. Bir yandan onu gözlüyor, bir yandan da sürekli Cem-Ali'nin 'ŞİMDİ HAYALLERDESİN' adlı şarkısını dinliyordum. Annemi öylesine anlatan bir şarkıydı ki... Şimdi uzaklardasın, hayallerdesin, rüyalardasın / Yalnız kendi halinde, kendi derdinde, derinlerdesin... Gözlerin gülmek bilmiyor... Annem öldükten sonra çok sevgili dostlarım Cem-Ali'den bu şarkıyı istemiş, stüdyoya girince üç gün ağlamış, okuyamamıştım.

Annem gerçekten de hayallerimdeydi artık... "NEREDE BENİM ANNEM?" diye soruyordum kendime. Karşımda yatan kişi benim annem değildi. Onu kaybettiğimizde on bir kiloya düşmüş, iki buçuk yılda tabiri caizse kadavraya dönmüştü. Sanki bir iskeleti alıp üzerine kırışık bir deri geçirmişlerdi. Gözleri oyuk oyuktu.

*

Rahmetli Anuş'um, rahmetli Gülgün'üm ve kardeşim gibi sevdiğim yardımcım Sevgi'nin de bende olduğu bir gece, annemin günlük beslenme ve bakımını bitirip yanlarına geçmiştim.

O gün, bu meslekteki ikinci idolüm Haldun Dormen'den telefon bekliyordum. Ama her dakika annemle ilgilenmek zorunda olduğumdan, konsantrasyonum bozulmasın diye telefonum hep telesekreterdeydi.

"SEVGİCİĞİM, TELESEKRETERİ DİNLER MİSİN, HALDUN ABİ ARAYACAKTI," dedim. Telefon mutfaktaydı ama sesi bizim odaya kadar geliyordu. Haldun abinin mesajını dinledikten sonra ses kesildi ve telesekreter kapandı sandım. Arkadaşlarımla konuşmaya daldık.

Aradan beş dakika ya geçmiş ya geçmemişti, birdenbire "ZERRİNCİĞİM, ZERRİNCİĞİM, EVDE MİSİN GÜZEL KIZIM?" diye bir ses yükseldi! Annemin sesi. Eski günlerdeki, sağlıklı sesi. Kulaklarıma inanamadım, tüylerim diken diken oldu ve ağlayarak sesin geldiği yere, mutfağa koştum.

Annemin sesi telesekreterden geliyordu! Ama nasıl olabilirdi böyle bir şey? En az üç dört yıl önce kaydedilmiş olması gereken sağlıklı bir ses, sonuna geldikçe kendini silip başa dönen bir kayıt cihazında nasıl kalabilirdi!?

Kaseti başa sardım. Annemin sesini tekrar dinledim. Ama bu sefer de Haldun abinin sesi yoktu. Arkasını çevirdim, baktım Haldun abi arka yüzünde kasetin! Sevgi'ye kaseti çevirip çevirmediğini sordum, "HAYIR," diye karşılık verince iyice şaşırdım çünkü cihaz kaseti arka yüzüne kendiliğinden çevirmiyordu. Birden bu dünyaya ilişkin bir olay karşısında olmadığımı kavrayıverdim. Sanki Allah tarafından konmuştu o ses oraya...

Daha önce Tülay ablama söylediğim şey tekrar döküldü dudaklarımdan: "ANNEM BANA VEDA ETTİ," dedim. Gülgün ve Anuş ağlamaya başladı.

Arkadaşlarım gidip de yalnız kaldığımda annemin yanına geçtim. Kerem Doksat'ın bana söylediklerini düşündüm. Ne dediyse tek tek çıkmıştı iki buçuk yıl boyunca. Felç geçirdiğinden beri komada yatan annemin hâlâ yaşıyor olmasını, sağladığım olağanüstü bakıma bağlıyordu. "ANNEN LİTERATÜRE GEÇECEK, BU KADAR YAŞAMASI OLAĞANDIŞI BİR DURUM. BEYNİNİN SUYLA KAPLANMIŞ OLMASI LAZIM ARTIK," diyordu. On bir kiloya düşmüş birinin yaşamayı sürdürmesi inanılacak gibi değildi.

Arkadaşlarımın söylediklerini de düşündüm. "SENİ BIRAKIP DA GİDEMİYOR," demişlerdi birkaç kere.

Karşısına geçip "ANNEM, BENİ MERAK ETME. BEN ARTIK KENDİME BAKABİLİRİM. RUHUN CAN ÇEKİŞİYORSA LÜTFEN GİT, AKLIN BURADA KALMASIN," dedim ağlayarak. Sonra da, içime mi doğdu bilmiyorum, hiç yapmadığım bir şey yaptım ve sabaha kadar fotoğraflarını çektim.

Biraz uyumak için odama çekildiğimde saat sekiz olmuştu. On buçukta kapım çalındı. Tülay ablamın arkadaşı Hüner girdi içeri. Yüzüne bakıp "ANNEM!" diye haykırdım.

*

"SEN SAKIN İÇERİ GİRME," dediler. "NASIL GİRMEM? SABAHA KADAR YANINDAYDIM, BANA VEDA ETTİ," dedim.

Yanına girdim. Tek gözü açıktı hâlâ. Gözünü kapayıp öptüm.

Doktor geldiğinde "CENAZENİZ NEREDE?" diye sordu. O kadar küçüktü ki, göremedi annemi.

Evden alıp götürdüklerinde öyle bir nara atmışım ki, sitedekiler pencerelere balkonlara çıkıp ağlamaya başlamışlar sesimi duyduklarında.

*

İlaç verip uyuttular beni. Ne kadar geçmişti aradan, hatırlamıyorum. Uyandığımda karşımda Emrah'ı buldum. Sarılıp öptü beni. Şu meslekte tanıdığım insan gibi insanların başını çekenlerdendir Emrah. Nasıl duyup koşmuş hemen, bilmiyorum...

Bülent Ersoy tam on iki kez aramış İtalya'dan. Muazzez Ersoy'un o dönemde bana gösterdiği dostluğu da unutamam... Tarkan aradı, Kenan Doğulu aradı. Tanıdık tanımadık herkes aradı... Sadece Sezen Aksu ve Nilüfer aramadı. Aramayışları bana çok dokunmuştu. İnsan gerçekten aranmak istiyor ölümlerde...

*

Yıllar önce Tarabya'da denizin tam dibinde, hatta 'üstünde' çay bahçeleri vardı. Annemle orada çay içtiğimiz bir gün "KIZIM, ÖLDÜĞÜMDE BENİ SARIYER ÜZERİNDEN BOĞAZ'DA GEZDİRİR MİSİN?" diye sormuştu. Ne diyeceğimi şaşırmış, "TABİİ Kİ," demiştim toparlanınca.

Cenazesi Şişli Camii'nden kalkacak, Zincirlikuyu Mezarlığı'na gömülecekti. Duası okunduktan sonra yola çıktık. Yola çıkarken sıkıla sıkıla hocaya annemin vasiyetinden söz ettim. "MÜMKÜN MÜ HOCAM?" diye sordum, "TABİİ Kİ," dedi. Sonra da annemin cenaze arabası önde, ben arkada arabamda yola çıktık.

O üzüntüyle bizi arkadan takip eden dostlarımı unutmuşum; biz Zincirlikuyu'yu geçip gidince şaşırıp kalmışlar.

Annem, Boğaz'ı dolaştıktan sonra, Zincirlikuyu'da toprağa verildiği an bayılmışım. Sanırım toprak altına girdiğini görene kadar inanamamış, ölmediğine dair bir umut taşımışım içimde...

KORTİZON

Hem korkusuz olmak, hem de haklı olmak; tarihin (ve hayatın) iki ayrı kutbu. Genellikle birbiriyle çelişen iki niteliktir bunlar.

YAŞAMA UĞRAŞI, CESARE PAVASE
(Türkçesi: Cevat Çapan)

Annemi kaybettikten bir iki ay sonra hastalandım. Ama hastalığımın adı bir türlü konamadı ve yanlış tedavi beni ölümün kıyısına kadar götürdü.

Gündüz sapasağlamken, akşam dokuzdan sonra ateşim anormal derecede yükseliyor, vücudumun her yeri dayanılmaz bir biçimde ağrıyordu. Hastaneye gidiyordum, ağrı kesici ve ateş düşürücü bir iğne yapıyorlardı, biraz düzeliyordum. Sabah gayet iyi kalkıyor ama akşam olduğunda yeniden hastalanıyordum.

Günler geçtikçe ağrıdan yürüyemez oldum; ayaklarımı yere basamıyordum, bir yerden bir yere gitmek için emeklediğimi bile hatırlıyorum... Ağrılarımın şiddetini unutmak için kendimi tokatlıyordum; kıpkırmızı oluyordu suratım...

Doktorlar hastaneye yatmamı istediler, kabul ettim. Akla gelebilecek her şeye baktılar. Sonunda "SEDİMANTASYON YÜKSEK ÇIKTI, FAKAT TEŞHİS KOYAMADIK," dediler. "ÜNLÜ BİR ROMATOLOG VAR, ONU ÇAĞIRALIM."

Geldi çağırdıkları romatizma uzmanı. Baktı, "KORTİZON TEDAVİSİ UYGULAYACAĞIZ," dedi.

Kortizon lafını duyar duymaz irkildim. Aslında kortizon hakkında tek bildiğim şey aşırı kilo aldırdığıydı. Tekrar kilo almaktan ödüm patlıyordu ama ağrılarım da katlanılacak gibi değildi. Mecbur kaldım.

*

Tedaviye başladıktan kısa bir süre sonra Almanya'ya gitmem gerekiyordu.

Gitmeden önce şöyle saçma bir şey yaşadık romatologla: Sancılarımın yine çok arttığı bir gün telefon açıp, "AFFEDERSİNİZ, ÇOK SANCIM VAR, SİZİN GELMENİZ MÜMKÜN MÜ ACABA?" diye sordum. "GEÇEN SEFER BEN ÇAĞIRDIM, SİZ GELMEDİNİZ, ŞİMDİ DE BEN GELMİYORUM," dedi. Adam doktorum değil, flörtüm sanki!..

*

Almanya'ya gidince, dediklerine harfi harfine uydum. İlaçlarımı aksatmadan aldım. Tanıdığım bir doktor vardı Almanya'da, İsmail Bey... Her sabah altıda ona gidip iğne oldum. Fakat ağrılarım hiç azalmadı.

Bir ara birkaç günlüğüne Türkiye'ye gelmem gerekmişti. O sırada durumumda hiçbir değişiklik olmadığını söyledim doktora. Kortizonun dozunu artırdı.

Ağrılarım geçmiyordu, ama ben şiştikçe şişiyordum. Yüz kiloyu geçmiştim. Suratım tanınmayacak haldeydi artık...

O kadar kötüydüm ki, bir yere gideceğim zaman kolumdan üç kişi tutup kaldırıyordu. Başkalarına muhtaç bir biçimde yaşıyordum.

Almanya'daki evimin mutfağında kocaman bir sütun vardı. O sütunun dibine bir şeyin düşmüş olduğunu görüp almak için eğilmiş ve kalkamamıştım. Tam bir saat boyunca birinin gelip de beni kaldırmasını beklemiştim...

Artık ne basamak çıkabiliyordum ne de yürüyebiliyordum.

"TÜRKİYE'YE DÖNEYİM BARİ, ÖLECEĞİM BURALARDA," diye düşündüm.

Dönmeden önce iki kişi tedavinin yanlış uygulandığı konusunda uyardı beni. İlki, ilaçlarımı aldığım eczacı. Doktorumun neden mide ilacı yazmadığını sordu. Bir şey diyemedim. "NASIL YAZMAZ?! ÇOK AĞIR KORTİZON KULLANIYORSUNUZ; TUZ YEMEYECEKSİNİZ VE MİDE İLACI ALACAKSINIZ, YOKSA MİDENİZ DELİNİR," dedi.

İğnelerimi yapan doktor İsmail Bey ise, romatoloğun teşhis ettiği hastalığa ilişkin bir kitap bulmuş kütüphaneden. Meğer teşhis edilen hastalığı ilk tanımlayan kişi bir Alman profesörmüş. Kitabı bana verip "BUNU İYİCE OKU, YANLIŞ TEDAVİ UYGULANIYOR SANA," dedi.

*

Türkiye'ye dönünce Ender Saraç'a gittim hemen. Çok güvendiğim nadir insanlardan biridir. Muayenehanesinde beklerken Defne Samyeli geldi. Kalakaldı beni görünce; o kadar şişmanım ki!.. Elini uzattı "MERHABA," deyip. Tokalaşırken acıdan bağırdığımı görünce durumumu anlattım, "ZERRİN HANIM, BU OLAYI TELEVİZYONA TAŞIYALIM. HAYATINIZLA OYNAMIŞLAR, SUÇLULAR CEZA ALMALI," dedi.

Neden kabul ettim bilmiyorum... Sanırım Türkiye'de insan yaşamının ucuzluğu karşısında dehşete kapılmış ve bu yamyamlığa dur demek adına bir katkım olacağını düşünmüştüm.

Defne'nin programında neredeyse hareket edemez haldeydim. Sancıdan ölüyordum. Defne cevap hakkı tanımak için doktorun adını verip "KENDİSİNDEN TELEFON BEKLİYORUZ," dedi. Aramadı tabii...

Beni televizyonda o halde görenler şaşkına dönmüştü. Programın telefonları kilitlendi o gün.

Ertesi gün bir muhabir röportaj yapmak için aradı. "KATİYEN," dedim. Bunun üzerine o muhabir kalkmış, doktora "ZERRİN HANIM SİZE DAVA AÇIYOR," demiş. Dava açacağım falan yok aslında. Ama kendisine öyle bir şey söylenince, tuttu, o beni mahkemeye verdi. Avukatı, benim bütün bunları şöhret için yaptığıma ilişkin hem çok çirkin hem de aklı başında hiç kimsenin inanmayacağı şeyler yazmış mahkemeye sunmak üzere...

Bu arada o dönemki psikiyatrım (ismini vermeyeceğim) sürekli doktoru mahkemeye vermemi söylüyor. "DAVA AÇIN, BEN YANINIZDAYIM," diyor. "KORTİZONUN EN BÜYÜK YAN TESİRİ DEPRESYONDUR. PSİKOLOJİNİZİ ÇÖKERTMİŞ, TEDAVİ OLMANIZ LAZIM. AYRICA SİZ BİR SANATÇISINIZ, SİZİN GÖRSELLİĞİNİZ DE ÖNEMLİ," diyor... Gerçekten de öyle bir haldeydim ki, yüzümü sakallar kaplamıştı.

*

Mahkemede Ender hariç bütün doktorlar yalnız bıraktı beni. Önce "TAMAM," dediler, sonra da kaçtılar. En başta da o dönemki psikiyatrım. Avukatıyla bir yazı yolladı bana. Davada tanıklık etmeyeceğine ilişkin. Gözlerime inanamadım. Hemen telefon açıp sordum. "BANA SİZİN GİBİ AYDA ON-ON BEŞ VAKA GELİYOR. BENİ UZAK TUTUN BÖYLE ŞEYLERDEN," dedi. "ANLAMADIM, dedim. "YANIMDA YER ALACAĞINIZI SÖYLEYİP BENİ TEŞVİK EDEN SİZDİNİZ?" Bu sefer de herkesin önünde konuşamayacağını söyledi. Gizli duruşma talep etme hakkını hatırlattım. Ona da "HAYIR," deyince, "SİZ BİR DOKTORSUNUZ VE BEN DE SİZİN HASTANIZIM. BENİM GİBİ SİZE İNANMIŞ BAŞKA HASTALARINIZ VARSA MAHVOLDULAR. YAZIKLAR OLSUN SİZE VERDİĞİM EMEĞE. DERDİMİ GELİP DE SİZE ANLATTIĞIM İÇİN

KENDİME ÇOK KIZIYORUM VE SİZİ ALLAH'A HAVALE EDİYORUM," diyerek telefonu suratına kapattım.

İnsanların bu kadar keskin dönüşler yapması için ortada büyük bir gücün olması lazım. İnsanların da o güce tabi olması...

Hem beni hastaneye yatırıp hem de hastalığımı teşhis edemeyerek bu romatoloğu öneren doktorlarsa mahkemede aleyhime tanıklık yaptılar. Uygulanan kortizon tedavisini haklı çıkarmak için "KOLLARINDA DÖKÜLMELER VARDI," dediler. Çıldırıp "YALAN SÖYLÜYORSUNUZ," diye bağırdım mahkemede.

Tabipler Odası'ndan bir doktor kalkıp "BİZ ARKADAŞIMIZA HAK VERİYORUZ," diyerek fikir belirtti mahkemeye. "BENİ MUAYENE BİLE ETMEMİŞKEN NASIL HAK VERİYORLAR ARKADAŞLARINA?" diye sordum.

Biri de çıktı, "ARKADAŞIMIZ KALP KRİZİ GEÇİRECEK ÜZÜNTÜDEN, MADDİ SIKINTI İÇİNE DÜŞTÜ, HİÇ HASTASI KALMADI, ZERRİN ÖZER'E MADDİ TAZMİNAT DAVASI AÇAĞIZ," dedi. Benim hayatım kaydırılınca ortada ciddiye alınacak bir şey yok, ama hastalar doktordan elini eteğini çekince bunun suçlusu da ben oluyorum. Aklıma gelince bugün de deliriyorum. Hastası kalmamışmış! Ama sen beni öldürüyordun!

Ne yazık ki o davayı da kazandılar! Sanırım üç milyardı talep ettikleri miktar. Yargıç sadece beş yüz milyon lira ödememe karar vermişti, sağ olsun.

*

Bütün bunlardan önce, ağrılarım profesör Serdar Erdine'nin verdiği, topu topu iki ilaçla bıçak gibi kesildi. Ondan önce de başka bir profesör hastalığıma yanlış teşhis konulduğunu söylemişti. "SİZİNKİ ÇOK BÜYÜK ÜZÜNTÜLERDEN SONRA GÖRÜLEN BİR HASTALIK. BURADA ÇALI-

ŞAN BİR HADEME VARDI. ADAMCAĞIZIN EVİ YANDIĞINDA O DA AYNI AĞRILARI ÇEKTİ," demişti.

Her ikisi de mahkemeye katılmak istemediler. "BİZİ UZAK TUTUN BÖYLE ŞEYLERDEN," dediler.

*

Türkiye'de insanlar hakikaten tesadüfi yaşıyorlar. Yine de tam zamanında dönmüşüm yanlış tedaviden. Neler yaptırmadılar ağrılarım geçsin diye; bioenerjiye götürdüler, kendi idrarımı suyla karıştırıp vücuduma sürdürdüler... Her şeyi denemiştik... O kadar ki, ziyaretime gelen yakın arkadaşlarımdan bazıları "ZERRİN'İ KAYBETTİK," bile demişler...

*

Ağrılarım iki ilaçla kesildikten sonra, "SEN DÜZELMEK ZORUNDASIN," dedim kendime. Ender Saraç'a ait bir diyeti uygulayıp kilo verdim.

Ben hep düşüyor, sonra da kalkıyorum. Çok kötü düşüşlerden sonra hep silkelenip dimdik oluyorum... Ama bu saatten sonra çok zor geliyor yeniden ayağa kalkmak. Ruhen o kadar yorulmuşum ki...

SENİ ÇOK ÖZLEDİM

Hasret vuruyor gecenin koynunda
Anılar vuruyor gözyaşlarıma...
Çılgın bulutlar dönüyor başımda
Uykusuz geceler kapımda...
(...)
Kar beyazdır ölüm
Ellerinden gülüm...
Yine yoksun diye
Düşmanım her güne...

KAR BEYAZDIR ÖLÜM,
BESTE AÇAR-TAYFUN DUYGULU

Bildik ilişki kalıplarına sığmayan, hepsinden bir parça barındıran, ama hiçbirini andırmayan bir ilişkiydi Kerim'le aramızdaki.

Sevgili olduğumuzu düşündüler hep. Evet, bir sevgiliyi nasıl kıskanırsak öyle kıskanırdık birbirimizi, ama seks dürtüsü yoktu ilişkimizde. Cinselliğin ötesinde, çok yoğun duyguların imparatorluğunda yaşanan görkemli bir sevgiydi aramızdaki.

Eksik kalacağını bile bile bir de şöyle anlatmayı deneyeceğim: Bu dünyada henüz kurulmamış bir ilişki biçimi daha vardı sanki ve onu bulup yaşamıştık biz.

*

Sevginin, aşkın, cinselliğin ya da dostluğun kişiye sağladığı doyumlar anlatılabilir ve anlaşılabilir. Hiçbirine benzemeyen bu ilişkinin sağladığı doyumları nasıl anlatacağım?

Sigara yakacakken bile iki tane yakar, birini bana uzatırdı. Sevilmek mi bu? Karşınızdakinin sizi en az kendisi kadar düşünmesi ya da?

Bu yanıtlara itiraz edemem elbette. Ama bu yanıtlarla yetinemem de.

Yetinemeyişimin sırrı onu en çok ne zaman özlediğimde saklıdır belki de. Onu en çok riyakârlık ve sahtekârlıkla karşılaştığımda özlüyorum.

İçtenliği ve sahiciliği ilişkimizin odağına oturtunca, bir de şöyle düşünüyorum: Belki de ilişkimiz bilinmedik bir ilişki değildi. Ama bildik bütün ilişki türlerinde inanmak isteyip de emin olamadığımız ne varsa, onunla birlikteyken hepsine inanmıştım. Sigara yakarken iki tane yakıyorsa, bu bir jest ya da flört değildi, beni gerçekten kendi canından saydığı içindi.

*

Onu kendi kendime anarken kurduğum cümleler belki aramızdaki sevgiyi tanımlamak adına birer ipucu olabilir: "O BENSİZ, BEN DE ONSUZ OLAMIYORDUK," diyorum mesela. Hemen ardından ekliyorum: "ONUNLA SEVGİLİ OLMADIĞIMIZ İÇİN O KADAR TEMİZ VE DEĞERLİYDİ BELKİ DE İLİŞKİMİZ. MEVLEVİ BİR ŞEYDİ ARAMIZDAKİ. İÇİNDE NE SEKS DÜRTÜSÜ VARDI NE DE MENFAAT."

Bu cümleler, yaşanmasa da yüreğin bir yerinde tetikte beklemiş kuşkulara götürüyor beni. Seksin ilişkilerdeki önemini hiçbir zaman inkâr etmedim. Ama neden menfaatle yan yana getiriyorum seksi? İkisi hiçbir ilişkimde birbirine karışmadı. Kendimden ne kadar eminsem karşı taraftan da o kadar emin oldum. Ama sevdiğim insanlardan, kurduğum ilişkilerden bağımsız bir biçimde bu türden bir korku ya da kuşku duymuşum demek ki. Ve bu ezeli korkumu ya da kuşkumu yenen tek kişi Kerim olmuş belki de.

*

İlişkimizin sıradan bir tanışmayla başlamış olamayacağı

çoktan anlaşılmıştır sanıyorum. Sıradışıydı, çünkü yine sahiciydi.

Yüzlerce insanla tanışıyorsunuz ama sadece bazılarını seçip katıyorsunuz hayatınıza. Bu bile ilişkileri sıradışı kılmaya yeter bence. Kerim'i stüdyoya vokal için geldiğinde tanımıştım... Sıradışılığı ve sahiciliği bir araya getiren şey şuydu: Onu görür görmez bağrıma basmıştım adeta.

*

Tuhaf bir benzerlik vardı aramızda. O da bu meslekten çok şikayetçiydi.

Sanatçının duygusal olması gerektiğine inandım hep. Ama duygusal olan sanatçının ezildiğine tanık oldum sürekli. Bu karmaşayı o da yaşıyordu.

*

Arada bir küserdik. Üç beş saatte biten, bir gün bile sürmeyen küskünlükler... Yine bir şey için birbirimize darıldığımız bir gün yardımcımı arayıp "SÖYLE ZERRİN'E MİNÜBÜS ALDIM, İLK ONUN BİNMESİ LAZIM," demişti.

*

Onunla Hollywood'a gitmeyi hayal ediyorduk. Antonio Banderas'ın yıldızının parladığı dönemdi. "O ADAM MEŞHUR OLDUYSA KERİM ÇOK DAHA RAHAT MEŞHUR OLUR," diye düşünüyordum. Oyunculuk dersleri alacaktı, "MENAJERLİĞİNİ BEN YAPARIM," diyordum. İnanmaktan hiçbir zaman korkmadım. Hiçbir şeyin imkânsızlığına inanmadım. Ölüme çare bulmak dışında.

*

Kerim istemeseydi o turneye çıkmayacaktım. Yok yere uygulanan kortizon tedavisinden yeni kurtulmuştum. Ağrılarım devam ediyordu, çok bitkindim.

Bir Fidan Sizden Bin Fidan Bizden adıyla düzenlenen bir konser serisiydi. Teklif geldiğinde kabul edememiştim önce. Kerim "SEN GİDERSEN GİDERİM," demişti.

Muhteşem bir ekiptik; Alişan, Ercan Turgut, yıllarca bana vokalistlik yapmış olan canım Reyhan'ım (Karaca) ve Seçil de bizimle birlikteydi. Kahkahalarla geçmişti yolculuğumuz. Fıkra üstüne fıkra anlatılmıştı. Turne otobüsünün en arkasında sedyeyi andıran bir yatak hazırlamışlardı benim için. Ağrılarım yüzünden. Rahat edeyim diye...

*

Kerim çok âşıktı. Sevda'ydı sevgilisinin adı. "ZERRİN, BEN BÖYLE AŞK GÖRMEDİM; O SANKİ BENİM ÖLÜMÜM," demişti bir keresinde. Kız arkadaşıyla arasında aşamadıkları sorunlar vardı. Kerim teklif etmişti; gelip bizimle birlikte kalabilirdi ama o hem gelmiyor hem de kıskanıp yanına çağırıyordu Kerim'i sürekli. Tanışmamıştık daha, Kerim'le telefonda konuşurken o bana selam söylüyordu, ben de ona...

*

Uzun bir turneydi, şehir şehir dolaşıyorduk. Bir gün biz çıkıyorduk, bir gün Alişanlar. Üçüncü gün başka bir şehre geçiyorduk. Biraz dinlenelim diye araya iki gün izin koymuşlardı. Hep beraber İstanbul'a dönecektik. Ama Kerim bekleyemedi...

İstanbul'a döneceğini söylediği gece olağanüstüydü sahnede. Artık gerçek bir yorumcu olduğunu düşünüp sevinmiştim seyrederken. "NASILDIM?" diye sormuştu sahneden indiğinde, "HARİKAYDIN!" deyip sarılmıştım...

Otele döndüğümüzde hafif bir şeyler istemiştik yemek için. O sırada Ahmet Kaya'nın "Giderim" adlı şarkısı çalmaya başladı. İlk kez dinliyordum. Kerim benden önce keşfetmişti o şarkıyı. "DİNLE BAK ZERRİN, BU ŞARKI SANKİ BENİ ANLATIYOR, BANA YAZILMIŞ GİBİ," dedi.

Hızlı hızlı konuşurdu. Konuyu değiştirip "YARIN İSTANBUL'A DÖNÜYORUM, NE OLURSUN SEN DE GEL, SENSİZ GİTMEM," dedi. Neyle gideceğini sordum. Turneyi düzenleyen Zekeriya Bey'in arabasını alacağını söyleyince "YOK," dedim, "ARABADA RAHAT EDEMEM. YATAKTA GİDİYORUM BİLİYORSUN. ZATEN GECE HEP BİRLİKTE DÖNECEĞİZ. SEN DE GİTME, BEKLE, BERABER ÇIKALIM YOLA."

Minibüsünü getirtmeyi teklif etti, yine "HAYIR," dedim. Daha fazla ısrar etmedi.

*

Sonradan "NEDEN YEMİN ETTİRMEDİM?" diye çok üzüldüm. Gitmeyecek sanmıştım. Gitmesini hiç istememiştim. Yardımcıma "ABLANA SÖYLEME SAKIN, ENDİŞELENİR ŞİMDİ. İSTANBUL'A VARINCA BEN ONU ARARIM," demiş.

*

Arkadaşının düğünü vardı, ama yola erken çıkmak istemesinin nedeni sevgilisini görmekti. Israrlarına, kendisini boyuna İstanbul'a çağırışına karşı koyamamıştı.

*

O gün akşama doğru içime dayanılmaz bir sıkıntı çöktü. Boğulacak gibi oldum. Asistanımdan Xanax istedim sakinleşmek için.

O sırada kapı vuruldu. Bir an kapının üstündeki saate kaydı gözüm; tam yediye on vardı.

Otel görevlisiydi gelen. Elinde büyük bir defter vardı. Otellerinde kalan sanatçılara ve politikacılara hatıra yazıları yazdırdıklarını söyleyip, benden de rica etti... Defteri açtığımda son sayfaya Kerim'in yazdığını gördüm ve içimden şöyle bir ses yükseldi: "BİR GÜN BİZ OLMAYACAĞIZ. BU SATIRLAR BİR ANI OLARAK KALACAK. NE OLUR SANA BİR ŞEY OLMASIN..."

Meğer ben bunları düşünürken o ruhunu teslim ediyormuş. Kaza saatini söylediklerinde, vurulan bir oda kapısı gelmişti gözümün önüne önce. Sonra da kapının üstündeki o saat...

*

Menajeri Halis'le çıkıyorlar yola. İki kere geri dönüyorlar. İlkinde Halis çantasını, ikincisinde Kerim telefonunu otelde unuttuğu için. Yolda mıcırlar varmış. En fazla 40 km hızla gitmiş olabilirler. Ama karşılarına bir kamyon çıkıyor...

*

Saat sekiz-dokuz civarında Reyhan'la Seçil geldiler odama. Valiliğe haber verip, aşağıya ambulans bile getirtmişler ne hale geleceğimi tahmin edip. Beni inandırabilselerdi İstanbul'da söyleyeceklerdi herhalde. "SES TESİSATI PATLAMIŞ, KONSER İPTAL OLDU," dediler. Ne kadar saklamak isteseler de, çok kötü bir şey olduğu yüzlerinden okunuyordu. Birden sabahtan beri Kerim'in ortalarda hiç görünmediği geldi aklıma. "YALAN SÖYLÜYORSUNUZ," dedim. "KERİM'E BİR ŞEY OLDU!"

Gerisini hatırlamıyorum.

Aynı gün yola çıktık... Kerim önde, biz arkada... Çok zordu...

Kız arkadaşı da gelmişti. Aynı babamın ölümünde anneme yaptığım gibi, kendimi durduramayıp, "SEN MİYDİN ŞU MEŞHUR SEVDA! SANA GELİYORDU!" dedim.

*

Kerim'in annesi Handan Hanım "OĞLUMUZU UNUTTURMA," dedi cenazede.

Eğer annesi rica etmeseydi kesinlikle albümüme alamazdım Kerim'in şarkısını. İnsanları herhangi bir şekilde rahatsız etmekten ömrümce kaçındım.

'BİR ZERRİN ÖZER ARŞİVİ'nin sadece kendi şarkılarımdan oluşması daha doğruyken, o kadar güzel, o kadar onurlandırıcı bir ricayı erteleyemedim. Daha önce yapılan Zeki Müren-Muazzez Abacı düeti çok eleştirilmişti. Stüdyoya girdiğimde "SADECE VOKAL YAPACAĞIM KERİM'E. BEN ONUN SESİNE UYACAĞIM, ORİJİNALİNİ DEĞİŞTİRMEYİN SAKIN," dedim. O söyledi ben ağladım, o söyledi ben ağladım...

*

Bir sonraki albüm için başka bir şarkısına vokal yaptım. Ama ailesi "ÇOK ÜZÜLÜYORUZ," diyerek izin vermedi.

Aslında bir önceki albümden sonra ailesine bir hediye sunmam gerekiyordu. Yapamadım çünkü o albümden beş kuruş kazanamamıştım.

Vefatından sonraki aylarda başka bir tatsızlık daha yaşamıştık. Ailesi Kerim'in adının bir sokağa ya da parka verilmesini çok istediklerini söylemişti. Bakırköy Belediyesi'ne gidip rica ettiğimde anlayışla karşılamış, hemen beş altı yer göstermişlerdi. Tam meydanda muhteşem bir bulvar vardı, beğenilmeyecek gibi değildi, "ORASINI SEÇERLER HERHALDE," diye düşünmüştüm. Ama belediyeden arayıp ailesinin hiçbir yeri beğenmediğini söylediler. Yer seçme konusunda bir iki kere daha bu türden şeyler yaşandı, yine telefon açıp haber verdiler belediyeden. En sonunda "RİCA EDİYORUM KENDİLERİ HALLETSİNLER, SİZE ÇOK TEŞEKKÜR EDERİM," dedim.

Bütün bunları albümlerimde Kerim Tekin şarkılarını bekleyip de şaşıranlara yanıt olsun diye yazdım. Yoksa Kerim'i böyle dünyevi şeylerle bir arada anmayı hiç istemiyorum.

*

Ama yalana da hiç tahammülüm yok.

Kitabımı bitirmek üzere olduğum şu günlerde Sabah gazetesinin Günaydın adlı ekinde sürmanşetten verilen "VEFASIZ ZERRİN" haberiyle altüst oldum. Kerim'imin yere göğe sığdıramadığım, o kadar hassas olduğum sevgisini beni de işin içine karıştırıp alabildiğine kirletmişler. Kerim'in hayatını filme çektiren yapımcı güya bana aynı filmde rol teklif etmiş ve ben de beş dakikalık o rol için kırk bin dolar istemişim! Değil kırk bin dolar, yüz milyon dolar da verseler bu kadar menfaat kokan bir projede yer almam. Kerim hakkında ciddi bir belgesel hazırlansa ya da sevenlerinin bir projesi olsa, zaten gönülden orada olurum. "TEKİN'İN ARKASINDAN BU KADAR GÖZYAŞI DÖKEN ÖZER'İN BEŞ DAKİKALIK ROL İÇİN BÖYLE BİR ŞEY İSTEMESİNİ ANLAYAMADIM," dediği ileri sürülen yapımcı Ahmet Altınbaşak'ı hiç tanımıyorum. Bu söylenenleri uyduranları Allah karşıma çıkarmasın. Elimden bir kaza çıkabilir çünkü.

*

Bazen Kerim bu kadar kirli bir dünyada olmadığı için sevinmek zorunda kalıyorum. Onun yüreği bu dünyanın düzeninin çok üstünde bir yerde çarpıyordu. Başka türlü o sahiciliğe ulaşamazdı.

"Kar Beyazdır Ölüm" onun uçsuz bucaksız sahiciliğinin yürek yakan doruğudur. Birçok seveninin sonradan bu şarkıda onun ölümünü bulduğunu sezebiliyorum.

Önceden görerek ölümünü mü okumuştu o şarkıyla bilmiyorum ama onu çok özlüyorum...

BAŞKA NAZİLER

"Cinayet işlemekle cinnet geçirmek arasında dilbilimsel bir bağ yoktur. Her iki kelime de bambaşka köklerden, ancak benzer seslerden gelir ve tuhaf bir şekilde aynı yere varır."

KIRMIZI ZAMAN, MİNE SÖĞÜT

Aldığım ilk ev Levent'teydi. Ben ayrılıp kiraya çıkana kadar annemle birlikte oturmuştuk o evde.

Evi almama o dönemlerde organizatörlüğümü yapan Hasan Bora aracılık etmişti. Ben onunla anlaşma imzalamıştım; ödedikçe üstüme geçmişti ev. Gerçi bir buçuk milyon liralık evi üç milyon liraya almıştım ama annem her zaman ona dua etti, "OLSUN KIZIM, SENİ EV SAHİBİ YAPTI," diye.

*

Çok yoğun çalıştığım dönemlerdi. Fuarlarda, gündüz üç yerde gece üç yerde, günde altı kere çıkardım sahneye. Annem sürekli altın bilezik aldırırdı param biriksin diye. Ama nereye, nasıl bir yatırım yapılabileceği konusunda hiç söz hakkım yoktu. Taksi plakası almayı, yedek parça dükkânı açmayı önerdiğimde reddetmişlerdi, "BİZ NE ANLARIZ!" diye.

Gerçi ev, arsa işlerinden ne kadar anladığımız da çok geçmeden ortaya çıktı! Tülay ablam 1980'ler için çok yüksek bir miktar olan dokuz yüz bin liramla, kalktı Ahmet Şimşek'ten Kartal'da arsa aldırttı bana. Görmemiştim bile. Ahmet Şimşek, arkadaşı Yasemin Kumral'ın eşiydi. Ama o arsa, satarken yirmi beş kuruş bile etmedi. Hatta muhtar zor buldu arsayı. İçinde kurbağalar zıplıyordu! Aynı parayla o dönemlerde Etiler'de bir arsa alsaymışım şimdi kaç katlı bir apartmanım olacaktı! Bu durum ortaya çıktıktan sonra Ahmet Şimşek'i hiçbir yerde bulamadım. Nerede karşılaşacak olsak kaçtı! Yani Ahmet Şimşek'in sonradan yaptırdığı okullarda benim de alın terim var...

*

Aldığım evler hep birinci katlardaydı. Deli gibi çalışıyor, üç dört yılda ancak bir ev parası biriktirebiliyordum.

Etiler'deki "Yerebatan Sarayı" adını taktığım evden sonra, gün gelir de para kazanmakta zorlanırsam annem güçlük çekmesin diye Alkent'tin karşı sokağından bir ev aldım. Evin kirasını anneme verecektim; kiracıyla kendisinin anlaşmasını istedim. O sırada Tülay ablam "EVİ BİZE KİRALA," diye önerdi. Hatta badana bile yaptırmaya başladı. Ama annem "ONLAR BANA PARA VERMEZLER," diye itiraz etti. Bunun üzerine, kaç lira masraf yaptıysa üç katını ödedim Tülay ablama. Ve birkaç gün sonra gazetede şöyle bir haberle karşılaştım: "BOYNUZ KULAĞI GEÇTİ, ZERRİN ÖZER ABLASINI SOKAĞA ATTI." Çünkü Tülay ablam öyle anlatmış gazetecilere... "BU NEDİR?" diye sormuştum anneme, gazeteyi gösterip...

Tülay ablamlar annemin kiracıları çıktıktan sonra o eve yerleştiler ve yedi yıl boyunca hiç kira vermediler.

*

Ulus'taki evi 1990'da gördüm. İlk defa giriş katta olmayan, üstelik dubleks bir ev almaya niyetlenmiştim. O yıllarda Aydın Oskay'la çalışıyordum. Telefon açıp evi çok beğendiğimi, almak istediğimi söyledim. Verdiği avansın üzerini Mercedes'imi satarak tamamladım ve evi satın aldım.

Burada bir parantez açmak istiyorum: Aydın Oskay, kendisinden aldığınız borcu üç yıl sonra öderken bile sizden faiz istemez. Çok köklü bir terbiyedir bu. Ucuz hesaplar peşinde koşmaz. İş alışverişe gelince aradaki dostluğu bir kenara kaldırıverenlerden değildir. Ne olursa olsun, birbirini tanıyan iki kişi söz konusuysa, faiz denen şeyde kırıcı bir yan var ve Aydın Oskay zor durumda olanın aczini kullanmaya asla gönül indirmez...

*

Başlangıçta, Ulus'taki evi annem de çok beğenmişti. Ama yeni yeni hastalanmaya başladığı dönemde, bir gün, durduk yerde ürpertici bir şey söyledi: "BU EV UĞURSUZ!" dedi.

Neden, nasıl bir dürtüyle öyle bir laf ettiğini anlayamamıştım. Niyetim, annemi de yanıma almaktı. Hangi odanın onun olacağını bile düşünmüştüm, "ARTIK BİRLİKTE YAŞARIZ," diyordum, hastalığının farkında değildik daha...

*

Sonradan mimarlık fakültelerinde bile sınav sorusu olarak sorulan bir dolandırılma hikâyesine dönüştü o ev.

Evi dilediğim hale getirmek için bir mimar arıyordum. Ercan Saatçi, sahne tasarımı da okumuş, iç mimar bir arkadaşını önerdi. Tanıştık, konuştuk, anlaştık. Hatta arkadaş olduk, Gülgün'le flört etmeye falan başladılar.

O dönemde bana ne oldu, bilmiyorum! Dönüp baktığımda kendimi tanıyamıyorum. Sanki basiretim bağlanmıştı. Evin en son hatırladığım hali içinin yıkılıp sökülmüş haliydi. Arada sırada bakmak istiyordum, mutfak nasıl olmuş, mermerler nasıl olmuş diye ama "SÜRPRİZ!" diyerek göstermiyordu mimar. Aradan gereğinden fazla zaman geçince ısrar etmeye başladım; gittiğimde iki üç ustayı duvar çakarken gördüm. Hiçbir şey yapılmamıştı. Ne var ki, ters giden bir şeyler olduğunu sezmeme rağmen mimara para vermeye devam ettim! Neden böyle bir şey yaptım, hâlâ açıklayamıyorum kendime! Yok doğramacının masrafı, yok şunun masrafı derken, nasıl olduğunu anlayamadan şimdinin parasıyla yaklaşık beş yüz milyar kaptırdım!

En son verdiğim para, Almanya'ya turneye giderken aldığım bir aylık konser ücretimdi.

Döndükten sonra, baktım yine hiçbir şey yapılmamış! Artık dolandırıldığıma emin oldum!

Emniyet Müdürlüğünden arkadaşlarıma anlattım, adamı bir gün içeride tuttular. Sonra da mahkemeye verdim. Davayı kazandım ama "BEŞ KURUŞ PARAM YOK," dedi ve çıktı gitti!

Annesi telesekreterime notlar bırakmıştı, "KANSER OLUP SESİNİ KAYBEDERSİN İNŞALLAH!" diye. Bilmiyor ki oğlunun neler yaptığını!.. Kendisiyle o dönemde ara sıra konuşmamıza rağmen bir kere bile anlatmamıştım oğlunun yaptıklarını, annedir, üzülmesin diye...

Özetle, çalıştığım öbür mimarlara da verdiğim toplam parayla bugün çok rahat bir yalı dairesi satın alabilirdim...

*

Annemi kaybettikten sonra Ulus'taki evi satmaya karar verdim. Onun can verdiği bir evde yaşamayı sürdüremezdim.

Bu arada, diğer evlerimi de tek tek satmaya başlamıştım. Mesleği bıraktığım döneme denk geldi satılmaları ama neden ve nasıl satıldıklarını hatırlamıyorum yine de! Sadece "İHTİYAÇTANDI, ÇALIŞMADIĞIM DÖNEMLERDE GEÇİMİMİ ÖYLE SAĞLADIM," diyemem çünkü klip çekmek için bile ev sattım. Tam altı tane!

En son Ulus'taki evi satmış ve Almanya'ya yerleşmeye karar vermiştim. Zaten annemin ölümünden sonra beş ay Türkiye'deysem, üç ay Almanya'daydım. Bremen'de bir ev kiralamış ve âşık olmuştum Bremen'e. İnsanlar eğer doğduklarından beri mutlu olacakları bir mekan arıyorlarsa, eğer herkesin aslında gönülden ait olduğu bir şehir varsa, benimki de Bremen'di. Katıksız bir mutluluk duyuyordum orada yaşarken.

Kiraladığım ev tarihi koruma altındaydı. Yeşillikler içinde ve nehrin üzerindeydi. Yürüyüşlere çıkıyordum, uykularım ne zamandan beri ilk defa deliksizdi.

Arkadaşlar edinmeye başlamıştım. Türklere, Alman hükümeti ile aralarındaki problemlerin çözümünde aracılık eden Leyla ve Hakkı Çelik çifti Bremen'deki en yakın dostlarım olmuştu. Leyla Çelik'in annemin ölümünden sonra bana yaptığı ablalığı unutamam...

Yanımda çalışan hizmetliler, Cevahir'le kocası Yaşar, Bremen'den ev almayı aklıma soktuklarında Leyla ve Hakkı Çelik'e danışamamıştım; Türkiye'ye dönmüşlerdi. "ZATEN BU KADAR KİRA VERİYORSUN, YİNE KİRA VERİYORMUŞ GİBİ ÖDER, HİÇ DEĞİLSE EV SAHİBİ OLURSUN," demişlerdi.

Beni orada çalışan bir emlakçıyla tanıştırdılar. Vahap Ünal'la. Yirmi sekiz yıllık alın terimden, delice bir tempoyla çalışarak geçen yıllarımdan kalan son paramı teslim edeceğim adamla. Bunu kendisine de söyledim. "BÜTÜN PARAM BU. TÜRKİYE'DE BİR MİMAR TARAFINDAN DOLANDIRILDIM, BURADA DA BAŞIMA BENZERİ BİR ŞEY GELMESİN, LÜTFEN ELİMDE KALAN SON PARAYA SAHİP ÇIKALIM, YOKSA BİTERİM," dedim.

Bunları söylerken başka bir yalancıyla konuştuğumu bilmiyordum.

*

Vahap Ünal, kolundaki saatten altındaki arabasına kadar her şeyiyle, karşı tarafta çok varlıklı birisiymiş gibi izlenimi bırakıyordu. Bana bir sürü ev gösterdi, "ŞURASI BENİM,

BURASI BENİM" diye. Meğer yıkıldı yıkılacak, bitmiş gitmiş yerleri süsleyip püslüyor, inandırabildiklerine satıyormuş. Bunları öğrendiğimde, satın alacağım evi bana niye hep akşam saatlerinde gösterdiğini de anlayacaktım.

Beğendiğim ev gerçekten muhteşem görünüyordu. Bremen'in en özel yerlerinden birindeydi. Üst düzey güvenlikle korunan bir semtteydi; polisin evinizin önünde bitmesi tek bir zile basmanıza bakıyordu.

Malikâne gibiydi ev; tam yedi tane odası vardı. Hayaller kurmuştum; artık Bremen'de yaşayacaktım; ablalarım, yeğenlerim ve arkadaşlarım gelip bende kalacaktı, zaten evin büyük olmasını bu yüzden çok önemsemiştim. Türkiye'ye sadece kaset yapmak ve konser vermek için gelecektim.

*

O evin tam dört yıl boyunca beni maddi manevi nasıl yiyip bitirdiğini anlatamam. Ev, ev olmaktan çıkıp kanlı canlı bir canavara dönüştü ve beni beş kuruşsuz bırakana kadar kapatmadı o doymak bilmez ağzını.

O evi satın alırken o kadar üst üste aldatıldım ki, hangi birini, hangi güçle anlatayım? İçim üzülüyor. Zamanında bana mutluluğu vaat etmiş olan Bremen artık sadece acı veriyor.

Vahap Ünal'a güvenmek hayatımın en büyük hatalarından biri oldu. Altı yüz elli bin mark peşin verdim, yüz elli bin euro da kredi çektim. Daha tapu işlemleri sırasında başlamış yalanlar. Yanımda yeminli tercüman yoktu satış işlemleri sırasında. Leyla ablanın kızı Esra'ya güveniyordum ama onun da dünyadan haberi yokmuş meğer! Bu ev yüzünden başıma gelenler karşısında o kadar lakayt davrandı ki onu affedemiyorum.

Önce, beş yıl süreyle ipotekli kalacak bir evi satın aldığımı, fakat daha sonra bu sürenin beş değil, otuz yıl olduğunu öğrendim! Vahap açık davranmadı ipoteğin aslında kaç yıllık olduğu konusunda. Bunun üzerine Cevahirler bana bir avukat ve yeminli tercüman buldular. Ama avukatla yeminli tercüman da birbirinin arkadaşıymış meğer! Adam Türkiye'de ünlü bir sanatçı olduğumu öğrendi ve olur olmaz her şey için her dakika benden para istemeye başladı.

İçine girdikçe evin orasının burasının dökülmek üzere olduğunu anlayıp kuşkulandım ama her defasında "YAPILDI AMA BOYANMADI,"gibi yalanlarla kandırıldım. En sonunda evin damı bile aktı! Meğer ev neredeyse sırf görüntüden ibaretmiş; dokunsalar yıkılacakmış...

O ev o kadar çok masraf çıkardı ki, bu anlattıklarım ancak milyonda biridir. Fakat Vahap hiç üzülmememi, satmak istediğim anda evi aynı fiyata benden geri alacağını söyledi. Yalan tabii. Dört yıl sonra evi büyük bir zararla, sadece arsa fiyatının yarısına satabileceğimi öğrendiğimde bile beni kandırmaya kalktı; araya birilerini sokup daha da düşük bir para önerdi!

Bu arada ben, dört yıl boyunca, kazıklandıkça kazıklanmaya devam ettim. Çalışıp kazandığım bütün parayı Almanya'ya gönderir hale gelmiştim. Yine de başıma gelen her şeye "ARTIK BU SONDUR HERHALDE," diye bakıyordum.

Uzatmayayım, en sonunda bir gün Yaşar aradı Almanya'dan, "TÜRKİYE'YE GELSEK BİZİ MİSAFİR EDER MİSİNİZ?" diye sordu. "TABİİ," dedim, "NE DEMEK." Meğer kötü haberi telefonda vermek istememiş.

Yine uzun bir süre Türkiye'de kalacaktım. Kış ayları yaklaşmıştı ve Almanya'daki eve mazot alınması gerekiyordu. Ben Türkiye'ye dönerken Esra mazot meselesini merak etmememi, kendisinin alacağını söylemişti. Ama Esra mazot almamış ve kazan dairesiyle kalorifer petekleri eksi on dokuz derece soğuğu kaldıramayıp patlamış! "HASAR YÜZ BİN EURO!" dediler.

Tam da Pabetland, Mudo ve Woodlife'tan evin ölçülerine göre yaptırdığım eşyalar konteynırla Almanya'ya gittiğinde patlamış kazan dairesi. Hollanda'dan Türkiye'ye getirtmiş, buradan da Almanya'ya göndermiştim. Eşyalar Bremen'den daha konteynırdan inmeden geri döndü. Yirmi bin eurom da öyle gitti.

Sigortadan evdeki hasara bakmaya gelmişler ama "BU NASIL BİR EV BÖYLE? KAZAN DAİRESİNİ KASITLI PATLATIP YANGIN ÇIKARMIŞSINIZDIR SİZ," deyip gitmişler. Çünkü Esra bana sürpriz hazırlamaya kalkıp evin duvarlarını yeşile boyamaya başlamış ama her şeyden çok çabuk bıkıveren yapısı yüzünden işi yarıda bırakmış. Duvarlarının yarısı boyalı, yarısı boyasız, alacalı bulacalı bir evle karşılaşınca "DALGA MI GEÇİYORSUNUZ SİZ?" diye sormuş sigortacılar!

Fakat bu ev üzerine dönen dolaplar ve yalanların sonu yoktu. Herkes suçu bir başkasının üzerine atıyordu. Sigortacılara dava açma hakkımın altı ay olduğunu da söylemediler, belki de hasarı ödetebilecekken ödetememiştim!

En sonunda evin altında Nazilerin öldürüp gömdüğü insanların yattığına inandım ve satmaya karar verdim! Yoksa ya cinayet işleyecek ya da cinnet geçirecektim.

Bir milyon dolardan fazla paramı yiyen bu evin satışından elime kala kala yüz milyar lira kaldı! Vahap en başında, sigortaya her ay dört yüz euro ödemem gerektiğini, ama beş yıl sonra ipotek kalkınca ödediğim parayı tapuyla beraber toplu halde geri alacağımı söylemişti. Evi satarken, sigortaya ödediğim o paraları bile geri alamadığım gibi, yıllarca her ay kredi faizi olarak ödediğim iki bin beş yüz eurolar da havaya uçtu!..

*

O kadar yılda alın teriyle kazanılmış, helal paraydı... Son paramdı... İnsanlar nasıl bu gaddar olabiliyor, bilmiyorum. Vahap Ünal'ın ağzını burnunu kırmayı çok istemiştim sinirimden. Gelecek karşısında güvensiz, yarınlarından korkan birisi haline getirdi beni. Bunu hiçbir zaman içime sindiremeyeceğim. Bu olay her aklıma geldiğinde ömrümden ömür gidiyor. Enayiliğime mi yanayım, aptallık derecesine varan iyi niyetimin kullanılmasına mı? Kimseye beddua etmedim şu hayatta. Çünkü ilahi adalete çok inanıyorum. Kimsenin yaptığı kimsenin yanına kalmıyor. Eskiden ahınızın bir insandan çıkmasını yıllarca beklerdiniz. Bilim adamları günün yirmi dört saatten on sekiz saate indiğini söylüyor. İnanıyorum. Artık içimi üzenlerin başına gelenleri çok çabuk görüyorum çünkü. Ama bununla yetinemiyorum. Haksızlıkları hiçbir zaman kişiselleştirmediğimden olsa gerek. Hiç kimsenin Vahap Ünal'a inanıp canının benimki gibi yanmasını istemiyorum. Bu dramı, maddi varlığımı nasıl yitirdiğimi anlatmak kadar, biraz da bu yüzden yazdım.

ATEŞTEN PORTRELER

"Yap-boz sanatı ilk bakışta küçük, öyle pek fazla önemli olmayan bir oyun, Gestalt Kuramı'nın basit bir öğretisi gibidir. Bakışlarımızı yönelttiğimiz ya da ilgilendiğimiz şey önce ayrıştırılıp sonra incelenecek bir parçalar toplamı değildir. Bir bütündür, yani yapıdır aslında. Parça bütünden önce var olmamıştır. Parçalar bütünü belirlemez. Bütün, parçaları belirler."

YAŞAM KULLANMA KILAVUZU, GEORGES PEREC
(Türkçesi: İsmail Yerguz)

Her türlü ilişki hayatımdaki en önemli şey oldu. Melankoliye sürüklenişimin kökeninde ilişkiler büyük yer tutar.

Bir insanın yıllarca içimde sürmesi için bazen tek bir sözü, tek bir davranışı bile yetti. İnsanların tek bir sözünde ya da davranışında hayatlarının tümünü gördüm neredeyse.

İçimde yıllarca yaşamaları için onlarla her dakika görüşmem gerekmedi. Yıllar sonra bir araya geldiğimizde kaldığımız yerden, hiç bocalamadan, ilişkimi sürdürdüklerim de var; ne yaparsam yapayım aramı düzeltemediklerim de.

Yazacağım portreler onlar kadar beni de anlatmasa, kimilerinin bu bölümde yeri olmazdı elbette...

Ali Rıza Türker

Hayata onun sayesinde döndüm. Yaşadığım en büyük travmada beni hiç yalnız bırakmadı. Yıllarca bir psikiyatr gibi ilgilendi benimle. Hakikaten "Söyledim ve ruhumu kurtardım." Hayatı her göğüsleyişimde, her düşüşümde hiç unutamadığım desteğinden güç aldım. Onun bile haberi olmaksızın...

Aysel Gürel

Aysel Gürel'e âşık olmamak mümkün değil. "Deli Aysel" diye tabir edilen o yürek, o duygu ve sezgiler hiç kimsede yoktur herhalde. Ondan daha yüce bir kadın tanımadım. Kitap gibi. Oku oku bitmiyor.

Çok zor geçindiği günlerde, Müjde'yle Mehtap'a kahvaltıda cetvelle ölçüp paylaştırırmış peyniri. Hak geçmesin diye. Bu nasıl bir güzelliktir?

Haksızlığa asla tahammül edemez ama en kızgın anında bile ironiyi elden bırakmaz. Yazdığı bir şarkı sözüne Sezen Aksu kendi imzasını atınca telefon açıp "YOLARIM O SERÇENİN TÜYLERİNİ!" demiş.

Aynı zamanda gerçek bir anarşisttir: Müjde'ye, okul çıkışında geç kalırsa "OTOBÜS DURAĞINDA SOYUNUP SENİ REZİL EDERİM," dermiş ve bir gün hakikaten soyunmuş. Bence bu dünyada yaşayacağı hiçbir şey kalmamış onun; her şeyi aşmış.

Bütün sanatçılar Hafta Sonu ne yazacak diye korkarken gazeteciler Aysel'den korkmuştu. Elbisesiyle denize girip eteğini kaldırıvermiş. Gazeteciler ne yapacağını şaşırmış. Ne kadar ince bir eleştiri, ne kadar keskin bir yanıt.

*

Serdar Ortaç'a âşık olduğunda, iki sezon boyunca her cumartesi birlikte Dalmaz Center'a gittik. Yerimiz belliydi; sahnenin en sağındaki masadaydık hep.

"AYAK BİLEKLERİNE BAKAR MISIN!" derdi; bakardım; "ZARAFETİ GÖRÜYOR MUSUN?" diye sorardı. Aradan beş dakika geçer, "ZERRİN, OMUZLARINA BAKAR MISIN!" derdi, "BAKIYORUM AYSEL," derdim; "GÜZELLİĞİNİ GÖRÜ-

YOR MUSUN?" diye sorardı. Serdar zayıf bir çocuk sonuçta, omuzları dar. Ama aşk işte!..

Serdar şarkı söylerken masamıza gelirdi. Diyelim ki bir yudum viski içti, hemen bardağını çantama atıp çıkışta Aysel'e verirdim.

Başka bir gün de sabahın altısında çocuğun kapısını çalıp "BİZ GELDİK," demiş, Serdar arkasını döner dönmez gördüğüm ilk fotoğrafını çantama atıvermiştim. Aysel aşağıda arabada bekliyor; genç kızlar gibi utanıyordu.

Gülhane Parkı'na gidip yapraklar toplamış, yapraklara şiirler yazmıştı. O şiirleri Serdar'ın kapısının altından atıp kaçmıştık.

Serdar bu aşka çok saygı duydu. Beyefendiliğini hiçbir zaman bozmadı. Kırmadı Aysel'i. Herkesin harcı değildir bu.

*

Aysel eşittir sanattır. Türk pop müziğinin çok önemli bir taşıdır. Türk pop müziği onsuz düşünülemez. Herkeste ayrı emeği var... "RUH HALİN NASIL?" diye sorar, ona göre söz yazardı şarkılarıma.

Neler yapmış para kazanmak için! Söz yazarlığına başlamaya karar verdiği sıralarda bir arkadaşında kalıyormuş. Arkadaşı "UYUYAMIYORUM," diye kızınca, teybin sesini kıstıkça kısarmış Aysel. Teybi bile plak şirketinin verdiği avansla almış.

*

Aysel bu hayatın başka biçimlerde de yaşanabileceğini gösterdi bana.

Sadece hayatın değil; aşkın da bilmediğim boyutlarını gösterdi. Serdar için "EVLENSİN, ÇOCUĞUNA BEN BAKARIM," demişti bir gün. Bu nasıl bir aşktır? Daha doğrusu bu nasıl bir kadın, bu nasıl bir olgunluk, bu nasıl bir yürektir?

"SEN BENİM ÜÇÜNCÜ KIZIMSIN," derdi bana.

Cenazelerden, hastalıklardan kaçar Aysel. Herkes bilir onun bu yönünü. "KENDİMİ MUTSUZ EDEMEM," der.

Ama annemi kaybettiğimde Aysel benim yanımdaydı...

Hülya Avşar

Hülya Avşar ise kötü gün dostudur. Ama bu konuda çok hassastır, hiç kimseye belli etmez kötü gün dostu olduğunu. Kullanmaz yani kötü günleri...

*

Hülya'yla arkadaşlığımız kötü başlayan ilişkilerin güzel de devam edebileceğinin çok güzel bir örneğidir.

Şarkı söylemeye yeni yeni başladığı dönemlerdi. Acemilik olsa gerek: Maksim Gazinosu'nun sazlarından ve Türk Sanat Müziği'nin mihenk taşlarından Fikret Karahan'a "TENEKE GİBİ ÇALIYORSUNUZ," deyince Fahri Bey çıkmasını istemiş gazinodan.

Benzeri bir acemiliği birlikte çalıştığımız Çakıl Gazinosu'nda da yaptı.

Kaçıncı günümüzdü hatırlamıyorum, Tekin ve Funda gelmişti programı dinlemeye. Sahneye çıkmadan önce Funda, programım bitince masalarına uğramamı rica etti. Tekin'in doğum günüydü. O sıralar biraz bozuşmuştuk Tekin'le, "DOĞUM GÜNÜNÜ KUTLAMAZSAN ÇOK ÜZÜLÜR," dedi Funda. Sıradan bir durum değil; "TAMAM, UĞRARIM," dedim.

Fakat gazinolarda değişmez bir kural vardır: Sahnedeki sanatçı salona geçip oturamaz. Bu yüzden programım bittiğinde müdüriyete gidip "İKİ DAKİKALIĞINA BİR ARKADAŞIMI GÖREBİLİR MİYİM?" diye izin istedim. "NE DEMEK," dediler, "SİZ BİZDEN DAHA İYİ BİLİRSİNİZ."

Tekinlerin masasına gittiğimde Hülya sahneye yeni çıkmıştı. Masada Faruk Tınaz da vardı. Tekin'i öpüp doğum gününü kutladım. Masaya yerleşip kalmayacağım oturuşumdan bile belliydi. İki büklüm olmuş, salonda fark edilmemeye çalışıyordum.

Tam kalkmak üzereydim ki, Hülya şarkısına gireceğine sazları susturup konuşmaya başladı: "FARUK TINAZ ASSOLİST OLDUĞUM İÇİN BENDEN İZİN İSTEDİ AŞAĞIDA OTURMAK İÇİN. MÜSAADE ETMEMEME RAĞMEN GÖRÜYORUM Kİ AŞAĞIDA OTURUYOR. ÜSTELİK ZERRİN DE AYNI MASADA, BENİM BİLDİĞİM KADARIYLA BİR TEK PAVYONDA..." dedikten sonra devamını getiremedi. "NE DEMEK İSTEDİĞİMİ SİZ ANLAYIN ARTIK," gibi bir şey söyledi.

Sahneden inmesini nasıl beklediğimi hatırlamıyorum. Kapısını tekmeyle açtım. Üstünde bornozu vardı. Bakakaldı. Kardeşi Helin'e "ÇIK DIŞARI!" diye bağırdım. Ama annesine kibar davranmam gerektiğini düşündüm: "LÜTFEN DIŞARI ÇIKAR MISINIZ?" dedim.

"NE OLDU ZERRİNCİĞİM?" diye sordu Hülya. "KİMSİN LAN SEN?" dedim. "GELMİŞSİN SİNEMADAN, BANA MESLEĞİMİ Mİ ÖĞRETECEKSİN? SEN KENDİNİ NE SANIYORSUN DA BANA PAVYON BİLMEM NESİ DİYORSUN?" "YANLIŞ ANLADIN ZERRİNCİĞİM, AMA İÇKİLİSİN ZATEN," deyince iyice tepem attı. "ULAN SANA NE! İÇKİLİ OLURUM OLMAM, HESAP MI VERECEĞİM?" diye üstüne yürüdüğüm sırada çalışanlar kollarımdan tuttular. Tutmasalar kesin dalıyordum.

*

Ertesi gün gazetelerdeydik tabii: "ZERRİN ÖZER SARHOŞTU, GAZETECİLER ZOR ZAPTETTİ..."

İşi bıraktım. İki gün sonra gelip geri dönmemi rica ettiler. Hülya'nın "YA O YA BEN," falan deyişine aldırmamışlar. "İŞ

YAPAMIYORUZ," dediler. O kadar insanın ekmeği söz konusu. Dönmeye karar verdim. Çakıl'daki program bitene kadar kapımın önünden geçmedi.

*

Bugün bu olayı yazarken artık komik bir anı olarak anıyorum. Hülya'yı üzmek istemem. Çünkü o bir daha hiçbir zaman üzmedi beni.

Burada asıl dikkat çekmek istediğim şey şu: Zerrin olarak ne kadar sinik ve ezik olsam da, Zerrin Özer'e hayatım boyunca laf söyletmedim. Hiç kimseye. Bugün aynı şey tekrar yaşansa tavrım değişmez. Odaya tekmeyle girmeye gerek yok tabii, o başka.

*

Program bittikten sonra Hülya bir ara rahatsızlandı. Çiçek yolladım. Aynı nezaketle yanıt verdi. Kalbimi bir anda tanıdı ve yaptığı hatayı orada bıraktı.

Geçen yıllar içinde onu daha da çok sevdim. Bir sürü insana inanıp hayal kırıklığına uğramışken, Hülya bana sanatçıyla sanatçının da dost olabileceğini gösterdi. Biliyorum ki, içinden çıkamadığım bir derdim olsa onunla paylaşabilirim ve bu, onda kalır. Bunu bilmek çok önemli bir zenginlik.

Benim için sinemadaki yeri bambaşkadır. Kalkıp başkalarıyla mukayese edildi yıllarca. Akıl alacak gibi değildi; asla kabul edemem öyle bir şeyi.

*

Gerçi hiçbir zaman çok samimi olmadık. Ama beni yürekten sevdiğini biliyorum.

Televizyondaki Pişti programında Levent'le evlenişimizi konuşmuşlar. Aramızdaki yaş farkına getirmişler sözü. "ZERRİN RUHEN O KADAR KÜÇÜKTÜR Kİ, İNANIN EŞİ ON-

DAN DAHA BÜYÜKTÜR," demiş. Bunu ancak beni çok çok yakından tanıyan biri söyleyebilir. Hâlâ şaşıyorum bu saptamasına.

Aynı programda "ZERRİN'İN BENDEKİ YERİ APAYRIDIR," demiş.

Onun da bendeki yeri apayrı.

Erkan Özerman

Kız çocukları babalarını nasıl bir aşkla severse ben de Erkan abiyi öyle bir aşkla sevdim. Üstelik sevgisini savrukça harcamayan, seçici ama sevdi mi gerçekten seven biridir. Bu yüzden çok kıymetlidir onun tarafından sevilmek.

Benim için müzik deyince Erkan Özerman, sanat deyince Erkan Özerman, Zerrin Özer deyince yine Erkan Özerman...

Müzikal açıdan hayatımın en kaliteli dönemlerini yaşattı bana. Dostluğumuzun beni İrlanda'ya yollayışıyla başladığını yazmıştım daha önce. Eyfel Kulesi'nde düzenlediği Binbir Gece Masalları'ndan sonra onunla iki kere daha gittik Paris'e. İlkinde resital vermeye. Olympia'daki konser muhteşem geçmiş, tam üç saat sürmüştü...

Kaldığımız otelde Adnan Kaşıkçı'nın kardeşleriyle tanışmış, hep birlikte yemek yemiştik. Sonrasında erkek kardeşi bana sarı güller yollamaya başlamıştı. Diskoya falan giderken beni de çağırıyorlardı. Çok gençtim, kanım kaynıyordu, eğlenmek istiyordum. Ama Adnan Kaşıkçı'nın kardeşinin flört etmek istediğini hemen sezen Erkan abi onlarla hiçbir yere çıkmama izin vermedi. Erkan abiyi son derece rahat biri sayanlara bir yanıt olsun bu.

*

Paris'e üçüncü gidişimiz estetik ameliyatı içindi. Göğüslerimi küçülttürecektim. Bu arada, burnuma da estetik yaptırırım diye düşünüyordum. Gittiğimiz doktor dünyanın en ünlü estetik cerrahlarından biriydi. Asla burnuma estetik yaptırmamam gerektiğini, yaptırırsam ses rengimin değişeceğini söyledi. Eğer ilkeli bir doktora düşmeseydim, belki bugün hâlâ üzülüyor olacaktım.

Bir sabah gözümü açar açmaz Erkan abi "DOKTORA GİDİYORUZ, MUAYENE OLACAKSIN, HİÇBİR ŞEY YEME," dedi. Yolda o kadar yalvardım "KRUVASAN YİYELİM. HİÇ DEĞİLSE BİR KAKAO İÇELİM," diye, ama asla izin vermedi.

Yürürken vitrinin birinde nefis bir küpe çarptı gözüme. "ERKAN ABİCİĞİM, BAKSANA NE KADAR GÜZEL!" dedim. "İÇERİ GİRİP BAKALIM," diye ısrar ettim ama "TREN KAÇACAK, BURADA İNSANLAR ÇOK DAKİKTİR, GEÇ KALAMAYIZ," falan dedi.

Hastaneye gittiğimizde ne olup bittiğini anlayamadan ameliyata alındım! Birisi geldi kan aldı, bir başkası tansiyonumu ölçtü, derken bir sedye getirdiler ve beni ameliyathaneye götürmeye kalktılar. "ERKAN ABİ!" diye ağlamaya başladım. Heyecanlanıp kuruntu yapmayayım diye ameliyat gününü benden gizlemiş meğer. "HADİ KIZIM, İNŞALLAH ÇOK İYİ GEÇER, BEN BURADAYIM, KORKMA, " dedi.

O kadar şaşırmıştım ki, narkoz verdiklerinde İngilizce konuşmaya başladım! Neden? Çünkü Türkçe konuşursam bayılıp bayılmadığım anlaşılmaz diye düşünmüştüm! Halbuki saçmalasan bile adam anlayacak ki narkoz yetmemiş! Ama işte insan kafadan çatlak olunca!..

*

O narkoz ameliyattan sonra perişan etti beni. Çünkü narkozlar çeşit çeşitmiş ve çoğunlukla Avrupa'da kullanılan narkoz çeşidi halüsinasyona neden olabilirmiş.

Gece yattığımda hastanede değil de, bilmediğim bir evin içinde olduğumu sandım. Rüya falan değil, henüz uyumamıştım. Kapıda adamın biri kendisini içeri almam için yalvarıyordu. Yalvarırken bıçaklanıyor, acıyla haykırıyordu. Sesler falan o kadar gerçek ki, dehşete kapılmamak imkânsız... Adamın bıçaklandığını anlayınca nedense banyoya gidiyor ve onu küvette kanlar içinde yatarken buluyordum...

Artık nasıl bağırıp çağırdıysam doktorlar gelip ellerimi yatağa bağlamak zorunda kalmışlardı. İşkence gibi geçmişti o gece.

*

Ameliyat ise tam dört saat sürmüş.

Ayıldığımda önce Erkan abiyi görmüştüm karşımda. Sonra da, hastaneye gelirken yolda görüp bayıldığım küpeleri başucumdaki komodinin üzerine bıraktığını...

Biricik, canım Erkan abiciğim!..

Müslüm Toprak

Perihan Savaş ve Yüksel Uzel'le birlikte Adana'ya çalışmaya gittiğimizde tanıdım Müslüm'ü. Katıksız bir Anadolu insanı tavrıyla ağırladı bizi. Patronun arkadaşından çok bir ev sahibi gibiydi. Ben o sırada biraz rahatsızdım; otele telefon açarak doktor isteyip istemediğimi sordu.

Bana gösterdiği baba şefkati arttıkça ilişkimiz birlikteliğe dönüştü. Müslüm'ün hayatımdaki yeri birkaç açıdan önemlidir ve içlerinden biri de çevremdekilerin ileri geri sözlerine neden olmasıdır: "SEN NASIL ONUNLA BİRLİKTE OLURSUN, ÇOK ÇİRKİN ADAM," demeye kadar vardırdılar işi. Anadolu'dan gelmiş olmasını da kaldıramadılar. Bütün bunlar çok acınası tavırlar. İnsanların nasıl bu kadar acımasız olabildiğini, böylesi değer yargılarını ne zaman ve nasıl edindiklerini hiç anlayamadım. Ben Müslüm'le birlikteyken konuşanların, sonradan aynı koşulların kendilerine de sunulacağını sanıp onunla birlikte olmalarını da...

*

Müslüm eşinden yıllar önce ayrılmış fakat boşanmamıştı. Kendi ailesi bile kabul etmiyordu artık o evliliği. Yani Asım'a âşık olduğumda yaşadığım çelişkileri onunla olan ilişkimde duymadım. Hatta ailesi de çok destekledi birlikteliğimizi. Benimle beraber olmaya başladığında kumarı bırakmıştı çünkü.

Çok tuhaf, Okay da benimle birlikteyken işine sahip çıkmaya başladığı için barışmamızı istemişti babası. Yıllar sonra dönüp baktığımda, birlikte olduğum kişilerin hayatına çeki düzen getirdiğimi görüyorum.

Bunun birkaç nedeni olabilir. İlişkilerimde karşı tarafla aşırı ilgilenişim, neredeyse kendimi bir kenara bırakıp karşımdakini yaşamaya başlayışım gibi. Ama temelde iyileştirici ve toparlayıcı olan şey sevgi bence. Sevilen kişi eninde sonunda düzeliyor.

*

Müslüm beni mutlu etmek için çok emek verdi. O kadar çok koruyup kolladı ki beni... Kulüpte çıkacağım mesela, bir bakarım, bana söylemeden gazeteye tam sayfa ilan vermiş. Gazinolarda çalışan diğer sanatçılar hop oturup hop kalkıyordu tabii, ilanı patron verdirdi sanıp.

Hiçbir ilişkimde karşı tarafın parasıyla ilgilenmedim. Müslüm'le birlikte olmamın nedeni de yoğun şefkati ve insanlığıydı. Toprak ailesinden zengin biri gözüyle bakmadım ona. Sadece bir tesadüftü, sıradan bir ayrıntıydı bu.

Ama kendime hiç kıyak geçmemeye baştan karar verdiğim

bu kitapta şuna da değinmeliyim: Müslüm maddi açıdan hayatta tek şımardığım kişidir. Mesela Marmaris'te program yaptığımız bir dönemde, onun en iyi otelden tuttuğu süitte kalırken, bir arkadaşı beni görüp, "BİZ TEKNE TUTTUK," demişti. Müslüm'e telefon açıp arkadaşının bu tavrını anlatmıştım, "HAVA ATAR GİBİ TEKNELERİNİ GÖSTERDİLER," diye. "YARIN GİDİYORSUN VE EN BÜYÜK TEKNEYİ TUTUYORSUN," demişti.

O güne kadar bir mücevher taktıysam onun sayesindedir. Bu meslekte kazanılan para yine bu mesleğe gidiyor; KDV'ye, stopaja, ekibine, kıyafetine, kuaförüne, evine, gerisi de ailene.

Gerçi şımarıklığım paraya odaklanmamıştı. Çünkü hem ben bir ilişkide böyle şeylerin nasıl isteneceğini bilmem hem de kafam kızdığında aldığı mücevheri klozete atıp, üstüne sifonu çekebiliyordum.

*

Şımardıkça şımararak şefkatinin ve sevgisinin sınırlarını zorlamak istiyordum belki de. Bana bir BMW almıştı mesela, İstanbul'a gelişlerinden birinde bir iş toplantısına katılması gerekmiş ve arabayı isteyince "BANA ALDIN ONU," diye vermemiştim! Taksi tutup gitmek zorunda kalmıştı!

*

Bana yaşattıklarını görüp de kendisiyle birlikte olmak isteyen sanatçılara aynı şeyi yapmamış. Yani onun da içinden geliyordu beni şımartmak. Parasını amaçlı kullanmıyordu.

Ayrıldığımızda son model bir cip hediye etmek istemişti bana. Kabul etmemiştim, çünkü Okay'a âşık olmuştum.

*

Yineleyeceğim ama hayatımda ilk ve son kez şımarabildiğim, çok özel bir insandır benim için. Onu her zaman iyilikle anıyorum. Belki de birçok kadının içinde bir yerlerde uyuklayan türden masalsı bir film yaşattı bana.

Sibel Can

Sibel'in bendeki yeri çok farklıdır. Bu meslekte herkes bir yana o bir yana. Kardeşim gibidir. Çok hakikatli, çok iyidir.

Maksim Gazinosu'nda çalışırken tanışmıştık. O sıralar ortaokuldaydı henüz. Sahneye çıkma izni alabilsin diye yaşını büyütmüşlerdi.

Bir gün "ZERRİN ABLA, BEN ŞARKI SÖYLEMEK İSTİYORUM, İLK SANA OKUYACAĞIM," dedi. Kuliste okudu; bayıldım sesine.

*

Çok kısa sürede canciğer arkadaş olduk. Annesi Sezer de çok sevdi beni. Bir tek bana gelmesine müsaade ederdi. Sibel'in evden kaçtığı bir gün de doğru bana gelmişti. Kapıda kaş göz işareti yapıp anlatmıştım içerde dolapta saklandığını. Anne sonuçta...

*

Âşık olduğunu söylediğinde Maksim'de çalışıyorduk. Hakan, Sibel'i izlemeye geliyor, çiçekler yolluyordu. Sibel de "NE OLURSUN, BABASINA TELEFON AÇ, KONUŞALIM," demeye başlamıştı. Aramıştım sonunda ama "İNŞALLAH TELEFONU AÇMAZ," diye dua etmiştim içimden. Tanımıyordum Selçuk Ural'ı! Telefonu açsaydı ne konuşacaktım?

Neyse, bir süre sonra Hakan'la görüşmeye başladılar. Annesine bana geldiğini söyleyip gündüzleri Hakan'la buluşuyordu. Ödüm patlıyordu yalan söylediği açığa çıkacak, annesi öğrenecek diye. Çoğu zaman bana geliyorlardı, birlikte çeşitli oyunlar oynayıp eğleniyorduk. Yenilen "BEN DELİYİM!" diye bas bas bağırmak zorunda kalıyordu.

*

Sonunda evlenmeye karar verdiler. Ama gizli evlenmek zorundalar. Fahri Bey'in, evlenmesine karşı çıkacağını biliyordu. O yıllarda sanatçıların evlenmesi çok zordu; evlenince sevenlerinin kalmayacağından korkulurdu nedense!

Hakan'ın nikâh şahitliğini yapan Lokman Kondakçı, Sarıyer Belediye Başkanı'nı tanıyordu; bu nikâhın çok gizli kalması gerektiğini sıkı sıkı tembihlemişti. Nikâh benim "Yerebatan Sarayı"nda kıyılacaktı.

Sibel'in nikâh şahidi bendim. Nikâhtan hemen sonra gazinodaki matineye yetişmemiz gerekiyordu. Program sonrasında bana gittik. Onlar için yeni bir nevresim takımı almıştım. Yatak odamı onlara verdim o gece. Biz Okay'la salondaki kanepelerde yattık.

*

Ertesi gün kapıda otuz tane gazeteci bitti. Meğer belediye başkanı nikâh fotoğraflarını gazetecilere dağıtmış. Ne yapacağımızı şaşırdık, kara kara düşünmeye başladık. Derken Sibel'in annesi Sezer gelip kıyametleri koparmaya başladı. Kapıyı açar açamaz "YAZIKLAR OLSUN!" dedi bana. Lokman da bizdeydi, "CANIM BİZ KÖTÜ BİR ŞEY Mİ YAPTIK! EVLENMEK İSTEDİLER, EVLENDİRDİK," falan dedi. Ama Sezer sakinleşmiyor bir türlü.

Bu arada aynı gün benim İzmir'e gitmem lazım. Konserim var. Orkestra ve cihazlar çoktan çıkmış yola. Ama daha hazırlanmama kalmadan telefon açıp işin iptal edildiğini söylediler. "NE OLDU?" diye sorunca Fahri Bey'in işi engellediğini öğrendim. Sibel'i evlendirdim diye uzun süre kızdı bana, bir sürü işim engellendi bu yüzden... Ama önemli olan Sibel'in mutluluğuydu.

Bana yakın bir yerde ev tuttuk onlara. Sezer'in siniri yavaş yavaş geçti ve barıştılar. Hatta ailesinin de katıldığı bir kına gecesi bile yaptık Sibel'e.

Sibel çok akıllıdır ve duygusaldır. Herkesi iyi zannederdi. Yaşadığı tatsız olaylarda da iyi niyetinin kurbanı olmuştu.

Hakan kadar iyi bir baba görmediğimi de belirtmeliyim burada. Çocuklarının üzerine titrerdi...

*

Sibel'le çok büyük sırlar paylaştık, çok özel bir dostluktu aramızdaki. Ama Sezer'i kaybettiğimizi kabullenemedim. Kendisini sadece bir kere arayabildim. İki üç gün öncesinde Gülgün'ümü kaybettim, onun da cenazesine gidemedim. Sevgili dostum Fulya'nın annesini kaybettiğimizde Bodrum'dan apar topar gelmiş, ama kapıdan geri dönmüş, içeri girememiştim. Sibel'in annesi vefat edince de aynı tutukluğu yaşadım. Bunun özrü yok. Belki bana çok kızdı. Haklıdır. Ama annesi her gün duamda. Kahroldum ama gidemedim. Ölüme isyan mıydı, kabul edemeyiş miydi, hiçbir zaman bilemeyeceğim. Kayıplara, hele anne ölümlerine gidemiyorum artık.

*

Yaşadığımız hangi olaylar ya da yaşadıklarımızın tümü mü etkili oldu bilmiyorum, ama Sibel bu hayatta bana sadece dostluğu değil, ablalık duygusunu da tattırdı. O benim bir tanecik Loyloy'um!

Alper

İlk evliliğim bittiğinde kötü bir ruh halindeydim. Tam o sırada Mustafa Oğuz'dan Rumelihisarı için teklif geldi. "RUMELİ HİSARI KONSERLERİNİ SENİNLE BAŞLATALIM," dedi, daha sonrası için de Bostancı Gösteri Merkezi, İzmir, Antalya ve Mersin'de konserler ayarlamış. Benim için bir program çizmiş, birlikte çalışacağız... Gerçi bir tek Rumelihisarı'yla sınırlı kalacaktı söyledikleri... "TAMAM," dedim ve bir şart koştum: "KESİNLİKLE DEVLET OPERA VE BALESİ'NDEN PROFESYONEL BİR DANS GRUBU İSTİYORUM."

Samim Değer sanat yönetmenimizdi, kıyafetlerimizi ise Neslihan Yargıcı dikecekti.

Ertesi gün Samim abi telefon açtı, "YARIN MUSTAFA OĞUZ'UN AJANSINDA TOPLANIYORUZ, DANSÇILAR DA ORADA OLACAK," dedi. Alper'le orada tanıştım.

*

Aynı günün akşamı dansçılarla anlaşamadıklarını söylediler telefon açıp. Diyelim ki elli milyon lira fazla istemişler... "BAŞKA DANSÇILARLA ÇIKMAM, BU İŞ KESİNLİKLE OLMAK ZORUNDA," dedim. Oldu da sonuçta.

Provaları Bayramoğlu'ndaki evimde yapıyorduk. Çalışmalar sırasında Alper'le yakınlaşmaya başlamıştık. Ama ilişkimiz asıl konserler sırasında başladı. Bir gece konser çıkışında bütün ekibe bir kulübe gitmeyi teklif ettim. O gece yan yana oturduk. Bir ara birden elimi tutup gözlerime baktı.

*

Birlikte olduğumuzu gizli tutmaya karar vermiştik. Ekip arkadaşlarımız bile sevgili olduğumuzu bilmiyordu.

Ekipten bir arkadaşım bir gün çok âşık olduğundan ama aşkına karşılık göremediğinden, sürekli terslendiğinden söz etti. Üzülüp kim olduğunu sorunca "ALPER," dedi. Yer yarılsa da içine girsem diye düşündüm o anda. İlişkimizi açıkladığımızda beni yok yere hainlikle suçlayacak diye geçirdim içimden. Aynen düşündüğüm gibi oldu. Bir gece beni sabaha karşı aradığında telefonu Alper açtı ve o günden sonra o arkadaşımın bana karşı bütün tavrı değişti.

Annem Alper'i çok sevmiş, hatta ilk defa biriyle evlenmemi istemişti. Birlikte gezmeye gidiyor, çok iyi anlaşıyorlardı.

Alper'in annesi de beni çok seviyordu. Alper kadrolu sanatçı olarak İzmir'e gittiğinde, araya biraz zaman girmişse, üzülmesin diye Alper'i aramamı istiyordu.

İki buçuk yıl sürdü birlikteliğimiz. Ben Ankara'da çalışırken, üç saatliğine de olsa beni görmek için gece İzmir'den otobüse binip geliyor, aynı gün o kadar yolu tekrar çekiyordu.

Çok âşıktı bana. Hatta, en yakın arkadaşını trafik kazasında yitirdiğinde "ZERRİN'DEN BAŞKA KİMSEM KALMADI," deyince, çok bozulmuş annesi, "BEN YOK MUYUM?" diye.

Sürekli karnımı tuttururdu bana. Bir çocuğumuz olmasını çok istemişti. Telefon açtığında bile "HADİ KARNINI TUT ZERRİN," derdi.

Benden on iki yaş küçüktü ama çok olgundu. İlişkimizi herkese karşı çok güzel savunmuştu.

*

Bale hayatını Almanya'da sürdürmek için sınavlara girip kazandığında birlikte gitmemizi önermişti.

Tarkan'la çok samimi olduğumuz dönemlerdi. Alper'den uzaklaşmaya başlamıştım. Telefonlarına çıkmıyordum.

Bir gün Rumelihisarı konserinde karşılaştık. Bir şeye kızmıştım; adımı söyler söylemez "ÖF!" diye uzaklaştım yanından.

O gün bana bir not yolladı: "KAÇMANA GEREK YOKTU. BENİMLE ALMANYA'YA GELMEYECEĞİNİ ANLADIM."

*

Bir gün Alper'le ortak arkadaşlarımızdan birinin doğum günündeydim. Alper krizim depreşti yine. Neden gelmediğini sordum. "BİLMİYOR MUSUN?" dediler. "NEYİ BİLMİYOR MUYUM?" dedim. "ALMANYA'YA GİTTİ O," dediler. Kulaklarıma inanamadım.

Arkadaşlarıma aratıp annesinden telefon numarasını istettim. Bana kızmıştır diye düşünüyordum.

Telefon numarasını çevirip "ALPER, BEN ZERRİN," dedim. "ŞU ANDA MÜSAİT DEĞİLİM, SENİNLE KONUŞAMAM," diye karşılık verdi. Tanımadı herhalde diye düşündüm. "ALPER, ZERRİN BEN," dedim tekrar. O da müsait olmadığını tekrarladı ve tak diye kapadı telefonu. Yeniden aradım ama açmadı. Deliriyorum sandım. Beni nasıl olup da bırakıp gidebildiğine inanamazken o benimle telefonda bile konuşmak istemiyordu! Egoistlikten mi, terbiyesizlikten mi bilmiyorum, zıp zıp zıpladım hırsımdan. Duramadım, bir daha aradım. Bu sefer açtı ama o yine "MÜSAİT DEĞİLİM," derken arkadan bir kız sesi duydum ve bas bas bağırmaya başladım!

O an bir özel uçağım olmasını ve oturduğu evin damına inmeyi istedim.

*

Annesinden adresini de almıştık. Doğru Almanya'ya gittim. Henüz operadan dönmediğini öğrenince beklemeye karar verdim. Arkadaşlarım da gelmişti benimle birlikte, "SİZ GİDİN BİR YERDE OTURUN, BEN BEKLEYECEĞİM," dedim.

Beni görünce bir an durakladı. Sonra da istifini bozmadan yürümeye devam etti. "NE İŞİN VAR BURADA?" dedi. "NE DEMEK NE İŞİM VAR? BENİ EVE DAVET ETMEYECEK MİSİN?" dedim.

Eve çıktığımızda aynı tavrı sürdürdü. Karşımda bir buzdolabı vardı sanki. "ALPER, BEN GELDİM," dedim boşta bulunup. Sonra toparladım: "AMA BU NE DEMEK OLUYOR?" diye sordum. "BÜTÜN MEKTUPLARINI TOPLAYIP RAFA

KALDIRDIM. BENİM İÇİN BİTMİŞTİR," dedi. "BİZ SENİNLE DOSTUZ," falan demeye çalıştım ama "DOST FALAN DEĞİLİZ. HAYATIMDA BAŞKA BİRİ VAR," dedi.

Çıkarken hâlâ inanamıyordum. "BEN GİDİYORUM ALPER," dedim. Bekliyorum ki "GİTME ZERRİN!" desin! "İNTİKAMIMI ALDIM. ANCAK BURAYA KADAR OYNAYABİLDİM."

"KENDİNE İYİ BAK," diye karşılık verdi.

Çıkıp tın tın tın yürümeye başladım caddede.

*

Bir gün annesi arayıp "BENDEN NÜFUS KÂĞIDI İSTEDİ, EVLENİYOR MU, BİR ARAŞTIRSANA ZERRİN," dedi. "TAMAM," deyip telefon açtım. O kız çıktı. "ALPER'İ RİCA EDEYİM," dedim. Yarım yamalak Türkçesiyle "KİM ARIYOR?" diye sordu. "BEN ZERRİN," dedim üstüne basa basa. Onun beni çok kıskandığını söylemişti Alper.

Alper "YOK ÖYLE BİR ŞEY," dedi evlenme meselesi için. Sonradan öğrendim ki kızdan nefret etmiş zaten. Kıskançlığından kimseyle görüştürmüyormuş Alper'i. Hatta beni kıskandığı için gidip başkasıyla beraber olarak Alper'i çok üzmüş.

*

Alper beni istemeyince iyice üstüne düşmüştüm. Bana tekrar geri dönmüştü ama yine yürütemedik. Almanya'ya yarı yarıya yerleştiğim dönemde ise iki iyi dost olduk.

*

Alper dürüst, namuslu ve tertemiz biriydi. Soyadı gibiydi: Akalın...

Bu dünyada en çok beni sevdi. Birinin bu dünyada en çok sizi sevmiş olduğuna inanmak unutulmaz bir histir.

Haluk Ulusoy

Haluk Ulusoy çok iyi bir arkadaşımdı. Di'li geçmiş zaman kullanıyorum çünkü önce nefis bir arkadaşlık örneği sergileyip sonra çok yaraladı beni.

Mersin'de festivalde Muazzez Abacı'yla birlikte çalışıyorduk. Çalışıyorduk ama paramızı alamıyorduk. Otelden her gün ne zaman ödeme yapacağımızı soruyorlardı. Aradan bir hafta geçmişti ama biz hâlâ ödeyememiştik parayı. Bir gün "NE ZAMAN ÖDÜYORSUNUZ?" diye sormayı kestiler. Onlar sormayınca ben gidip "AFFEDERSİNİZ, PARAYI MUTLAKA TAKDİM EDECEĞİZ AMA BUGÜN DEĞİL," dedim. "PARANIZ ÖDENDİ," diye karşılık verdiler. Şaşırdım kaldım. Araştırınca Haluk Ulusoy'un ödediğini öğrendim. Türk filmlerinde kötü adamı çok güzel oynayan Ahmet Tarık Tekçe'nin kızı Özlem de bizimle birlikte çalışıyordu. Haluk da onun arkadaşıymış. Zor durumda kaldığımızı öğrenince çıkarıp ödemiş otel paramızı. Hem mahcup olmuş hem de çok duygulanmıştım. Para alır almaz borcumu ödedim ama o iyiliğini unutamadım. Sonrasında çok iyi dost olduk Haluk'la.

*

Aradan yıllar geçti, Haluk Kuşadası'nda Fantasia Oteli'ni açtı. Açılışta şarkı söylememi istedi. "TABİİ Kİ," dedim. En gündemde olduğum dönemler... Rahmetli Özal da gelecekti açılışa.

Ama ben o sırada Ataköy'de bir kulüpte çalışıyorum. Her gece tıklım tıklım doluyuz. Patrona "BEN YARIN YOKUM," dedim. "NASIL YOKSUNUZ? YÜZ ELLİ KİŞİLİK REZERVASYON ALDIK," dedi. Açılışa başbakanın geleceğini söyledim. Yaptığım şeyi mazur göstermek için olsa gerek. Ama Haluk'un Mersin'de gösterdiği dostluğu unutamıyordum, gitmem şarttı, para falan da almayacaktım.

Açılış çok güzel geçti. Dönüşte, çok beğendiğim takip ışığını da götürmek istedim. Toplatıp arabaya koydurdum. Bugünün parasıyla en fazla bir iki milyar liralık bir şey. "DEMİRBAŞ O ZERRİN, GÖTÜREMEZSİN," dedi Haluk. "HALUK BEY'E SORSANA, PATRON O," diye espri yapıyorum ama yine aynı şeyi söylüyor. "DEMİRBAŞSA DEMİRBAŞ, BAŞKA BİR PATRONU MU VAR BU OTELİN?" diyorum ama hayır, vermiyor.

Sonunda arabadan indirtti takip ışığını. Babası da yanımızdaydı ama sinirlerime hâkim olamadım ve "YAZIKLAR OLSUN!" deyip ayrıldım.

Hem işimden olmuş, para almamıştım, hem de üç kuruşluk şey için kalbim kırılmıştı.

*

Ama dostluğumuz sürdü yine de. Yılbaşı gecesi için tekrar çağırdı. "PARA VERMİYORUM," deyince, "EV YAPTIRIYORUM, MUTFAĞIMIN EŞYALARINI SEN AL O ZAMAN," demiştim. Mutfak eşyalarını seçerken anlaşma dışında kalan bir şey daha beğenip isteyince "KATİYEN OLMAZ," diye karşı çıkmıştı. Cimri ki ne cimri! Ama bütün bunları ne kadar samimi olduğumuzu anlatmak için yazıyorum. Çok iyi arkadaşız henüz.

*

Günün birinde işletmeciliğe soyunmak istedim. Regine'in karşısında işletmesi satılığa çıkan bir yer vardı. "ALSAM VE KENDİ YERİMDE, SADECE CUMARTESİ GÜNLERİ ÇALIŞSAM NE GÜZEL OLUR," diye düşündüm. Hafta içinde de Tülay ablam, Asu Maralman, Salim Dündar ve diğer unutulmaz sanatçılar çalışsın istiyordum.

Haluk'a açtım bu fikrimi. "TAMAM," dedi, "BEN GİZLİ ORTAĞINIM. DEKORASYONU BANA AİT." Anlaşmayı ben yaptım. 27 bin dolar civarında parayı boşuna ödedim. Haluk da mimarlarını yollamıştı hemen. Oturup anlattım nasıl bir şey istediğimi. Dekorasyona başlamak üzere mekânı yıkıp döktük.

Mimarlar hesap çıkardığında.Haluk'u aradım. Ama yer yarılmıştı da içine girmişti sanki. Bul bulabilirsen Haluk'u. Telefonlarda ağlıyordum artık. Federasyona bile gitmiş ama görüşememiştim. Üzüntüden hastalanıp La-Paix'ye yatana kadar sürekli aradım ama hep kaçtı! Çık telefona, bir yanıt ver, "VAZGEÇTİM," de. Kaçmak ne demek? Çok ağrıma gitmişti. Aradan kaç yıl geçti, hâlâ ağrıma gidiyor.

*

Aradan yıllar geçti ve Haluk'u bir kez daha aramak zorunda kaldım. En yakın dostum Gülgün hastaneye kaldırıldığında beş kuruşsuzdum. İki milyar civarında borç para bulmam gerekiyordu. Aklıma gelen herkesi arıyor ama bulamıyordum. Sonunda değerli arkadaşım Sinan tek bir ricamla hemen yardım etti ama sonra yine para lazım oldu hastane için. Telefon açtım ve Gülgün'ün çok hasta olduğunu, hastanede yattığını iletmelerini istedim Haluk'a. Çok severdi Gülgün'ü. "BENİ ARAYABİLİR Mİ LÜTFEN?" dedim ama yine aramadı.

*

Gülgün'ümü kaybettiğimizde için sızladı mı, bilmiyorum.

Sana o kadar emek veren arkadaşlarının karşısına neden çıkmadın?

Affedemiyorum... Ve hâlâ çok üzülüyorum...

Cenk Koray ve Nihat

Cenk Koray'la Müjdat Gezen, Elma Kabare'de çalışıyorlardı. Hemen hemen her akşam onları seyretmeye gidiyorduk. İnsan daha dün gece güldüğü espriye sanki ilk defa duymuş gibi güler mi? Çok gülerdim... Eğlencenin en şık olduğu zamanlardı.

Ama Cenk'le asıl Bodrum'da yakınlaşmıştık. Yoğun çalıştığım dönemlerden biriydi. İstanbul Gelişim Orkestrası'nın solisti olarak gitmiştim Bodrum'a. Çok yakın arkadaşlarla, kendi kendimize eğlendiğimiz bir geceydi. Cenk de oradaydı. Gelip dansa kaldırdı beni.

*

Cenk'in oğlu Nihat herkesle çok ters düşen, agresif bir çocuktu. Cenk'le annesi o çok küçükken ayrılmışlar. Babasının yanına hiçbir kadını yakıştıramıyordu. Ama Bodrum'da aynı tatil köyünde kaldığımız, Cenk'le yakınlaştığımız o dönemde Nihat beni çok sevdi; "BEN SANA ANNE DEMEK İSTİYORUM," dedi.

Hem çok duygulandım hem de o kadar agresif bir çocuğun kalbini nasıl kazandım diye çok düşündüm. Sanırım çocuk ruhlu oluşum beni kendine yakın hissedip güvenmesini sağlayan en büyük etkendi. Onu çok sevmiş, onda kendimden bir parça bulmuştum.

*

Bodrum'dan ayrılırken Cenk bana bir mektup verdi. Ama mektubu verirken benden bir söz aldı. Mektubu ne zaman açıp okuyacağıma ilişkin.

Sabırsızlıkla bekledim uçağın kalkmasını. Pencereden dışarıya bakıyordum mektubu açabilmek için. "ŞU AN BULUT-

LARIN İÇİNDESİN," diye başlayıp, "BENİMLE EVLENİR Mİ-SİN?" diye biten bir mektuptu.

Çok etkilendim ama olmadı... Annem varken olamazdı... Çok temiz, küçük bir flört olarak kaldı aramızdaki sevgi. Ailece görüşmeyi hep sürdürdük. Cenk'in kız kardeşi Rahşende'yle eşi Mehmet ve kızları Ece yüreğimde çok farklı yerdeler...

*

Bir gece sabaha karşı telefonum çaldı. Nihat'ı kaybettiğimizi söylediler. Aklımı yitiriyorum sandım. On sekizindeydi daha. Arkadaşlarıyla gittiği gece kulübünde bir kız yüzünden başka bir grupla kavgaya tutuşmuşlar. Nihatların grubu dayak yemiş. Öyle aman aman bir dayak değil belki ama Nihat'ın sinirlerini altüst etmeye yetmiş. Diğer grubun polis çağırması da delirtmiş Nihat'ı.

Bütün bunları o feci kazadan az önce anlatmış. Sinirleri yatışmıyormuş bir türlü. "BU NE ADİLİK!" diye bağırırken kafasını salon kapısının camına geçirivermiş.

Cenk o telaşla anlayamamış önce, fışkıran kanların burnundan geldiğini sanmış. Hâlâ Nihat'ı teskin etmeye çalışıyormuş, "ÜZÜLME OĞLUM, ESTETİK YAPTIRIRIZ BURNUNA!" diye. Evladına anne sevgisini de vermek için neredeyse hayatını adamış bir babanın şaşkınlıkla söylediği sonsuz sevgi sözleridir bunlar.

Camın şahdamarını kestiğini anladığında kanı durdurmak için elini boynuna bastırmış. Ama durdurmak ne mümkün; bütün duvarlar kan kesmiş. Ambulans hastaneye yetişemeden, canını Cenk'in kucağında vermiş Nihat.

*

Çok geçmeden Cenk'i de kaybettik. Kalp krizinden. Hayatımın en büyük dramlarından biridir Nihat ve Cenk'i arka arkaya yitirmek.

Birbirimiz için çok değerliydik. Elleriyle şifa vermek gibi bir ayrıcalığı vardı. Kötü olduğumda bana şifa verirdi. Bendeki yeri bambaşkaydı. Dünyaya bakışı ve insanlığı beni derinden etkiledi.

Nihat'ı kaybettiğimiz günün sabahında Cenk yıkılmış bir haldeydi. Kim yıkılmaz? O kadar üzerine titrediğin oğlunu, evladını yitiriyorsun... Bu dünyadaki en büyük acılardan biri...

Buna rağmen Cenk, sadece ve sadece, dünyevi olan ne varsa hepsini kalbinden fırlatıp atıvermiş o çok ender insanların söyleyeceği türden, unutulmaz bir laf etmişti: "ONDAN ÖNCE ÖLSEYDİM NASIL YAŞAYACAK DİYE GÖZÜM ARKADA KALACAKTI."

Çok inandığı Allah'a o gün bile isyan etmemişti.

Ahmet Kaya

İnsan ölmüş birine âşık olur mu?

Ben ölmüş birine âşık oldum.

Ahmet Kaya'ya.

Öldükten sonra, biraz da artık şarkı söyleyemeyeceğini kabullenemeyerek, dinleyip dinleyip "ALLAH'IM ÂŞIK MI OLDUM BEN!?" diye soruyordum kendime.

Bende aşk duygusu uyandıran şey sesiydi elbette. Türkiye'nin gelmiş geçmiş en büyük yorumcularından biri bence.

Ölümünden önce de dinlerdim onu. O da bazı televizyon programlarında beni "TÜRKİYE'NİN EN BÜYÜK SESİ" ilan etmişti. Ben de hayrandım ona. Ama o kadarla sınırlı kalmıştı. Onu tanımayı hep ertelemişim...

*

Şunu ölümünden sonra çok düşündüm: Kürtçe şarkı söyleyip klip çekmek istediğinde ortalık ayağa kalkmıştı. Bugün başbakanın karşısında bile Kürtçe söylüyorlar. Bunun acısını çekmek neden onun payına düşmüştü?

*

O radikaldi. Bense belli bir döneme kadar sanatçının siyasete girmemesi gerektiğini savunmuştum. Bugünse "SOLA HİZMET EDEN BİR ŞEYLER YAPMIŞ OLSAYDIM KEŞKE," diyorum. "RENGİMİ BELLİ EDİP FİKİRLERİMİ SAVUNMALIYDIM," diye düşünüyorum.

Onun ölmeden önce başardığı bir şeyi, fikirlerini sanatına koşut bir biçimde savunuşunu, ben o öldükten sonra yapmak istemiştim. Aramızdaki ayrımlar onun yaşadığı sırada değil, o öldükten sonra kapandı. Yani yaşasaydı, bugün tanışmış olacaktık büyük olasılıkla.

Zaman, böyle sırasını bekleyen kaç dostluğun Azrail'i kim bilir...

İbrahim Tatlıses

Sese, sesine vurulduğum bir kişi daha var Türklerden. Ahmet Kaya'dan çok daha önce İbrahim Tatlıses'in sesine vuruldum.

İstanbul Gelişim Orkestrası'nın solistiydim ilk türküsünü duyduğumda. "Dinlediğimde" demiyorum çünkü Türkçe müziğin t'sini bile dinlemiyordum o sıralar. Televizyonda görmüştüm tesadüfen: "AYAĞINDA KUNDURA, YAR GELİR DURA DURA."

Sesine ve yorumuna duyar duymaz hayran kaldım. Ne hayran kalması, öldüm düpedüz. O günden sonra kim sesine ya da kendisine laf etse çıldırıp ağladım sinirimden. Kendi çevremde, ayağımda yırtık blue jean'lerle, İbrahim Tatlıses'in baş koruyucusu kesildim.

Bir gün sahneye çıkmamıza çok az kalmışken çalıştığımız yere geldi. Birileri uzaktan beni işaret etti. Yanıma gelip "Sİ-Zİ TANIMAK İSTEDİM, BENİ ÇOK SAVUNUYORMUŞSU-NUZ," dedi. "EVET," dedim, "SESİNİZİ ÇOK SEVİYO-RUM."

İlerleyen yıllarda çok yakın olmadık birbirimize ama bilir ki onun en eski hayranıyım. Kendimi bildim bileli Türkiye'yi Eurovision'da onun temsil etmesi gerektiğini savundum ama tereciye tere satmakta ısrarcı olduk hep.

Onun sahnedeki duygulanmalarını, konuşup ağlamalarını da seviyorum. Aşmış artık. Duygularını saklamıyor ve gözyaşlarının bir erkeğe de yakıştığını ispatlıyor. Bütün o konuşmalarında özünde tek bir şeyden bahsediyor aslında: Hayata bakıyor ve en önemli şeyin sevgi olduğunu söylüyor bence. Maddiyatla maneviyatı birbirinden ayırmış ve gönlü maneviyattan yana. Onu şimdi daha da çok seviyorum. Hep dua ederim, Allah onu korusun diye. Türkiye için çok önemli biri o.

Ali Kocatepe ve İlhan İrem

Çankaya'da otururken iki kişiye çok hayrandım: Ali Kocatepe'ye ve İlhan İrem'e.

Bir gün ısrarlarımdan bıkan ablamlarla birlikte İlhan İrem'in konserine gitmiş, çıkışta kendisinden elime imza atmasını rica etmiş ve elimi iki gün boyunca yıkamamıştım.

Bir başka günse, nasıl izin kopardıysam, arkadaşlarımla apartmanın önünde oturuyordum. Ablam evin penceresine çıkıp "ZERRİN, GÖZÜN AYDIN!" diye seslendi. Meğer Ali Kocatepe imzalı fotoğrafını yollamış bana! Plak firmasına mektup göndermiştim ve o bana yanıt vermişti! Çıldırmıştım sevinçten. Babamın o halime tatlı tatlı güldüğünü de anımsıyorum. Belleğim onun sevecen yanlarını bulup çıkardıkça aklım karışıyor, içim cız ediyor aslında, ama şimdi başka bir şey anlatmak istiyorum.

Geçenlerde korsan yayınları konuşmak üzere Ali Kırca'nın Siyaset Meydanı'na gittiğimde Ali Kocatepe'yle karşılaştım. Yeni çıkacak albümünün kokteyline davet etti. Çok mutlu oldum, "SEVE SEVE GELİRİM," dedim.

Kokteylin yapılacağı gün tam evden çıkmak üzereyken postacı Ali Kocatepe'nin davetiyesini getirdi. Çok şık bir davetiyeydi. Üzerinde albümünün adı yazılıydı: "41 KERE MAŞALLAH." Altında da albümde Ali Kocatepe şarkılarını söyleyen kırk bir sanatçının adı... Neredeyse albüme katılmayan bir tek ben kalmıştım! Şöyle bir durup düşündüm: Albümünde söyleyenler üç beş kişi olsa gideyim de, tam kırk bir kişi... Üstelik kokteyl basına da açıkmış... "SİZ NEDEN YOKSUNUZ?" diye soracak dikkatli bir muhabir. Ya da "SİZ HANGİ ŞARKISINI OKUDUNUZ?" diye soracak bir başkası...

"NE SIFATLA GİDECEĞİM ORAYA?" diye düşündüm. Çok utandım, çok üzüldüm ve o kadar istememe rağmen gidemeyeceğimi anladım. "ÇİÇEK YOLLAYALIM," dedim asistanıma.

Hıncal Uluç

1996'da Kral TV "YILIN KADIN SANATÇISI" ödülünü bana vermişti. Bir süre sonra bir güzellik yarışması düzenlediler ve o gece Yaşar ve Ebru Gündeş'le birlikte, benim de şarkı söylememi istediler. Muhteşem bir organizasyondu. Şarkılarım bittiğinde bütün salon ayakta alkışlamıştı.

Ama bir iki gün sonra Hıncal Uluç köşesinde şuna benzer bir yazdı: "ORGANİZASYON HARİKAYDI... YARIŞMA ÇOK GÜZELDİ... YAŞAR ÇOK GÜZEL OKUDU... EBRU GÜNDEŞ

ÇOK GÜZEL OKUDU... GECEDE HAFİF KALAN TEK KİŞİ İSE ZERRİN ÖZER'Dİ."

Bir gün birisi bana "HADDİNİ BİLMEZLİK NEDİR?" diye sorsa Hıncal Uluç'un o yazısını koyardım önüne. Sen kimsin ki beni ve sevenlerimi aşağılıyorsun? Nereden alıyorsun bu hakkı? O gece ayakta kopan alkışlardan da mı çekinmedin yazarken? Seni kimin alkışlamasını umdun aklınca beni küçük düşürdüğün için?

*

Gerçekten çok ağrıma gitmişti. Telefon açtım birkaç kere, çıkamadı. Sonra bir yerde karşılaştık, doğru yanına gidip "SİZ BENİ NİYE SEVMİYORSUNUZ?" diye sordum. "AA! RİCA EDERİM," deyip uzaklaştı. İnsan o yaşta ve donanımda kendini neden bu hallere düşürür? Bir yanıtın yoksa ayrı ayıp, var da söylemiyorsan ayrı ayıp. "SAÇININ MODELİNDEN ÖTÜRÜ SANA SİNİR OLUYORUM," ya da "TIPKI BİR ÖKÜZ GİBİ ŞARKI SÖYLEDİĞİN İÇİN SANA GICIK OLUYORUM," bile diyebilirsin.

Nerde görsem soruyorum "SİZ BENİ NEDEN SEVMİYORSUNUZ?" diye. En son havaalanında karşılaştık. Beni uzaktan görür görmez tırıs tırıs kaçtı.

Gerçekten, siz beni neden sevmiyorsunuz?

Ender Saraç

Yine kilolu olduğum dönemlerden birinde adını ilk kez Seda, sonra da ablamlar anmış, hazırladığı "kişiye özel" diyetlerle birçok insanı zayıflattığını söylemişlerdi. Birkaç gün sonra Ender Saraç'ın aradığını söyleyip telefonu uzattıklarında ablamların kendisinden randevu aldığını sandım. "MERHABA

ENDER BEY, ABLAMLAR ARADI SİZİ HERHALDE," diye girdim söze. "HAYIR," deyince şaşırıp sustum. "HAYATIMDA HİÇ KİMSEYİ KALKIP TANIŞMAK İÇİN ARAMADIM, İTİMAT EDİN ZERRİN HANIM," diye sürdürdü konuşmasını. "BENDE DURUGÖRÜ VAR; DÜN GECE SİZE GÜNAY'DA RASTLAYINCA TÜYLERİM DİKEN DİKEN OLDU. SİZİNKİ KADAR GÜZEL BİR RUHA SAHİP ÇOK AZ İNSAN GÖRDÜM. SİZİNLE TANIŞMAYI BU YÜZDEN İSTEDİM."

Annemin hastalığı sırasında arkadaşlarım halime çok üzülüyorlardı. Bir gece önce, birkaç saatliğine de olsa evden çıkmam için çok ısrar etmişlerdi. Günay'a gittiğimde Huysuz Virjin şarkı söylemem için sahneye davet etmişti. Beni o sırada görüp aramaya karar vermiş.

Telefonda söyledikleri çok şaşırtmış, çok etkilemişti beni. Görüşmeye gittiğimde söyledikleri daha da etkiledi. Beni ancak çok yakından tanıyan biri hakkımda o kadar doğru tespitlerde bulunabilirdi.

Ender'le dostluğumuz çok az insana nasip olabilecek şekilde, böyle başladı işte. O gün bugündür ne zaman bir şeye çok üzülsem telefon açar, "KÖTÜSÜN YİNE, SANA ENERJİ YOLLUYORUM," diye. İster Hindistan'da olsun ister Afganistan'da, hisseder ve arar. En zor zamanlarımda, annemi kaybettiğimde ya da kilo vermem gerektiğinde hep yanımda oldu. Hayatımdaki ilk menfaatsiz, ilk masalsı dostluktur Ender'inki...

Sorunlarımla baş edemediğimde içime kapanırım ben. Kimseyi aramam. Merak edip beni arayanları bile. Ama o hemen hisseder ne halde olduğumu. Hatta sadece ruhsal durumumu değil, maddi koşullarımı da kestirir bir şekilde.

Çok kötü olduğum günlerden biriydi. Param bitmişti ve buzdolabı tamtakırdı. Ben onu aramayı düşünürken o beni aradı. "SENİ DÜŞÜNÜYORDUM, İYİ DEĞİLSİN SEN," der demez ağlamaya başladım. Ona ihtiyacım olduğunu söylediğimde "TAMAM, SANA GELİYORUM, DERTLEŞELİM Bİ-RAZ," dedi.

Gelip enerji verdi; gömleği sırılsıklam olmuştu. "ZERRİN ÖYLE KÖTÜ BİR DURUMDASIN Kİ... BÜYÜK BİR NEGATİF ENERJİ YOLLAMIŞLAR SANA," dedi.

*

O gün Ender'e kapıyı açtığımda eli kolu alışveriş poşetleriyle doluydu.

"NE BUNLAR?" diye sorduğumda "BERABER YERİZ DİYE ALDIM," demişti...

Unutulabilir mi?

Böyle bir dostum olduğu için çok şanslıyım.

Şehrazat

Müzikteki yeri apayrıdır. Gerçi kadın besteciler dendiğinde benim için ilk önce Sezen Aksu geliyor. Ama bunu söyler söylemez duralıyorum. Çünkü dinlerken ya da zihnimde Sezen Aksu'ya mal ettiğim o çok sevdiğim şarkıların yarısı Onno Tunç'un çıkıyor. O yüzden Şehrazat'ı başka türlü anlatmalıyım belki de.

Şöyle mesela: Şehrazat sevgi insanıdır. Sevgiyi ve ıstırabı müziğe döküp anlatışına hayranım. Gerçek bir kötü gün dostudur. Tülay ablam için gece düzenlendiğinde kendi eliyle kaç tane bilet satmıştı... Beni tansiyon için doktora gönderen de odur.

Ama insanlara şaşırmanın sonu yok. Hiç kimse aklınızda ve kalbinizde falsosuz kalmak istemiyor sanki... Gerçi ufak tefek falsolar karşı tarafa duyduğunuz sevgiyi bir kalemde silip atmıyor elbette ama hiç olmasalar keşke!..

Şehrazat için bir gece düzenlemişti. Katılmamı istediklerinde "HAYHAY," dedim. 'KIYAMAM'ı söyleyecektim. Şarkının aranjesini yapan Emre Irmak, "Kıyamam"ın klibinde de oynamıştı. Şehrazat o gece Emre'nin bir tek kendisine ve Gülben Ergen'e piyano çalmasını istemiş. "BAŞKASINA ÇALMAYACAKSIN," demiş. Bütün bunları, davete birlikte gittiğimiz gitarist arkadaşım Cihat'tan öğrendim. Hatta Emre'ye söylenmiş "NE KADAR AYIP!" diye...

Şimdi... Emre bana çalsa ne olur, çalmasa ne olur? İlle popüler mi olmak gerekiyor bir şeylerin hak görülmesi için? Üstelik senin kendi gecen bu! Yarışmaya katılmaya değil, senin parçalarını seslendirmeye gelmiş insanlar!

Üstelik, 'KIYAMAM'ın bana kattıklarını ben unutmuyorsam, benim yorumumun da ona kattıkları unutulmamalı, öyle değil mi?

Ama Emre o gece Cihat'ı kırmadı. O da arkamdaydı. Koca salon bir tek beni ayakta alkışladı.

Ancak televizyonda yayınlanırken o alkışlar da kırpılabileceği kadar kırpıldı.

Emrah

Emrah'la dostluğumuzu kuran şey belki de zamanın ta kendisiydi. Çünkü zamanın, bir kelebeğin tozanları gibi üzerimize sinip yapıştığına inanıyorum. Geçmiş zamanlar bedenimizi incecik bir zar gibi sarıyor. Eğer karşınızdaki kişiyle benzer yaşamlardan, benzer acılardan geçtiyseniz, o zarı hemen seçiyor ve birbirinizi ilk görüşte tanıyıveriyorsunuz. Emrah'la ilk karşılaşmamızda anladım ruhlarımızın akraba, kardeş olduğunu...

Hürriyet'in kırkıncı yılında Erol Simavi Ajda Pekkan'dan Kadir İnanır'a, Sezen Aksu'dan Nükhet Duru'ya, neredeyse bütün sanatçıları özel bir uçakla Kıbrıs'a götürmüştü. Uçaktan indiğimizde kontrol edilemez bir kalabalığın içine düşmüştük. Yaklaşmaya çalışanlar, taşkınlıklar yapanlar... O kadar hareketli bir kalabalık ki, her an bir olay çıkabilir diye tedirgin oluyor insan... İşte tam o sırada Emrah arkama geçti, "NE OLUR NE OLMAZ," dedi. Tek bir cümle. Ama görüp geçirdiği terbiyeden, karşı tarafa duyduğu şefkat ve sevgiye, ne kadar çok şey anlatıyor.

Bu kadar büyük cümlelerin uyandırdığı sevgi sizi hiç yanıltmıyor. Karşı tarafın geçmişini ve ruhunu okuduğunuz bu türden cümleler, geleceğin de garantisi oluyor. Sizi hiçbir zaman şaşırtmayacaklarını biliyorsunuz.

Gerçekten de, Emrah beni hiçbir zaman şaşırtmadı. Annem öldüğünde, nasıl duydu, nerden haber aldı bilmiyorum ama yanımda bitti.

Onu çok seviyorum. Benden ayrı yaşadığı geçmişiyle, acılarıma merhem gibi gelen şimdisiyle ve birbirimizden hiç kopmayacağımız geleceğiyle...

Nükhet Duru

Nükhet Duru, Saz mı Caz mı adlı müzikalde rahmetli Altan Erbulak, Sezen Aksu ve Mehmet Ali Erbil'le birlikte oynuyordu. Sezen doğum için ayrıldığında rolünü bana teklif ettiler. Nükhet Duru'yla dostluğumuz o müzikalde başladı.

İstanbul Gelişim Orkestrası'nın solisti olduğum dönemler. Kendi içine dönük biriydim... Kendime duyduğum güvenin de payı vardı bu tavrımda. Ajda Pekkan bile, çalışmak için İstanbul Gelişim Orkestrası'yla anlaştığında "ZERRİN VARKEN ŞARKI SÖYLEYEMEM," diye provalardan çıkmamı istemişti.

Özetle, çok kendi halinde olduğum bir yaşta Nükhet Duru benimle çok ilgilendi. Ama asıl, beni bir ay boyunca evinde misafir etti ve bugün artık dünyadan kalkmış bir terbiyeyle yatak odasını bana bırakıp, kendi misafir odasında yattı.

Önemsiz bir detay gibi görünebilir ilk bakışta. Ama yıllar geçti, hâlâ unutmadım. Nükhet'in adı ne zaman geçse içimi büyük bir sevinç kaplar.

Dünya her geçen gün hızla değişirken, modernlik kisvesiyle terbiye denen şeyin çarkına okunurken, böyle güzel bir anım olduğu için kendimi gerçekten çok şanslı sayıyorum.

Egemen Bostancı

Tartışmasız, Türkiye'ye gelmiş geçmiş en büyük organizatördür. Büyük emeği geçmiştir sanatçılara ve sahne hayatına. Onun yetiştirdiği Mustafa Oğuz, Liza Tuna gibi isimler de bugün en tepedeler.

Onunla çalışma şansını kaçırdığım kuşaktan olduğum için hâlâ üzülürüm. Son zamanlarında tanımıştı beni... Çok beğenirdi sesimi. "HEP SENİ DÜŞÜNÜYORUM; SANA ÇOK UYGUN BİR PROJE BULMAYA ÇALIŞIYORUM," demişti bir gün. Bir başka günse "EVİTA'YI OYNAYACAKSIN VE TÜRKİYE'Yİ SALLAYACAKSIN," demişti. Ama bu fikir aklına geldikten kısa bir süre sonra vefat etti.

Daha sonra Evita'yı Gencay Gürün koydu sahneye. Çok saygı duyduğum bir sanatçıdır. Evita için adım geçtiğinde "KİLOSUNDAN ÖTÜRÜ OLMAZ," demiş. Çok üzülmüştüm bunu duyduğumda, "NE ALAKASI VAR," diye. Ama sonradan Gencay Gürün'e hak verdim.

O zamanlar insanları suçluyordum. Şimdi insanların bir sürü tavrını hak etmiş olduğumu düşünüyorum. Sonuçta kilolu muydum, evet, kiloluydum. Eva Peron ise kilolu bir kadın değilmiş. Bitti. Bu kadar basit.

Zaten sonradan şunu da anladım: O kadar bozulmamın nedeni zamanında Egemen Bostancı'nın beni Evita rolüne seçmesiymiş. O büyük ustanın fikirlerine ve beğenisine o kadar saygı duyup kanun saymışım ki, Evita'nın aslında onun ölümüyle birlikte benim için zaten bitmiş olduğunu uzun süre kavrayamamışım. Kendisini her zaman rahmetle ve saygıyla anıyorum. Onunla çalışmayı çok isterdim. Yeri dolmadı ve dolmayacak da...

Canan Yaka

Bu meslekte, Muazzez Abacı'dan sonra, ablam saydığım ikinci kişidir. Maksim'den teklif geldiğinde tanışmıştık. O zamana kadar hep yırtık blue jean'lerle çıkmıştım sahneye. Oysa Maksim'de tuvalet giymem gerekiyordu. Muhteşem işler çıkarıyordu Canan Yaka. Hatta annem "KIZIM, İSTERSEN TERSİNİ BİLE ÇEVİRİP GİYEBİLİRSİN, O KADAR TEMİZ ÇALIŞIYORLAR," derdi. Ama hiç alışık olmadığım için tuvaletle ve topuklu ayakkabılarla sahneye çıktığım ilk gün düşüp takla atmıştım.

*

Onu abla sayışımın temel nedeni üst tabakaya hitap etmesine karşın alçakgönüllükten bir gün bile taviz vermeyişidir. Yoksa atölyesine sanki kendi evimmiş gibi girip çıkamazdım. Bazı günler atölyesine yemeğe bile gidiyordum. O da "HERKES BİR YANA, ZERRİN BİR YANA," derdi benim için.

Çalışkanlığı, mütevazılığı, birinci sınıf işlerin de işçilere bağırıp çağırmadan, kimseyi ezip horlamadan çıkarılabileceğini ispatlayışı beni çok etkiledi.

Muhteşem bir anneydi. O kadar işinin arasında kızını asla ilgisiz bırakmazdı. Derslerine kendi yardım ederdi. Kızı sonradan Alaaddin Çakıcı'yla birlikte olup onu kırdığında çok üzülmüştüm.

*

Canan abla, bana diktiği bir tuvaletin fiyatı konusunda araya annemi soktuğumda "NİÇİN ZERRİN KENDİ KONUŞAMIYOR?" diye sormuştu.

Yıllarca üzüldüm bu sözüne. Ama ona değil, kendime kızdığım için.

İnsanın değerli bulduğu birilerinin olması hayatı anlamlı ve yaşanılır kılıyor. Değer verdiğiniz o insanların ilk başta sizi üzen bazı sözleri sonradan hayatınızın en büyük gerçeklerinden birine işaret ediyor. Belki de o gerçekle mücadelenizde en büyük destekçiniz oluyor.

Ne zaman karşılaşsak kaldığımız yerden sürdürülecek bir dostluk onunla aramızdaki. Benden her şeyi isteyebilir. Tek bir sözü yeter. Onun da, kendisinden bir şey rica etsem tereddüt bile etmeden yapacağını biliyorum. Hayattaki en büyük zenginliklerden biri de bu teklifsizlik olmalı.

VJ Bülent

Bülent'le Kral TV'nin bana ödül verdiği gece tanıştık.

İnsanlarda sıcaklığa, iyi kalbe çok önem verdiğimi sıklıkla yineliyorum belki. Ama bu konudaki önsezilerim hakkında Tanrı'nın bana ayrıcalıklı davrandığına da inanıyorum. Gerçi tam burada o halde neden insanlar hakkında bu kadar çok yanıldığım sorulabilir. Ama şakayı bir kenara bıraktığımızda, ses tonlarının ve bakışların bu konudaki önsezilerimi tetiklediğini söyleyebilirim.

Bülent'i de tanır tanımaz sevdim. Kendime çok yakın hissettim. Annemin ölümünde yanımda olup güç verenlerden biri de odur. Şehir Tiyatroları'nda bir oyunda oynuyordu. Onu seyretmeye gidişimin kendisi için ne kadar değerli olduğunu çok güzel hissettirip çok mutlu etmişti beni. Mesleğe ara verdikten sonra sahneye ilk çıktığımda bana vokal yapmıştı.

"BENİM YOLUMU ZERRİN AÇTI," diyecek kadar büyüktür yüreği. İyi olması için her zaman Tanrı'ya dua ediyorum.

Arto ve Ataberk

Arto ve Ataberk'le de annemin rahatsızlığı sırasında tanıştık. Soluksuz bir yaşamı sürdürmeme katlanamayan gazeteci arkadaşlarım Salih Keçeci ve rahmetli Dilek (lakabı İsmail) sayesinde çıkmıştım evden. Cımbız'a götürmüşlerdi beni. Arto ve Ataberk orada program yapıyordu o sıralar.

Diğer gazeteciler fotoğrafımı çekmek istemişti o gece. Artık nasıl zurna olmuşsam! Tam haberdi aslında. Çünkü hakkımda "ZERRİN ÖZER KARINCALARLA KONUŞUYOR," diye bir haber çıkacaktı bir süre sonra. Eğilmişim, karıncalarla konuşuyorum. Kafam zurna tabii. "NE VAR BUNDA?" demiştim. "KİMSEYE HAKARET ETMİYORUM, KÖTÜLÜK YAPMIYORUM. KARINCALARLA KONUŞUYORUM!"

Fotoğraflarımın çekilmesini Salih ve İsmail engelledi o gece. Bir de "GAZETECİDEN DOST OLMAZ," derler!.. Bu söze hiçbir zaman katılmadım. Anne yadigârı saydığım Şenay Düdek bu önyargının en büyük, en güzel yıkıcısıdır. İzmir'de ilk çalıştığımdan bu yana, yaptığım işe her zaman çok inandı. Dürüstlüğünden ve dobralığından hiçbir zaman taviz vermedi, yalana ya da küçük oyunlara asla gönül indirmedi...

Salih'e de her zaman söylerim: "HAKKIMDA ÇOK KÖTÜ ŞEYLER DE YAZSAN O GÜNKÜ İYİLİĞİNİ ÖMRÜM YETTİĞİNCE UNUTMAM."

*

Arto ve Ataberk de çok güzel ağırlamışlardı beni. Arkadaşlığımız orada kalmadı. En zor günlerimde beni hiç yalnız bırakmadılar. İş çıkışı gelip beni alır, çorbacıya götürürlerdi... Acımı biraz olsun dindirmek için ikisi de müthiş çabaladı.

*

Arto dışarıdan bakanlara antipatik, sivri dilli ve snop gelebilir. Ama o tavırları mesleki bir seçimden ibaret. Özünde kocaman yürekli bir insan. Zaten insanlar hakkında kimin ne söylediğine hiçbir zaman bakmadım. Önemli olan o kişinin bana nasıl davrandığı.

*

Arto'yla aramızda cinsellikten uzak, flörte benzer bir şey geçti. Hitabı ve üzüntümü anlayıp paylaşması çok etkilemişti beni. Onun da bana karşı tuhaf bir zaafı vardı. Programını seyretmeye gittiğimde çıkıp solist gibi şarkı söylüyordu sadece. Hatta bu yüzden "ZERRİN, LÜTFEN ARTIK SEN GELME, SEN VARKEN BEN ŞOV YAPAMIYORUM," demişti.

*

Sonraki yıllarda iyice ünlendiğinde "ETİLER'DE KİMSE BENDEN DAHA FAZLA PARA ALAMAZ. ZERRİN BİLE," demiş. Arkadaşlarım hop oturup hop kalkmıştı, "BU NE KENDİNİ BİLMEZLİK," diye. "DEMİŞSE DEMİŞTİR. ÖYLE DÜŞÜNÜYORSA NE YAPABİLİRİM?" diye karşılık vermiştim.

Şunu demek istiyordum aslında: Beni en zor dönemimde yalnız bırakmayarak gerçek bir insanlık örneği gösterdi. Gerisi gelir geçer.

Muazzez Abacı

Bu meslekte abla dediğim kişilerden biridir. Beni çok koruyup kolladı. Okay'ın ailesi aramızın kötü olduğu dönemde gazinoya geldiğinde, istedikleri parçayı beni çok üzüyorlar diye okumamıştı mesela. Çok delidir. O da benim gibi Akrep burcu çünkü.

*

Onunla çok şey paylaştık. Zor günlerimizde birbirimizin yanında olduk.

Onun anneliğine da hayranım. Saba'cığımı, hayatındaki bütün güçlü etkenlerden çok uzakta tutup mükemmel bir evlat olarak yetiştirdi. Saba da annesinin hakkını gerek başarılarıyla gerekse saygısı ve kişiliğiyle en güzel şekilde teslim etti. O gencecik yaşında bende sevgi ve saygı uyandıran ender insanlardan biridir.

Muazzez Abacı benim ablam. Ne yaparsa yapsın. Her şeye hakkı vardır benimle ilişkisinde.

*

Birlikte Amerika'ya gitmiştik konser için. Ama konseri düzenleyenler ne onu tanıyor doğru dürüst ne de beni. Konseri Türklere veriyoruz ama hepsi yıllar önce kopmuş Türkiye'den, yarı Amerikalı sayılırlar... Bu yüzden ilanları yanlış hazırlamışlar. Amerika'ya inince gördük. Sol başta kocaman Zerrin Özer, yanında küçücük bir Muazzez Abacı! Utançtan yerin dibine girmiştim. Muazzez abla zıp zıp zıplayıp ilanları yırtmıştı. "BEN NE YAPAYIM BE!?" demek zorunda kalmıştım...

Amerika'da terslikler hep onu buldu. Biz her yeri Türkiye sanıyoruz tabii. Provalar sırasında tam Muazzez ablaya sıra geldiğinde "BU KADAR SAAT İÇİN KİRALANDI," diyerek indirivermişlerdi şalterleri. Muazzez abla tekrar zıplamaya başlamıştı...

Başımıza gelmeyen kalmadı o konserler sırasında. New York'tan sonra Kanada Toronto'ya geçecektik. Gitmeden önce ben video almayı takmıştım kafama. O zamanlar Türkiye'ye henüz gelmemişti video... Üstümde kürk, kolumda Rolex saatle pazarlık yapmaya başlayınca, satıcı "NEDEN PAZARLIK YAPIYORSUN Kİ SEN?" diye sormuştu. Anlamayınca kolumdaki saati işaret edip "BU SAATİ TAKAN İNSAN PAZARLIK MI YAPARMIŞ!" dedi. Çünkü orada, hakikaten varlıklıysan takıyorsun öyle bir saati. Müslüm almıştı saati, adam nereden bilsin!

Uzatmayayım, o gün videoyu alamadım ama adam getirteceğini söyledi. Sırf video alacağım diye, Kanada konserinden sonra bütün ekip Türkiye'ye dönerken ben New York'a döndüm. O yaşta, hangi cesaretle!?

*

Önce Kanada Toronto macerasını anlatmalıyım: Konsere çıkacağız ama paramızı vermemişler daha. "BEN ÇIKMAM PARA ALMAZSAM," dedim. Muazzez ablanın çıkacağını söylediler. Hakikaten de çıktılar ama bir tek ben para aldım o konserden. Konseri düzenleyenler otel parasını ödeyip gitmişler. Muazzez ablayla ikimiz İngilizce bilmesek havaalanına bile gidemeyeceğiz.

Havaalanında yanlış kapıda indik. Orkestra ve saz grubuyla beraber kırk kişi elimizde bavullarla oradan oraya koşuşturuyoruz! Konser vermeye gitmiş sanatçılar olduğumuza bin şahit ister...

Allah'tan Türkiye'den gelirken yanıma beş bin dolar kadar para almıştım. Bilet paralarını organizatör Bahattin abiye verdim, döndüler.

Gittiklerinde hava alanında piç gibi kaldım. Sudan çıkmış

balığa döndüm. Benim uçağımın kalkmasına çok vardı daha. Ne yaptığımı yalnız kaldığımda idrak etmiştim.

*

New York'taki konseri düzenleyen adama geri döneceğimi söylemiş, beni karşılamasını rica etmiştim. Havaalanına indiğimde baktım ne gelen var ne giden. Telefon açtım da evinden ancak öyle çıktı.

*

Beni aynı otele geri götürecekti. Önce bir arkadaşına uğraması gerektiğini söyleyip, beni kuş uçmaz kervan geçmez bir yerlere götürdü. Hani filmlerde acayip, ücra yerler olur... kapısından tekmeyle girilen tek tük barlardan başka hiçbir şey görünmez ortalıkta... Aynen o ürkütücü ıssızlıktaki yerlerden geçip bir restorana gittik. Onlar yemek söylediler ben de su... Halbuki ölüyorum açlıktan ama annem yok yemeğine bir şey katarlar, yok içeceğine bir şey katarlar diye korkuttukça korkutmuş beni. Suyu bile kapalı istemiştim. Hatta açamayınca garson geri götürmüş, açıp tekrar getirmişti. Bu sefer de "İÇERDE SUYA BİR ŞEY Mİ ATTI ACABA?" diye işkillenmiştim. Fıkra değil bunlar.

Restorandan ayrılıp otele giderken adamın beni öldürebileceği korkusuna da kapıldım! Hafiften asılıyordu çünkü. "ŞİMDİ BENİ ÖLDÜRSE İNSANLARIN ANCAK ÜÇ GÜN SONRA HABERİ OLUR," diyordum içimden.

Otele gittiğimizde resepsiyonun bizden sonra birbirine girdiğini öğrendim. Meğer telefon paralarını ödemeden gitmişler. Otelde kaldım ama telefon açmam yasaklandı. Dışarı çıkıp ne bulduysam yedim. Ertesi gün videoyu alıp döndüm! Ne videoymuş be!

İNSAN UNUTABİLSE KEŞKE

"Nefret sevgiyle, kuşku güvenle el ele dolaştı hep. Bir tek acı yalnız kaldı içimde. O; ne yapsa denge kurabileceği bir eş bulamadı kendine. Bu yüzden çok acı çekiyorum hâlâ."

BIYIK İZİ YALANLARI, ATTİLÂ ŞENKON

Kendime "BİR İNSAN OLDUĞUMU NE ZAMAN ANLAMIŞTIM?" diye sorduğumda birbirinden kopuk mekânlar, yüzler ve sesler beliriyor zihnimde. Ateşli bir hastalık sırasında ayakta görülen rüyaları andıran bu sahnelerin neyi anlattığını çok iyi biliyorum: Aileyi. İnsan olduğumu bir aileye doğduğumu kavradığımda anlamıştım.

Ailemin ailem olduğunu ise bana konan yasaklar yoluyla sezmiştim. Doğmuşsun ve birilerine tabisin. Seni yöneten, hakkında kararlar veren birileri var. Karşı çıkamıyorsun.

*

Kendimi bildim bileli, bir insanı en çok sesi anlattı bana. İnsan seslerinde sözcüklerin ve görünenin ardındaki niyeti işittim. Sevgiyi, şefkati, aşkı, dostluğu, barbarlığı ve terörü sözcüklerden ve eylemlerden çok daha önce, insan sesinin perdelerinde görüp tanıdım.

Sesler duyarlılığımı artırdıkça artırdı ve beni hasta etti.

*

İnsan denen canlının beni ilk şaşırtan şeyi yalan söylemesi oldu. Sadece şaşırmakla kalmadım, derinden sarsıldım. Yalanı insan olmanın gerçeklerinden biri olarak kabul edemedim. Yalan denen şeyin ne olduğunu, neredeyse insanın ikinci kişiliği yerine geçtiğini ilk algıladığımda ciddi biçimde bocaladım ve bir daha toparlanamadım. Doğruların bazı koşullarda dile getirilemeyeceğini anlayacak yaşa geldiğimde de değişemedim. Çünkü o zaman da yalan söylemektense susmanın çok daha onurlu bir davranış olduğunu düşündüm.

Yalanın sadece uzaktaki bir kişiye ölüm haberi verilirken söylenebileceğini kabul ettim. Ama yalanı ölümle ilişkilendirdiğimi yıllar sonra fark ettim.

*

Hayatta en çok insandan korktum. Çünkü doğdum doğalı insandan darbe yedim; annemden, o iğrenç heriften, meslektaşımdan... Duygularımı sakınarak ve saklayarak yaşamak zorunda kaldım. Bambaşka bir biçimde yaşayabilecekken, insan yüzünden başka bir hayat geçirdim.

Burada ilk ağızda tezat gibi görünebilecek bir güvenden söz edeceğim. Ama aslında insandan korkmaktan neyi kastettiğimi netleştirecek: Azılı katiller ya da dudak uçuklatan sapıklar da dahil, hiç kimsenin kötü olduğuna inanmıyorum ben. Çünkü tuhaf bir cesaret ve inançla, onların bana asla dokunmayacağını düşünüyorum. Hatta bazen durduk yerde hayaller kuruyorum: Onlardan biri beni bir yerde sıkıştırsa ya da acımasız bir hırsız evime soymaya gelse, beş on dakika içinde anlaşabileceğimize ve kılıma bile zarar gelmeyeceğine inanıyorum. Bu güvenimde haklı çıktığımı gösteren ilişkilerim oldu. Çok vicdansız olduğu söylenen kişiler bile merhametini sundu bana.

*

Yediğim darbeler bir insan olarak çok şaşırttı beni. İnsanın kötülük karşısındaki aczi, kötülüğe teslim oluşu benim anlayabileceğim bir şey değil. İnsanın vicdanıyla yaşaması gerektiğine inanıyorum.

*

İnsanla neden uğraşırız bizi sevsin diye?

Bilmiyorum.

Herkes beni sevsin istedim.

Sevilmeme riski çok korkuttu beni.

Halbuki bir insan tarafından sevilmemek de hayatın rengi olmalı.

*

İnsan, gireceği ilişkinin biçimi neyse ona odaklanıp, karşısındakini sevip sevmeyeceğine o ilişki içindeyken karar verebiliyor. Ben böyle bir şey yapamadım. Sözgelimi kuracağım ilişki aslında bir iş ilişkisiyse bile, sevgiyi erteleyemedim. Sevmek ve sevilmek tek ilişki biçimim oldu.

Bu yönüme müdahale edemiyorum. Bu yönüm benden bağımsız, kendi arzularına göre gelişti. Bu bir ruh hastalığı sebebi bence.

*

Hayvanların sevgisine insanınkinden daha çok inanmama karşın, hayvanla yetinemedim. Çünkü aşksız yaşayabileceğimi sanmıyorum. İnsanı diğer canlılardan aşk yüzünden ayırdım. Hiçbir insanda hayvandaki yürek yok, o ayrı.

*

Aşk insanı diğer canlılardan ayırmamda belirleyici ise sevmek ve sevilmek söz konusu olduğunda kadınla erkeği birbirinden ayırıp ayırmadığım sorulabilir. Yanıt: Ayırmadım. Çünkü zaten sevgilimden çok dostum tarafından sevilmek istedim. Belki de bu yüzden, aşk ilişkilerimin de dostluktan geçmesini yeğledim.

*

İnsan için niye gözyaşı dökeriz?

Bu sorunun yanıtına belli bir yaşamışlıktan sonra erişebildim. İnsan başka bir insan için gözyaşı dökmüyor, kendisi için ağlıyor. Sığ bir bencillikten söz etmiyorum. Çünkü insanın sevdiği kişide kendinden bir parça bulduğuna inanıyorum. Karşı taraf için ağladığını sanırken, onda gördüğü kendisi için ağlıyor demek daha doğru belki de. İnsan egoizminin bu kadar incelmiş hali beni çok düşündürdü.

*

İnsanın acısının mutluluğundan çok daha baskın olduğuna inandım.

Sürekli mutluluğa hiç inanmadım.

Sonsuz acıya inandım.

*

İnsana bir ömür biçilmiş olmasını hiçbir zaman kabullenemedim.

Ölüm hayattaki en büyük korkum oldu.

*

Evlenmeden ölen genç kızlarla, hiç evlenmemiş yaşlı kızlara çok üzüldüm.

Bu dünyadan eksikli gitmeleri, aşkı ve cinselliği tatmamış olmaları beni kahretti.

İnsanın ölmeden önce her şeyi yaşaması gerektiğine inandım hep. İlişkilerimi en mutlu zamanlarımda sabote edip acı çekmek isteğim biraz da bu yüzden.

*

Yüzümdeki kırışıklıkları görmeye katlanabilecek miyim acaba? Ölüme yaklaştığımı söyleyecekler bana.

Ölümün nefes alamamak gibi bir şey olduğunu sanıyordum. Etrafıma topraktan duvarlar örülecek, o duvarlar beni boğup nefessiz bırakacaktı sanki. İşkence gibi algılıyordum ölümü.

Günün birinde Nilgün ablam içime su serpen bir şey söyledi: "BAYILDIĞINI HİSSEDİYOR MUSUN? ÖLÜNCE DE ÖLDÜĞÜNÜ ANLAMAYACAKSIN."

*

İnsan unutabilse keşke.

Hatırlamasa.

Ölümü bir zihnim olduğu için kabullenemiyorum.

İKİNCİ MEKTUP

Bu kadar yılı
sen mi yaşadın
diye düşünüyorsun bazen.

Hayatın sevgi üzerine kurulabileceğine inandın.
Bu yüzden sürekli hayal kırıklığına uğradın.

İyi niyetini kullandırdın.
İyi niyetin bu meslekte
ikinci sınıf vatandaş yaptı seni.
Mesleğin bir tiyatro sahnesi gibiydi.
Akla gelebilecek bütün soysuzluklar
meziyet sayılıyordu içine düştüğün oyunda.
Başrolü oynayacak kabiliyet yoktu sende.

Kendine haksızlık ediyorsun.
ZERRİN ÖZER OLMASI GEREKEN YERDE DEĞİL
deseler de sürekli,
sen sen olmaktan çıkardın
o yere dikseydin gözünü.
Buna hiçbir zaman tenezzül etmediğine,
tenezzül etsen de beceremeyeceğine göre
boşver.

Sanki bir görevdi senin için
şarkı söylemek.
Yaptığın işin de bir ticaret olduğunu söylediklerinde
çok şaşırmıştın.
O kadar şaşırmamalıydın belki de.
Hiçbir şeyin kalmadı bugün.
Maddi varlığın sıfıra indi.

Hayır.
İyi ki görev saydın şarkı söylemeyi.
Bu ülkede
sahneye ses tesisatını ilk kurduranlardan biri oldun.
Playback konser vermeye "HAYIR," dedin.
Sevenlerinin hakkını başka türlü teslim edemezdin.

Üstelik pekâlâ aç da kalabilirsin.
Onu da yaşamak bir şeydir.
Bunu bu kadar rahat söyleyebilmek
yaşanmışlık ister, yürek ister.
Ama yarınlarından korkmak istemiyorsun yine de.
YA SESİM KALMAZSA?
diye düşünürken yakalıyorsun kendini bazen.

Başrolü kapan soysuzlar yüzünden
bıraktın bu mesleği.
Fok balığı dediler sana.
Denizanası dediler.
Babanın yasını tutarken
sahneye ancak yatıştırıcı alarak çıkabildiğinde
içkiden masalara yıkıldığını söylediler.
Yıllarca hiçbir teklifini geri çevirmediğin TRT
seni yüzüstü bıraktı...

Hem insanları çok seviyorsun
hem de kendini hiç sevmiyorsun!
Bunun mümkün olmadığını,
kendini sevmeyen birinin
başkalarını sevemeyeceğini anlattılar.
Ama doğruydu söylediğin.
Kendini hiç sevemedin.
Neden?

Neden olacak?
Senin sözlüğünde
"KENDİM" diye bir şey sözcük olmadığından!
Nasıl ki çocuk doğurmaya hakkın yoktu,
"KENDİM" diye bir şey de yoktu senin için.
Hiç kimseyi suçlayamazsın.
Sen izin verdin buna sonuçta.

"BAŞINI YASTIĞA RAHAT KOYUYORSUN YA,
BOŞVER," diyorsun bir yandan da.
Hep iki uçta yaşadın.

Şununla avunuyorsun:
İLERİKİ YAŞAMIMDA YİNE SANATÇI OLACAĞIM
VE O ZAMAN
HAKKIM TESLİM EDİLECEK.

SEVENLERİN EN GÜZEL BİÇİMDE
TESLİM ETTİ HAKKINI diyorsun sonra.
Üç beş çapulcu
arayıp tarayıp bulduğu iki üç boş sandalyeyi çekerek
"ZERRİN ÖZER BOŞ SALONLARA SÖYLÜYOR,"
dediyse, ona da boşver!
Zaten bir daha dünyaya gelsen

asla bu mesleği seçmeyeceğini
söyleyen de sen değil misin!?

İki uçta yaşarken
nefreti neden çıkaramadın sevginin karşısına?
İnsanlar sana zarar verdikçe
tuttun
üstüne bir de sen zarar verdin kendine!
Karşındakilerin soysuzluğundan utanıp
daha da köpekleşmesinler diye
kendi hakkından mı vazgeçtin?
Neden yaptın bunu?
Neden?

Hayatta en çok istediklerin:
Aşevi kurmak.
Zerrin Özer Pop Okulu açmak.
Mütevazı bir çiftlikte hayvanlarla yaşamak.
Üçünü de yapamadın daha.

Eskiden acılar günlerce sürerdi içinde.
Artık iki günde geçiyor.
Kaybedecek hiçbir şeyin yok.

Neden Zerrin
Zerrin Özer olamadı?
Neden ismin, şöhretin
hep daha büyük oldu senden?
Neden o kadar ezik,
o kadar şahsiyetsizdin?
Zaman zaman
kendinden çok sıkıldın,
bıktın,
bezdin gerçekten.

Levent karşına çıkmadan önce,
artık en yakın dostlarını yitirmişken,
hayatındaki EN BÜYÜK AŞKTAN sonra
yaşayacağın her şeyi yaşayıp tükettiğine,
yaşayacağın hiçbir şey kalmadığına inanmışken
neden kanser olmak için yalvardın Allah'a?
Neden beyin kanamasını
kalp krizini seçmedin?
Ölürken bile mi acı çekerek ölmek istedin!
Yetmedi mi çektiğin acılar!

Bu dünyadan çekip gitmeden önce
aynanın karşısına geçip de
kendine son sözlerini söylemeni isteseler,
"HAK ETTİKLERİNİ YAŞAYAMADIN.
KÖTÜLÜK ZATEN YAPAMAZDIN.
AMA İYİLİKLE DE BAŞARAMADIN
HAK ETTİKLERİNİ YAŞAMAYI.
O ZAMAN SEN
ÇOK
BOKTAN
BİR İNSANSIN,
SENİ HİÇ SEVMİYORUM!" derdin.

DENİZ FENERLERİ

"Bir insanı sevmekle başlar her şey."

SAİT FAİK

Dostluk benim için bu dünyadaki en önemli ilişki biçimi oldu. Dostluğun süzgecinden ve sınavından geçmemiş ilişkileri bünyem kabul etmedi; eninde sonunda kusup attı.

Dostluk da, aşk gibi, sevgi gibi tarife sığmaz kavramlardan biri. Ama hayatımın odağına oturttuğum bu ilişki biçiminin benim için ne anlama geldiğini biraz olsun hissettirebilmem gerek.

Belki şöyle anlatabilirim: Dostlarımın bazıları bu dünyadan çekip gitmeden önce ben bambaşka biriydim. Onlar varken, tuhaf bir biçimde ölüm bana uzaktı henüz. Ama onların ölümüyle birlikte, günün birinde sıranın bana da geleceğini anladım, demek istemiyorum. Çünkü onlar gittiğinden beri ben de ölümü yaşıyorum sanki.

Ölüm, gerçekleşmesinden çok daha önce başlıyor. Kahkahalarınızdan bir şey eksiliyor, eskiden sizi çok mutlu eden sofralar artık o kadar da tat vermez oluyor, yeni insanlar karşısında ne kadar isteseniz de o çok bildik heyecanı duyamıyorsunuz. Ölümün bu çeşidinin dostlukların bitmesiyle çok yakından ilişkisi var bence.

Dostlarınızla kurduğunuz ilişki, sizden bağımsız, yaşayan, kanlı canlı bir şeye dönüşüyor. Aslında o kanlı canlı şeyin yarısı sizsiniz, yarısı da dostunuz. İkisi bir araya gelip, iki kişinin toplamından çok daha başka, bağımsız bir varlığa dönüşüyor ve ikinize birden hükmetmeye başlıyor. Böyle bir şey olmasa, kurduğumuz her ilişkide aynı kalırdık. Ama hayır, hiçbir ilişkide, bir başka ilişkimizde olduğumuz gibi olamıyoruz. Neredeyse, dostlarımız içimizden bir başka "ben" çıkarıp yaşatmaya başlıyor. Yaşamaya başlayan o şeyin kendiniz olduğunu sanıp aldanıyorsunuz. Dostunuzu kaybettiğinizde anlıyorsunuz bunu. O kanlı canlı şey başıboş bir halde dolaşmaya başlıyor ve size zulmediyor. Dostunuz artık bu dünyada olmadığı için o şeyin yaşayamayacağını anlayıp ruhunu serbest bıraktığınızda, siz de biraz ölüyorsunuz aslında.

Hiç kalp kırmadan

Dostlarımı anlatmaya Gülgün'le başlamak istiyorum. Onunla beraber otuz yıl geçirdik; birlikte ağladık, birlikte güldük. Ölümü aklımıza bile getirmedik. Gülgün, Anuş, Seda ve ben bir "çete"ydik; hep birlikte bir çiftlik evinde yaşayacaktık yaşlandığımızda...

Onunla, TRT'nin birincilik kazandığım "Modern Folk Üçlüsü'yle Söyler misiniz?" adlı yarışmasında tanışmış ve bir daha hiç kopmamıştık birbirimizden. Acı tatlı bir sürü şey yaşadık. Hatırladığım ilk şeylerden biri Gülgün'ün Ankara'dan İstanbul'a halasını ziyarete geldiğinde bizde de kalmak isteyince annemin "BEN BÖYLE BİR SORUMLULUK ALAMAM," diyerek onu kapıdan çevirişi... Çok utanmıştım. Ama bugün şu soruyu da sormadan edemiyorum: Acaba çocukluğunuza açık seçik tanık olanlarla da aranızda bir çeşit kan bağı mı oluşuyor? Bilmiyorum, oluşuyordur belki de. Çünkü birazdan anlatacağım Fulya çocukluğuma tanık olmadı ama karakter olarak birbirine çok benzeyen annelerle büyümüşüz ve yıllar sonra kan çekti sanki bizi!..

Gülgün'le geçen otuz yılı burada anlatmaya kalkışmayacağım. Altından kalkamam zaten. Sadece, birlikte geçen zamanın uzunluğundan dolayı değil. Varlığının bana hissettirdiklerini satırlara geçirip geçiremeyeceğinden emin de olamadığımdan...

O varken ben bir şeylere sığınmıştım sanki. O gidince yapayalnız, çırılçıplak kaldım hayatta. Ölümü idrak ettim. Onun sanki bir tatile çıktığını sanıyorum ve bunun aslında ölümün ta kendisi olduğunu biliyorum. Bu dünyada misafir olduğumuzu onun ölümünden sonra kavrayıp kabul ettim. Sevgili Gülgün'üm giderken de bir dostluk yaptı ve hayat denen şeyin ne olduğunu anlattı bana. Hayat bir misafirliktir.

Akciğer kanserinden öldü. Gözümüzün önünde gün be gün eridi. Hâlâ kaldıramıyorum.

Yıllarca, tek bir kişiye çok büyük aşkla bağlandı. Onu İstanbul'a getirtmekte bu yüzden gecikmiştim. Sesi çok güzeldi, ona kaset yapmayı çok istemiştim. Ama aşkını bırakıp gelememişti. Sevgilisine o kadar düşkündü ki, biz Alper'le saç saça baş başa girmişken bile "TELEFON BEKLEYECEĞİM," diye eve gittiğini bilirim. Benim evli olduğum ve Ankara'da kaldığım dönemde... Gerçi sadece aşk söz konusu olduğunda değil, hemen her konuda çok prensipliydi. "UYUYACAĞIM," dediğinde ne derseniz deyin onu kararından döndüremezdiniz.

Ondan söz ederken di'li geçmiş zaman kullanabilmek bile şaşırtıyor beni. İnsanlar ölüyor ve siz onlardan geçmiş zaman kipiyle söz ediyorsunuz...

Giderken bana hayatın ne olduğunu öğrettiğini düşünsem de, cenazesine katılamadım. Ama arkadaşımın beni affettiğini biliyorum. Tanrı da biliyor yüreğimi... Uzun zaman onun için dua bile edemedim. Çünkü kabullenememiştim. Adının önüne "RAHMETLİ," diye eklediklerinde "SUSUN," diyordum çevremdekilere.

Onunla ilgili en çok üzüldüğüm şeylerden biri de hiç evlenememiş oluşu. "BİR ERKEKLE BİRLİKTE YAŞAMAK NASIL BİR DUYGU?" diye sormuştu bir keresinde. Eve gelince hüngür hüngür ağlamıştım.

Birçok şeyi yaşayamadan, birçok şeye doyamadan gitti arkadaşım.

Gülgün belki de gerçekten şımarabildiğim tek dostumdu. Bana kırıldığı oldu mu, bilmiyorum. Ama o beni bir gün bile kırmadı, sesini asla yükseltmedi... Belki de dostluğumuzdaki en önemli şey buydu. Gülgün, hep inandığım, hiç umut kesmediğim, sürekli özlediğim bir şeyi; bu dünyadan hiç kalp kırmadan da çekilip gidilebileceğini gösterdi bana...

Sevgilisine hiç ihanet etmeden

Anuş, yaşlandığımızda birlikte oturmayı düşlediğimiz çiftliğin neye benzeyeceğini, parçalarını birleştirip evinin duvarına astığı bir puzzle'la göstermişti bize.

Ayaklı kütüphanem derdim ona. Bazı kişiler arkadaşlarının kendilerinden üstün taraflarını ya yok sayarlar ya da arkadaşlarının o taraflarından yararlanmamayı seçerek sözümona bir eşitlik kurarlar aralarında! Bu tavırlar bana çok uzak. Anuş'un bilgisine, birikimine her zaman hayranlık ve saygı duydum; birçok konuda ondan akıl aldım.

Tanıştığımızda basın yayın bölümünü yeni bitirmişti. On bir yaşındayken tek bir kez yakından görüp konuşma fırsatı yakaladığı Ajda Pekkan'a o kadar hayran kalmış ki, büyüdüğünde onun menajeri olmaya karar vermiş. Basın yayında sırf bu idealini gerçekleştirebilmek için okumuş.

Ajda Pekkan'a duyduğu sevgiyi tarif etmek çok zor. Âşıktı sanki ona. Sabahlara kadar onu anlatırdı. Hatta arkadaşlarımız zaman zaman sıkılınca, "OLSUN ARKADAŞIM, ANLAT SEN, BEN DİNLERİM," derdim. Çok saygı duyuyordum hayranlığına. Hatta kendisini kaybettikten sonra, "SİZİ ANNENİZ BİLE ONUN KADAR SEVMEMİŞTİR," demiştim Ajda Pekkan'a.

Bu hayranlığı, işin içine insanlar girince, daha sonra bir trajediye dönüştü.

Anuş, yanlarına Gülgün'ü de alıp Ayşe Ersayın'la birlikte menajerlik şirketi kurduğunda hayatta en çok istediği şeyi gerçekleştirmişti sonunda. Ajda Pekkan'dan başka, Bülent Ersoy, Ayşegül Aldinç, Gülben Ergen ve benim de menajerliğimi almışlardı.

Ama Ayşe Ersayın zamanla Ajda Pekkan'la çok samimi oldu ve şirketten ayrılıp yalnızca onunla çalışmaya başladı.

Sevgili Anuş'um, Ajda Pekkan'la yemeğe falan çıkacaklarını duyduğunda, gece yarılarına kadar telefonun başında Ayşe'nin eve dönmesini bekler, arayıp neler yaptıklarını anlattırırdı.

Şimdi üzüntüden dümdüz anlattığım bütün bu olaylar bana çok acıklı gelmişti... Hâlâ da çok acıklı geliyor. Yılların sadakatiyle oynandı. Karşılık görmedi o kadar saf sevgisi. Bir yanaşmanın dramını yaşadı benim arkadaşım. Yanaşmaların, kimselerin anlayamayacağı o çok büyük, o çok acıklı duyarlığını kuşanmayı kabul etti ama sevgisine ihanet etmedi.

Ayşe Ersayın'ın yıllar sonra beni A sınıfı sanatçı -ne demekse!- saymadığını ilan edişi bile beni kırmadı. Onun A sınıfı sanatçı anlayışı bana uymuyor sonuçta. Ama Anuş'umun üzüntüsünü hiçbir açıklama bulup telafi edemedim içimde. Vefat ettikten sonra, yaşadığı bu üzüntü benim üzüntüm oldu.

Onu son gördüğümde çok güzeldi. Yine uzun bir süre Almanya'da kalmış, döndüğümde çok şaşırmıştım nasıl olup da o kadar güzelleştiğine. Bunu kendisine de söylemiştim. Vefatından sonra sık sık, son zamanlarında ne kadar güzelleştiği geldi aklıma nedense...

Almanya'da sırf ona öğretmek için kartlarla açılan bir fal öğrenmiştim. Çok meraklıydı fallara, tepedekilerle konuşmaya...

Vefat ettiğinde de Almanya'daydım. Her zamankinden çok daha fazla görüşmeye başlamıştık; günde dört beş kez telefonlaşıyorduk. Yeni tanıştığınız biri değil de, kaç yıllık arkadaşınızsa tuhaf bir sıklıkla görüşmeye başladığınız kişi... sonradan tek şey geliyor aklınıza... bilincine varılmadan hissedilen, o sonsuz ayrılığın yaratacağı bitimsiz özlemi bir parça olsun giderme çabası...

Son yaş gününü Almanya'dan kutlamıştım. Seda'yla ikisinin doğum günleri arasında bir gün var; Seda'nınki 29, Anuş'unki 30 Aralık...

Yılbaşında Ayşegül Aldinç'le birlikte Ankara'ya gitmişlerdi iş için. Gece on ikide, iyi seneler dilemek için telefonlaştık en son. Ertesi gün orkestradan birisiyle, Ayşegül'den önce döneceğini söyledi. Bir arkadaşıyla buluşacaktı benim evimde. "YOLA ÇIKMADAN ÖNCE BİR FAL BAKSANA," dedi. Açıyorum açıyorum, durmadan ölüm kâğıdı çıkıyor. "NE BU BE? HEP ÖLÜM KÂĞIDI! BU KADAR MI SIKILDI İÇİN!" dedim. Panik atağım başladı, yardımcımdan Xanax istedim...

O geceden sonra ne aradım Anuş'u, ne de niye aramıyor diye şaşırdım! Ama içime kötü bir şeyler doğduğu için korktuğumdan değil. Öyle, tuhaf, bilinçsiz bir tutukluk...

Birkaç gün sonra Tülay ablamla Songül Çavuşoğlu'nu kapıda görünce de şaşırmadım hiç. Sanki yan sokakta oturuyorlardı da, çaya gelmişlerdi çat kapı. Evde çalışanlara telefon açıp tembihlemişler önceden, "ZERRİN'E TELEFONLARI AÇTIRMAYIN BİZ GELENE KADAR," diye...

Ablama Kerim'le annemin fotoğraflarını gösterdim o gün. Büyüttürüp duvara asmıştım. "BİR GÜN BENİMKİNİ DE ASARSIN ARTIK," dedi.

Zaman geçip de ben hiçbir şey sormayınca, Songül "ZERİN, SANA BİR ŞEY SÖYLEMEK İÇİN GELDİK BİZ," dedi. "NE OLDU?" diye sorunca, "ANUŞ..." dedi ve gerisini dinleyemeden bayıldım. Hemen doktor çağırmışlar. Ayıldığımda doktor uçağa binemeyeceğimi söyledi ama kim takar artık doktoru? En yakın arkadaşımı yitirmişim...

Anuşların arabasının karşısına manda çıkmış yolda... Hastaneye falan götürmeye kalmadan, arabada teslim etmiş ruhunu... Melek biçimli yaka iğneleri takardı hep... Öldüğünde yakasındaki melek yok olmuş...

Kiliseye ve mezarlığa nasıl gittiğimi hatırlamıyorum. Kilisede Anuş'u görmek isteyip istemediğimi sorduklarında "HAYIR," dedim. Buna katlanamazdım. Ertesi gün Almanya'ya gittim ve dokuz ay boyunca Türkiye'ye dönmedim. O süre içinde, bir gün, hem Kerim'e hem de Anuş'a şarkı besteledim. Birdenbire. İlham gelmiş gibi...

Anuş'u Gülgün'den çok daha önce kaybetmiştik. Bir dostumdan ilk ayrılışımdı...

"Ben seni hiç unutmadım"

Kitabımın birinci baskısında kendisini yazmayı unuttuğum için perişan olduğum birisi var: Çok sevgili dostum, canım Cemil İpekçi... Onu unuttuğumu kitap elime geçer geçmez fark ettim ve daha kitaba sevinmeye kalmadan ağlamaya başladım, "BEN NASIL BU KADAR NANKÖR OLRUM? BANA EN ÇOK EMEK VERMİŞ DOSTLARIMDAN BİRİNİ NASIL UNUTURUM YAZMAYI!" diye. Bu sıradan bir unutuş değildi elbette. Çünkü bazı insanları o kadar başka bir sevgiyle seversiniz ki onları hatırlama zahmetine katlanmanıza gerek kalmaz artık. Hatırlamak denen şeyin milyonlarca tetikleyicisi olabilir; bazen üzüntü, bazen yalnızlık, bazen anlaşılma isteği, bazen hatırlanan şeyle hiç ilgisi yokmuş gibi görünen çok uzak bir benzerlik, bazen özlem.. Oysa bazı kişiler unutulmuş-hatırlanma süreçlerinin çok ötesinde yaşarlar. Kenhdenizin kendiniz olduğunu nhasıl ki unutamazsınız, ama hatırlamaya s gerek duymuzsınız, başka kişiler de tıpkı buna benzer bir bilgiyle yaşar kalbınızde. Yani Cemil'i "unutmak için" zihnimin bulanması falan lazım; kendimin kendim olduğunu unutmam, aklımdan olmam lazım.

Erkan Özerman'ın Paris'te düzenlediği Binbir Gece Masalları'nda tanıştığımızdan beri Cemil hayatımın, kişiliğimin ve zihnimin en önemli, en vazgeçilmez parçalarından biri oldu. O sanki yanımda değilken bile yanımdaymış gibi. Aynı şey bana hazırladığı kıyafetler için de geçerli. Sahneye kendinizi iyi hissettğiniz bir kıyafetle çıkmak, performansınızı doğrudan etkiler ve ben Cemil kıyafetleriyle sahneye çıkmışsam, ertesi gün bile kendimden emin, kendimle barışık bir biçimde dolaşırım. "SENİN GİBİ BİR SANATÇIYLA AYNI YÜZYILDA DOĞDUĞUM, TANRI SENİ TANIMAMA İZİN VERDİĞİ İÇİN ÇOK MUTLUYUM," demişti bana. Kim kime böyle şeyler söyler bu zamanda? Kaç kişi bu kadar büyük bir laf eder de ömrü boyunca hiç ezilmez altında; bir gün bile tökezlemez? Kaç kişinin yüreği sevgiyle sanatı hayatının bu kadar odağına oturtacak kadar büşütür? Btütün bunları o sözü bana söylediği için yazmadığımı açıklamama gerek yok sanırım. Ama Cemil'n bu meslekte beni gönülden destekleyen iki- üç kişiden biri olduğunu da belirtmeden geçemem...

Ne sahne kıyafetlerimde ne de son evliliğim için hazırladığı gelinligimde konu etti parayı... İnsanın ancak abisi yapar böyle bir şeyi... Ve insan mutluluktan da mahcup olabilir... Sevgili Fulya bu konuya değinince "NE DEMEK FULYACIĞIM! NİÇİN YAŞIYORUZ? HEPİMİZ GİDECEĞİZ

BİR GÜN. BU DÜNYADA PAYLAŞMAMIZ LAZIM. ANCAK PAYLAŞINCA MUTLU OLURUZ," diye kaşılık vermiş.

Onun okullarda, üniversitelerde sevgi dersleri vermesi gerektiğini düşünüyorum çoğu zaman. Her sözünden, her hareketinden karşısındaki kişiye büyük bir maneviyat geçiyor. Sadece kendi ilişkimizi baz alarak söylemiyorum bunları; mesela yıllardır birlikte çalıştığı Oya'ya da bir baba sevgisiyle yaklaşıyor.

Cemil'in uluslararası çaptaki başarıları beni kendi başarılarım kadar mutlu ediyor.

Onu koklayarak sevmek istiyorum. Çok az insanı bu kadar, bu şekilde sevdim.

Para insanı merhametsizliğin, kötülükse başarının uşağı yapıyor. Ama utançtan yüz yakan bu iğrenç gerçek, bu acımasız kural onunla baş edemedi; geldi tosladı Cemil'de.

Senin gibi söylersem, seninle aynı yüzyılda doğmak benim için çok büyük bir mutluluk, çok büyük bir onur sevgili dostum.

Acıyla ve kahramanca

Fulya Ündüz'le yıllar önce birkaç kere görüşmüş, özellikle Adile Naşit'in cenazesinde onu kendime çok yakın bulmuş; sonrasında gazetelerde gördüğüm fotoğraflarını öpmeye başlamıştım. Fakat asıl Flipper Tatil Köyü'ne çalışmaya gittiğimde samimi olmuştuk. Eşi Gazanfer Ündüz aynı tatil köyünün animasyon işlerini almıştı. O gün bugündür, birbirimizden hiç kopmadık. Kötü günlerimde hep yanımda oldu. Birbirimize çok yakın oturduğumuz dönemlerde, panik atağım tuttuğunda, ayağına terlik bile giymeden, taşlara basa basa yanıma koşardı. Fulya'yı diğer dostlarımdan ayıran bir şey var: O aynı zamanda benim annem gibi, kendi kanımdan biri gibi. Gazanfer abiyle ikisi beni oğulları Tarık'la eş tutuyorlar çoğu zaman. Sanki biz Tarık'la kardeşiz, onlar da annemle babam.

Fulya'yla çocukluklarımız birbirine çok benziyor. O da annesiyle büyümüş; Gazanfer Özcan çocukluğunda çok yalnız bırakmış Fulya'yı. Ama babasını aşkla seviyor. Babasıyla ilgili her türlü konuda çok hassas... Ben de tapıyorum ve çok saygı duyuyorum Gazanfer amcama.

Fulya'nın beni en çok üzen dramlarından biri tiyatrodaki serüveniyle ilgili. Başka bir meslek edinmek istemesine karşın, babasının yönlendirmesiyle oyuncu olmuş. Ama sonra hem kendisi hem de daha önce tiyatronun müdürü olan eşi Gazanfer abi tiyatroda çalışmayı sürdüremediler... Daha önce başrol oynadığı oyunlarda artık başkaları oynuyor.

Fulya olağanüstü bir oyuncu ve bir sürü yerden teklif aldı. Ama "BABAMI KÜÇÜK DÜŞÜRMÜŞ OLURUM," diyerek bütün teklifleri reddetti. Kendisini ailesi için feda etti ve bir yanı hep kırık kaldı arkadaşımın. Öyle bir sakatlandı ki, kahkahası, sevinci, mutluluğu hep yarım, hep eksik kaldı...

Ama benim arkadaşım acısını da kahramanca yaşadı; sadece kendisini üzdü, çevresindekileri değil. Beni bu hayatta en çok güldüren kişilerden biridir. Onunla bir stand-up falan yapmadan ölürsem gözüm açık gideceğim. Metne falan hiç gerek yok; doğaçlama konuşsun yeter, yerlere yatıyorum gülmekten, her lafı ayrı bir bomba.

Parasal açıdan zor geçen dönemlerimden birinde "ZERRİN, İNSANLAR NASIL İŞ ARIYOR GAZETEDEN? BİZ DE GAZETEYE İLAN VERELİM," demişti. Üstüne düşündükçe işi ciddiye bindirdik. Şöyle bir ilan hazırlayacaktık: "BAYİİ TOPLANTILARINDA, DÜĞÜNLERDE VE BİLİMUM DAVETLERDE İŞ ARANMAKTADIR. İMZA: ZERRİN ÖZER." Tiyatro o kadar hayatının içinde ki, hemen ilanın çıkışından sonraki sahneleri canlandırmaya başlamıştı. İlan önce bir şaka sanılıyor, gerçek olduğu anlaşılınca da olay yaratıyordu. Televizyonlara çıkıyordum. Birileri "NASIL YAPARSINIZ BÖYLE BİR ŞEY?" diye sorunca, "EFENDİM, BU AYKİ KİRAMI SİZ Mİ ÖDEYECEKSİNİZ?" diye yanıtlıyordum ben!

Amacımız yardım ya da iş dilenmek değildi elbette. Bunu Zerrin Özer zaten yapamaz. Bu meslekteki adilikleri göz önüne serip, bu gerçeği mesleği soysuzlaştıranların yüzüne vurmaktı. Ve birçok gerçek sanatçının sözcüsü olacak, onların içindeki acıyı da dışa vuracaktı bu kara mizah örneği ilan.

Hem çok gülmüş hem de çok ciddiye almıştık bu iş ilanı verme meselesini. Duyanlar "AKLINIZI YİTİRDİNİZ HERHALDE SİZ," diyorlardı.

İş ilanı hazırlama fikriyle pavyonlarda çalışma isteğimin altında aynı şeyler yatıyordu aşağı yukarı. İnsanların ayağını kaydırmak üzerine kurulmuş alaturka zihniyetten duyduğum tiksinti, o zihniyete hizmet edip yaltaklanmaktansa hakkını onurlu bir biçimde arama isteği...

Fulya'yla ikimizi bir araya getiren şeylerden biri de onurumuzu korumaya ve ucuzlaşmamaya duyduğumuz o büyük inanç aslında. Kazık yiyip horlandığımızda bile sevgimizde sonuna kadar diretişimiz...

Lafı döndürüp dolaştırıp, bu kitaba onun evinde çalıştığım dönemlerden birinde yaptığı espriye getirmek istiyorum biraz da... Tarık'ın odasında, bilgisayarda yazıyordum... Bir ara elinde kola şişesiyle geldi... Tam da çok kritik bir anda... Editörümle bir bölüm üzerinde tartışıyorduk... Fulyacığım şen şakrak, konuşa konuşa girmişti odaya... Bir yandan da bardaklarımızı arıyordu gözleriyle. "BİR DAKİKA, ÇOK ÖNEMLİ BİR YERDEYİZ DE," gibi bir şey söyledim, anlattıklarına konsantre olamayarak. Hafiften afallayıp bocaladı, bize kola getirdiğini açıklamaya başlamışken, baktı ki bardaklarımızda zaten kola var. Kendine özgü çok komik hareketleriyle şaşırıp ters yüz oldu ve kapıya doğru yollandı. Ama tam odadan çıkarken yine Fulya'lığını yaptı ve "BENİ ANLATACAĞIN BÖLÜMDE

YAZMAZSAN HATIRIM KALIR," diyerek bombaya patlattı: "ŞIŞESİNİ ALDI VE SİKTİR OLUP GİTTİ."

Yazıya onun muhteşem oyunculuğunu, muhteşem mimiklerini ve vurgularını geçirmek beni aşar. Ama biraz düşününce, bu esprinin ortak bir acımıza açılan trajikomik bir içerik taşıdığını ayırt ettim: Kalplerden siktir edile edile, soysuzluklarla her karşılaşmamızda siktir ola ola geçse de ömrümüz, sevgiyi, şefkati ve onuru başımızın tacı sayışımız... Gözyaşlarımızı kahkahaya vuruşumuz...

Acısını, her zaman gülen o güzelim gözlerinin dibine mil gibi çekmiş canım dostum, seni çok seviyorum...

Bir gün beni kimse aramazsa

Günün birinde eğer beni hiç kimse aramazsa, biliyorum ki, Tarık mutlaka kapımı çalacaktır. Tarık, Fulya ve Gazanfer abimin oğlu. Ama sanki benim de oğlum. Birisini kendi evladınız gibi sevmeniz için doğurmuş olmanıza hakikaten gerek yok; Tarık evlat sevgisini yaşatıyor bana.

Ama çocuğunuz yaştakilere duyulan sevgi değil bu. Hani içinizde bir yerde bambaşka bir sevginin var olduğunu hissedersiniz bazen. Ne dostlarınıza, ne anne babanıza, ne de sevgililerinize duyduğunuz sevgiye benzer tam olarak. Karşılığını hiç kimsede, hiçbir ilişki biçiminde bulamaz. Ama bilirsiniz ki, akıp taşmak için bekliyor içinizde. Bunu ayırt ettiğinizde bir evlat düşlersiniz hani; hiç kimseyi sevmediğiniz kadar ve hiç kimseyi sevmediğiniz biçimde sevebileceğiniz... Böyle bir evlat düşlemedim zamanında. Umudumu tam olarak yitirmedim ama şansım iyice azaldı... Kaldı ki, düşlediğiniz evlada kavuşup kavuşamayacağınız garanti değildir... Riskleri peş peşe sıraladığınızda, anlatmaya çalıştığım o sevgiyle sevebileceğiniz birisinin karşınıza çıkma olasılığı aslında neredeyse milyonda birken, benim karşıma Tarık çıktı. Onu öyle bir sevgiyle seviyorum...

Bu yaşa kadar şu dünyada insanlardan ne ümit ettiysem, hepsini tek tek sunup inancımı ve umudumu tazeliyor Tarık. Yanılmadığımı gösteriyor bana. Görüp görebileceğim en mükemmel çocuk. Bebekliğini bile biliyorum. Daha yeni mezun oldu liseden. Sahnenin tozunu küçücük yaşta dedesinin tiyatrosunda yuttu. "Kuruntu Ailesi"nde oynadı... Oyunculuk kendi seçimi ve onu zirvede görmek hayattaki en büyük isteklerimin başını çekiyor. Bu yaşına kadar sürekli hayranlık duydum ona. Adam gibi adamlığın nasıl olduğunu gösteriyor bu dünyaya o küçücük yaşıyla. Onun varlığı bu dünyanın bütün acılarının, bütün pisliklerinin suratına tükürüyor...

Yüreğinin kapısını sonuna kadar açarak

Selahattin'le ilk tanışan Gülgün oldu. Bana beste vermek istediğini söylemiş Gülgün'e. Mesleğe geri döneceğim sırada.

Onlar benden önce bir ay kadar görüştüler. Ben o dönemde Muzaffer Kuşhan'ın zayıflama kampındaydım. Kamptaki yürüyüşler sırasında düşüp belimi ve ayağımı sakatladığımda tanıştım Selahattin'le. Çünkü kendisi aynı zamanda çok iyi bir ortopedist.

Beni kamptan çıkarıp tedavi etmiş, zamanında müdahale edilmeseydi başıma epeyce iş açacak bir hastalığın eşiğinden döndürmüştü.

O gün bugündür Zerrin Özer'e en çok emeği geçenlerden biridir. Hem mesleki hem de kişisel, bütün kararlarımda imzası vardır. Akıl aldığım kişilerin başını çeker. Hem çok severim Selahattin'i hem de ne kadar samimi olursak olalım bir parça çekinirim ondan. Ama aynı zamanda kendisine naz da yapabildiğim biridir. Biraz alıngandır, fazla hassastır ama bilirim ki, bir gün ortada kalırsam Selahattin beni sorgusuz sualsiz sahiplenir. Hiç çekinmeden kapısını çalıp, "SÜRESİZ OLARAK SENDE KALMAYA GELDİM," diyebilirim. Böyle bir şey söylesem, bir an için bile, tek bir gölge geçmez gözlerinden. Beni yürekten kabul ettiğini hissettiren kişidir.

Hatalarının bile arkasındayım

Özgür Aras'la yıllar önce Bodrum'da tanıştık. Yolda yürürken yanıma gelip benimle tanışmak istediğini söylemişti... Tanıdığım en zeki insanlardan biridir. Benim tabirimle Atom Karınca'dır Özgür. "SEN BİR GÜN AHMET SAN GİBİ OLACAKSIN," derdim ona hep. O da "BEN ZERRİN ÖZER OKULUNDAN MEZUN OLDUM," derdi her yerde. Çalışkanlığına ve aklına hayranım.

Onu tanıdığımda on altı-on yedi yaşındaydı ancak. Belki de biraz bu yüzden, onu kardeşim gibi gördüm, kardeşim gibi sevdim. Benimle ilişkisinde hata da yapabilir. Sürekli bir arada olmamız da gerekmiyor onu sevmem için. Benden sonra çalıştığı ve şimdi daha gündemde olan sanatçıların adını daha ön sıralara koyabilir... Fark etmez. O benim "Özgür'üm." Yaşadığım sürece hata da yapsa arkasındayım. Onu hiç kimsenin sevmediği kadar seviyorum.

Ahu ve Tamer

Ahu ve Tamer bu hayata sığdırdığım çok az sayıdaki dostlardan...

Önce Ahu'yu tanıyıp sevdim; beni çok sevdiğine inandırdı. Tamer'i de benimle tanıştıran o oldu. Tamer'in ruhunun soyluluğuna hayranım. Ona sonuna kadar inanırım; devamlı görüşemesek de sanki araya hiç zaman girmiyor ve kalbimdeki yerine kimse sahip olamıyor.

Ahu'nun ise dostluğuna, sırdaşlığına ve kültürüne ve hayat

karşısındaki duruşuna hayranım. Hem kendisi hem de ailesi hayatıma çok şey kattılar. Hayatı onlarla tanıdım; yokluktan varlığa... Bana o kadar değer verdiler ki hâlâ karşılığını gösterememiş olmanın üzüntüsünü yaşıyorum.

Ahu aynı zamanda en büyük gururlarımdan biri bu mesleğe yönelişindeki etkim şimdi beni çok gururlandırıyor. Onun her başarısı beni çok sevindiriyor. Stardium adlı müzik şirketiyle Unkapanı zihniyetini baştan aşağı değiştirdi. O benim bir tanecik ördeğim...

Duygularımı çok az insana açıyorum ve onlarda kilitli kalıyor. Onları çok yoğun yaşıyorum ve kıllarına bile zarar gelmesini istemiyorum.

Yıkılmaz bir kale

Okan Bayülgen'i kendime o kadar yakın hissediyorum ki, onu ruhumun erkek hali sanıyorum. Ona bakınca hem kendimi hem de özlediğim her şeyi bir arada görüyorum. Yıllardır hiç kimsede rastlamadığım bir sahicilikle karşılaştım onda. Sadece dilinde değil sahiciliği; sevgisi de sahici, sevdiği insanı sahiplenişi de. İnsanların geçim derdine düşerek, rotalarını rüzgârın estiği yöne kırışı bence en kolay anlaşılabilecek olanı. Onaylamam ayrı, ama en azından nedenini bilirim. Ama düzenin her türlüsünün köpeği olup, sevginin ve saygının satılığa çıkarılmasını kimse izah edemez bana. İnsanın insanı bozuk para gibi harcadığı bir devirde ve meslekte Okan tek kişilik, yıkılmaz bir kale gibi dikilir soysuzluğun ve kalleşliğin karşısına. İnsanın insanlığından utandığı kapkara bir çağda, göz kamaştıran ışığıyla yüreğime su serpen bir deniz feneridir Okan.

SÖZCÜKLER RUHUNU MU ÇAĞIRIR?

Besili ev sahibesinin cevabı hazır: "Yeğenim dediğine bakmayın, basbayağı karı koca gibi yaşıyorlar."

Karıkoca gibi yaşamak bilmediğim bir şey.

"İftira etme canım sen de..."

"Ayol ne iftirası! Perdeyi aralık bırakmışlar, dudak dudağa öpüşürlerken gördüm."

Dudak dudağa öpüşmek: onu da bilmiyorum.

Sonra hararetli bir konuşma, bağıra çağıra, kaba gülüşmelerle. Yalnız annem susuyor, galiba gülümsemeye çalışıyor.

Tırnaklarımı tüle geçirmişken yakalıyorum kendimi.

Beni unutmuşlar, ya da, önemsemiyorlar, yalnız, sesleri alçaldı, şimdi fısıldaşıyorlar. Kötülük yapacak insanların sinsiliği içinde.

Bir sözcük daha öğreniyorum o gün, çünkü hanımlardan biri, "Zürafa mı yani bunlar?" diyor. Zürafa?

YARIN YAPAYALNIZ, SELİM İLERİ

Bu dünyaya doğdum ve sözcükler duydum... Ya da sözcüklerin içine doğdum... Doğduğumdan beri sözcükler öğrenip sözcükler söyledim... Şarkılarda, müziğin yardımıyla onların ikinci, üçüncü, beşinci anlamlarına ulaştım... Seslerinde, tınılarında ve harflerinde uç veren duygular tarihini hissettim.

Sözcüklerin bazıları yaraladı beni, bazıları içime oturdu, bazıları ruhuma işledi, bazıları mutlu edip umutlandırdı, bazıları ağlattı... Bazıları da hayatı... hayatımı ve kişiliğimi anlattı...

Bazıları bugün artık unutulsa da... unutturulsa da... ben unutamadım. Mesela "hakir görmek." Küçük görmek ya da küçümsemek değil de, hakir görmek denince, hakir görülen kişinin bütün hayatını görürüm. Emek gelir aklıma, alın teri gelir, onur gelir, para politikalarının yeryüzüne indirdiği merhametsizlik cehenneminde tekmelenip horlananlar gelir... Çocuğunun, televizyon reklamlarında görüp istediği çikolatayı alamayan babaların ya da evlere temizliğe, şuna buna gidip de evladını okutmaya çalışan annelerin acısını duyarım yüreğimde... İnsanlar yiyip içip eğlenirken kan ter içinde masadan masaya koşuşturan, üstüne bir de azar işitip aşağılanan garsonların dramı beni ben olmaktan çıkarabilir; çok rahat katil edebilir mesela... Ama hakir görenleri öldürmeye ömrümün yetmeyeceğini bildiğimden, insanoğlunun yüreğinin kirini bulaştırdığı sözcükleri fırlatıp atmayı seçerim hayatımdan: "HİZMETÇİM" ya da "ŞOFÖRÜM" yerine "MESAİ ARKADAŞLARIM" ya da "KARDEŞİM" derim...

*

Hakir görmek sözcüğüyle kurduğum ilişki çok daha kapsamlı ve uzun. En az şu sorunun yanıtı kadar: Acaba bu sözcük neden gelip beni buldu? Ruhum mu çağırdı o sözcüğü? Ezilenden yana olmaya, ezmektense ezilmeye doğuştan mı karar vermiştim? O sözcüğü duymasaydım hangi duygulara sürüklenirdim? Neleri çözemez, nelere başkaldıramaz, nelerin adını koyamazdım?..

Kendim için küçük biz sözlük hazırlamaya bunları düşünerek karar verdim işte.

*

Neden bu küçük sözlüğe ihtiyaç duyduğumu şöyle de açıklayabilirim: Kronolojiye uzağım. Kendimi, hayatımı "ÖNCE ŞUNU YAŞADIM, SONRA ŞÖYLE ŞÖYLE OLDU," diye anlatamayacağımı en başından beri biliyordum. Çünkü duygularla ve düşüncelerle var olmaya yatkınım. Mesela şimdi, şu kadar sayfa ilerlemişken, içimden "DÖNÜP YENİ BAŞTAN YAZSAM BAMBAŞKA ŞEYLER ANLATIRDIM," diye geçirirken yakalıyorum kendimi. Yaşananlar değişmeyeceğine göre, bu kaygım duygularımı tam olarak geçirip geçiremediğim endişesinden kaynaklanıyor olmalı. Bu küçük sözlük de aynı endişenin ürünü elbette...

Aşk

Harf sırası gözettiğimden değil, yaşamımda başı çeken sözcüklerden biri olduğu için ilk sıraya aldım aşkı. Çünkü aşksız soluk alıp verebileceğimi sanmıyorum. Yaşama sebebim benim aşk; vazgeçilmezim. Kapkara bir dönemimde intihara bile hayır dedim aşkla karşılaşınca. Kendi elimle öteki tarafa gitmeye ramak kalmışken aşk Levent olup çıktı karşıma.

Acı çekmek

Özgürlüktür. Duyguların dibine kadar inmektir. Yaşamak denen şeyin peşine düşmeyi göze almaktır. "MUTLULUK MU, ACI MI?" deseler "ACI," derim kesinlikle.

Şefkat

Her türlü ilişkide ilk aradığım şey. Şefkatten daha önemli hiçbir şey yok hayatta. Sahiplenilmeyi, sevilmeyi ve korunmayı bir araya topluyor. Levent beni işe gitmeden önce alnımdan öper. Şefkatin en büyük ifadesi budur bence. Bütün yaşadıklarınızı onarır ve unutturur. Hayatınızı kutsar. Dünyadaki leke tutmayan tek şeydir.

Tezat

Karakterimin ve yorgunluğumun özeti. Naralar atarak ağlarken, önce durulup sonra tebessüm etmedim, doğrudan kahkahaya sıçradım. Yaşadığım evleri estetik kılmak için büyük paralar harcarken, şişmanladıkça şişmanlayıp, o evlerin içinde estetik dışı bir bedenle dolaştım. Çocuk sahibi olup, evladımda gün be gün kendi çocukluğumu göreceğime, annem alzheimer'a yakalandı ve ben annemin çocukluğuna doğru geri gidişine tanık oldum.

2000'de, bir tımarhane olmadığını söylemek ihtiyacını hissettiğim (!) La Paix'de yatarken Kral TV'de YILIN KADIN SANATÇISI seçildim. Artık dostum saydığım psikiyatrım Nihat Kaya "LÜTFEN GİT ZERRİN," dedi. Gittim ama mesaj çektim telefonuna, "PANİK ATAĞIM BAŞLADI, DÖNMEK İSTİYORUM," diye. "SAKIN DÖNME!" diye yanıtladı. Ödülü alırken ne dediğimi bile hatırlamıyorum. Tören sonrasında parti verilecekti. Benim çıkmaya hazırlandığımı fark eden, Kral TV'nin müdürü Müştak bey "ZERRİN HANIM PARTİ VAR," diye hatırlattı. "BENİM LA PAIX'YE DÖNMEM LAZIM, KAPILARI KAPATIYORLAR BELLİ BİR SAATTEN SONRA," dedim. "ÇOK ŞAKACISINIZ," diyerek kahkaha attı. Gidip hemşireleri kaldırdım, "ÖDÜL ALDIM!" diye! Ne enteresan uçlar! La Paix'den ruh çöküntüsü içinde kalk ödül almaya git, sonra tekrar La Paix'ye dön!

Çocuk

Bu kitabı yazmaya başladığım günlerde geç kalmamış olmayı ummuştum. Ne yazık ki geç kalmışım. Ruhen bitmiş gibi hissediyorum kendimi. Düşündükçe içimde büyük bir savaş başlıyor. Hayatta bir tek ölümsüzlüğün imkânsız olduğuna inanmıştım. Doktorum "BİR KADIN YUMURTA SEPETİ GİBİDİR, SİZİN BİR TEK YUMURTANIZ BİLE KALMAMIŞ" dedi. Dünya döndü döndü başıma yıkıldı. Artık ancak başkasının yumurtasını alarak... O bile tehlikede. Çünkü tansiyon hastasıyım ve zaten şans oranı yüzde elli. Kendi parçam olsun isterdim; bana mı benzeyecek, karakteri nasıl olacak; bu heyecanları yaşamak isterdim. Bir de insanın yasaklara karşı hakikaten sempatisi var. Çocuğumun olmayacağı söylendiğinden beri "KEŞKE KISIR OLSAYDIM, O ZAMAN KABULLENİRDİM," diye düşünüyorum. Hamile kadınlara, çocuklara çarpıyor gözüm sürekli. Tanrı onları korusun ama ben kahroluyorum.

Annemden sonra başıboş atlara döndüm. Nereye saldıracağımı şaşırdım. Kendi hayatıma adapte olmaya çalıştım ama treni kaçırdım. Daha önce de dünyada doğurmak diye bir şey vardı ama ben o sisteme dahil değildim sanki. Dahil olmak istediğimde ise geç kaldığım söylendi.

Yeğenlerim

Ben şanslı bir teyzeyim. Gerek Rıza (Aliş) gerek Atahan, gerekse Hakan'la daima gurur duydum. Ailevi sorunlarımızın içinde büyüdüler. Buna rağmen çok sağlam durdular manevi zorluklar karşısında.

Belki ben iyi bir teyze olamadım. Kendi sorunlarım içinde boğulmaktan onlara duyduğum sevgiyi tam olarak hissettiremedim belki. Ama onları çok seviyorum... Tanrı bana onların üzüldüğünü göstermesin. Her gece dualarımdalar.

Gözyaşı

Gözyaşlarını ve gözyaşı döken insanı çok severim. Çok güzel ve ayrıcalıklıdırlar. Mutluluğu, hüznü ve dürüstlüğü anlatır. Hayatımdan asla çıkaramam.

Tanrı

Tanrı insanın içinde, vicdanında bence. Onunla çok konuşurum. Ona çok sığındım ve bir tek ondan kötülük gelmeyeceğine inandım. Beni herkesi sevdiğinden daha farklı seviyor sanki. Onu en çok benim sevdiğimi zannediyorum bazen. Onun varlığıyla güçlendim. İntihardan, her şeyden ve herkesten önce onun sayesinde vazgeçtim.

Ses tonları

Hayatımı ses tonları yönetti. Ya da ben hayatımı ses tonlarına göre yönettim. Hassasiyetimi doruğa tırmandırdı tonlamalar.

Bir insana öyle bir "ALLAH SENİ KAHRETSİN!" dersiniz ki, bütün sevgi sözcüklerini yıkar geçer. Ya da "SENİ SEVİYORUM," cümlesini öyle bir tonlarsınız ki en acı sözden daha beter yakar yüreği.

Annem öldükten sonra "ALLAH'IM SEN BANA ONUN SES TONUNU UNUTTURMA," diye yalvardım. Kulaklarımdaki sesi silikleştikçe koca gezegende tek başıma kalmışım gibi hissediyorum kendimi. Ona duyduğum bağımlılık hiçbir bağımlılığa benzemiyor.

Kulis

Gazino kulislerini hep küçük gördüm. Ailemin kulise gelmesini istemedim çünkü onları kulise yakıştıramadım. Annem hiç niyetlenmemişti kulise gelmeye ama niyetlense bile karşısında her zamanki ezik Zerrin olmaz, buna müsaade etmezdim.

Kuliste küçük düşürücü bir şeyler yakalamamın birkaç nedeni var. Birincisi, Tülay ablamın "BU MESLEK BİZE GÖRE

DEĞİL," lafı aklımdan hiç çıkmıyordu. İkincisi, annemin akrabaları "HÜSNİYE HANIM'IN KIZLARI PAVYONA DÜŞMÜŞ," demişlerdi şarkıcılığa başladığımızda. Üçüncüsü annemin sahneye çıktığımda beni üzülerek seyretmesi... Dahası, ailemin yanında aşırı sahne makyajı yapmak ya da kıyafetimi çıkarıp bornozla durmak beni rahatsız ederdi herhalde. Bir de kulisteki kültür düzeyi her zaman utandırdı beni: Bağırıp çağıranlar, küfür edenler...

Bütün bunlara ben muhatap olabilirdim ama ailem olamazdı. Onları yüceltirken aslında kendimi de mi yakıştıramıyordum kulise? Olabilir.

Şarkı söylemek

Hayatımdaki en büyük orgazm sahnede şarkı söylemek oldu. Ama bir tek gün bile "BUGÜN ÇIKIP ŞARKI SÖYLEYECEĞİM," diye konsantre olamadım, hiçbir zaman bunun keyfini sürüp tadını çıkaramadım. Ne zaman sahneye çıkacak olsam öncesinde ya annemle kavga ettik, ya da aklımda sürekli borçlar, özel yaşamımdaki terslikler oldu. Kaldı ki, hiçbir zaman sahnede sanatçı olma lüksünü yaşayamadım; hep yorgun çıktım sahneye. Çünkü hem menajer, hem basın danışmanı hem de asistandım. Bu beni çok hüzünlendiriyor.

Alkış

Hayatımdan hiçbir zaman çıkmamasını dilediğim şey. Sevgisinin temizliği benim için her şeyden değerli oldu.

Basın

Eskiden de çoğu sanatçının "basın danışmanı" varmış. Basın danışmanlığı bir meslek değildi o zamanlar. Her yerde yazısı çıkan kimi sanatçılar meğer bazılarına maddi destek sağlarmış. Hiçbir zaman gönül indirmedim böyle şeylere. Hâlâ "HAFTADA İKİ KEZ ŞUNU, HAFTA BAŞINDA BUNU ARAMALISIN," diye akıl verenler var. İçimden geliyorsa ararım. Arkadaşlık etmek istiyorsam. Hakkımda haber yazılsın diye kimseyle yemeğe çıkamam. Hiç işim olmaz!

Geçenlerde Kadir Has Üniversitesi'ne gittim Şafak Karaman'la, bir konuşma için. "BASINI İSTER MİSİNİZ?" dediler, "HAYIR," dedim. Ama insanlar camiye dua okumaya giderken bile gazetecileri arayıp haber veriyor. Bütün bunlar bana çok ters.

"SANATÇI BASINSIZ, BASIN SANATÇISIZ OLMAZ," diyorlar. Bilmiyorum. Ankaralı Turgut'un albümleri nasıl o kadar çok satıyor o zaman?

Basının kırıcılığı mesleğimi bırakmamda bile etkili oldu. Kadın ya da erkek, bir insanın vücuduyla dalga geçme ya da hakkında yalan haber yazma cüretini nereden alıyorsun?

Aykut Işıklar'ın bir yazısı beni çok ağlatmıştı. "ZERRİN ÖZER YILLARDIR TEK BAŞINA MÜCADELE VERİYOR. HİÇBİRİMİZ ONU DESTEKLEMEDİK AMA BAŞARISINI GÖRMEZDEN GELEMEYİZ," diye yazmıştı Rumelihisarı konserlerimden sonra... Elini tepelere uzatmayı seçmiş kişilerin de payı vardı bu dayarsızlıkta elbette... Ama geçelim desteklemeyi, üç beş boş masayı çekip, şöyle yazılar bile yazdılar: "ZERRİN ÖZER BOŞ MASALARA ŞARKI SÖYLÜYOR."

Ama artık her şeyi yazabilirler. Aldırmıyorum. Hem de hiç.

Çalışmak

Yıllarca çok çalıştım ve en verimli zamanımda yorgun düştüm. Bazen beş gün evden çıkasım gelmiyor. Ama çalışmak dünyanın en güzel şeylerinden biri. Çalışmayınca kafamı kendime ya da başkalarına takıyorum. Çalışmayı, bu mesleğe verilmiş yirmi sekiz yıllık emekten ayırıyorum. O emeğimin karşılığını ne basından, ne ödül kurumlarından ne de –birkaçını dışta tutarak söyleyeyim- müzik şirketlerinden aldım. Sadece sevenlerim verdi o emeğin karşılığını...

Para

Ben bu devirde bile parasız aşk yaşanabileceğini savunuyorum. Kirada oturuyoruz. Levent'in de işi kötü gidebilir, benim de... Öyle bir durumda tek göz bir odada da yaşayabiliriz. Bunlar beni üzmez. Hayatın göstereceği her şeye açığım. Kaybedecek hiçbir şeyim yok.

Yıllardır parasız halk konserleri vermek isterim. Beni seven ama parası olmadığı için konserlerime gelemeyen sevenlerim olduğunu biliyorum. Kısmet olmadı bir türlü... Ama hiçbir yardım konserine hayır demedim. Yardım konserlerinde, bu dünyada bir işe yaradığımı hissettim.

Para bana da lazım, evet, ama borçlarımı ödemek için. Borçlarımı ödediğimde dünyanın en zengin insanı oluyorum.

Para bence merhametsizliği getiriyor. Para katlanıp çoğaldıkça vicdandan uzaklaşılıyor. Hem paralı hem de yürekli birini tanımadım daha. Ben benden gideceksem param olmasın.

Bir de insan ne kadar meta bağımlısı olursa ruhunu o kadar geç teslim edermiş. Eskiden düşkündüm eşyaya. Saklar, bir yana koyardım. Ne kadar saçma bir hareketmiş. Şimdi tepe tepe kullanıyorum.

Para hakikaten insanın elinin kiri.

Zeytin

Yokluğun, yoksulluğun en koyu halidir benim için. Buzdolabını açtığında eğer bir zeytinin bile yoksa hapı yuttun demektir. Hastalığının ilk günlerinde Tülay ablamda kalırken annemin evini kiraya vermiştim. Altı aylık kirayı peşin almış, kuruşuna bile dokunmadan Tülay ablama teslim etmiştim anneme bakacak diye. Buzdolabımda bir zeytin bile yoktu.

Küpe

Adamın birinin suratına yumruk atmışlar, "OF ARKAM!" diye bağırmış. Yumruk atan şaşırıp neden "OF ARKAM!" diye bağırdığını sorunca, dayak yiyen "ARKAMDA BİRİSİ OLSAYDI BANA VURABİLİR MİYDİNİZ?" diye karşılık vermiş.

Hüsniye Hanım'dan kulağıma küpe.

Vefa

Sanki bu kelime eskidi, tozlandı ve rafa kalktı. Çok az insanda vefa kaldı. Özellikle büyük düşüşlerde etrafında kimsenin kalmayacağını söyler herkes. Ama ben bunu yaşamadım. En kötü günlerimde dostlarım hep yanımda oldu. Belki ben de vefalı bir dost olduğum içindir. Fakat mesleki açıdan ciddi boyutta vefasızlıklarla karşılaştım.

İstanbul Gelişim Orkestrası

İstanbul Gelişim Orkestrası benim kişisel sözlüğümün en önemli maddelerinden biri oldu hayatım boyunca. Çocukluğumda anne babamla birlikte İstanbul'a gelişlerimizden birinde hayranlığımdan arkalarından seslenip bağırdığım, onlarla çalışmış olmakla ömür boyu gururlandığım, Türkiye'nin gelmiş geçmiş en büyük orkestrası...

Orkestradan hiç kimseye, hiçbir zaman saygısızlık yapmadım. Onlarla birlikte geçen yedi yılımı müzikal açıdan en kaliteli zamanım olarak gördüm. Onları her zaman özledim. Yıllar sonra tekrar birlikte çalışmak istediğimde "SEN ARTIK SOLİST OLDUN, SENİN ALACAĞIN PARAYI BİZ NASIL VERELİM?" diye sordular; sadece kuaför parası alarak çalıştım onlarla Günay'da. Sırf mesleki tatmin için. Günay doldu taştı. Gerçi benden sürekli 'GÖNÜL'ü, 'ARTIK SEVMEYECEĞİM'i falan istemeye başlamıştı dinleyiciler; bir şeylerin artık eskisi gibi olmadığını hissediyordum ama buna rağmen gayet iyi gidiyorduk. Ta ki, Günay'ın sahibi bir gün kulise gelip de bana "HAFTAYA MUAZZEZ ERSOY BAŞLIYOR. ODASININ ANAHTARININ BİR TEK KENDİSİNDE OLMASINI İSTER O. KİLİTLER ÇIKAR KAPIYI. ONA SİZİN ODANIZI VERMEMİZ LAZIM. SİZ ORKESTRANIN ODASINI KULLANABİLİR MİSİNİZ?" diyene kadar! Muazzez Ersoy'un, en azından benim adımı duymuş olsa, böyle bir şey isteyeceğini sanmıyorum. Ama çok bozulmuştum bu muamele karşısında. Orkestra solistliği yaptığım için ben Zerrin Özer'liğimden bir şey yitirmemiştim ki!.. Ayrılmak istediğimi söylediğimde orkestradakiler de hak vermişti bana...

Anlattığım bu olayın şununla ilgisi yok: Yıllar sonra Selçuk abi hastalandığı için bazı geceler düzenlendi. Selçuk abi için bir gece düzenlendiğini Gülgün'den duydum ben! O da tesadüfen öğrenmiş. Günay'da düzenleniyormuş gece. Nilüfer, Sezen Aksu, Ajda Pekkan... Nerdeyse herkes orada ama ben yokum! Halbuki içlerinden sadece Ajda Pekkan'la çalışmışlardı!

Uğur Başar'a telefon açtım, "BEN NİYE YOKUM O GECE-

DE?" diye sordum. "BİLMİYORUM Kİ HAYATIM, GECEYİ MUSTAFA OĞUZ'LA HINCAL ULUÇ HAZIRLIYOR," dedi.

Nasıl üzüldüğümü anlatamam. Buna benzer bir gece tekrar yapıldı. Gazetelerde haberi çıktığında yayınlanan fotoğraflarında bile ben vardım! Ama yine çağrılmadım.

O kadar kırıldım ki... Bana bir sebep gösterin en azından. Ben de emek vermişim size. Haftalığımı sizin için geciktirdiğim için annemden tokat yemişim! Gerçi sizlerin önünde öğrendim şarkı söylemeyi, ama bunu hiçbir zaman unutmadım ki! Uzun yıllar boyunca tek solistinizdim. Herkesten önce orada olmam gerekirdi.

Mustafa Oğuz ya da Hıncal Uluç, hangi cüretle beni dahil etmiyorsunuz geceye? Ya da İstanbul Gelişim Orkestrası, siz niçin sormuyorsunuz benim niye orada olmadığımı?

Ama Rumelihisarı konserlerimde dinleyicilerim sordu niye orada olmadığımı. Yalan söyleyemem. "ÇAĞIRMADILAR," dedim.

Sıcak

Sımsıcak biriyim ama sıcağı sevmem. Hamama, saunaya giremem. Yapış yapış ilişkileri sevmem. Altı çizilmemiş bir mesafe ararım ilişkilerimde. Bugüne kadar hiçbir arkadaşımın buzdolabını sormadan açmadım mesela.

Panik atak

En büyük yoksulluğum. İnsanlar panik atağı bir dönem geçirip atlatıyor. Bende tam yirmi yedi senedir sürüyor. Psikiyatrlara gittim, ilaçlar aldım ama geçmedi.

O dönemlerde bu hastalık pek bilinmiyordu. İlk teşhisi

Amerika'da, o da kaç doktora gittikten sonra koydular. "SİZİN GİBİ YEDİ SEKİZ HASTAM VAR, YAŞAMAYAN BİLEMEZ, SİZİ ANLAMADIKLARI İÇİN KİMSEYE KIZMAYIN," dedi doktor.

Ataklar periyodik dönemlerde farklı şekillerde geliyor. Temelinde bilinmeyene karşı duyduğum korku yatıyor. Ve bu içsel bir korku. Bayılma korkusu, nefes alamama korkusu, vücudumdan bir organımın fırlayacağı korkusu... Üç beş dakika süren ataklar altı yedi saat kadar uzun geliyor. İçimde büyük bir vahşet yaşıyorum. Bütün hücrelerim birbirinden ayrılıp başka yerlere gidiyor, sonra tekrar bir araya geliyorlar. Kendimle ve ölümle mücadele ediyorum o anda. Birdenbire, belli bir neden olmaksızın korkunç bir şey yaşayacağım hissine kapılıyorum. Bazen, derecesine göre, ellerimi öyle bir sıkıyorum ki avuçlarım kanıyor. En sevdiğim insan bile o sırada bana yardım edemiyor. Hayatımda sevginin yenemediği tek şey. Herhalde yakamı hiçbir zaman bırakmayacak.

Panik atağın tıpta tanımlanışı çok eski değil sanıyorum. Bu yeni hastalıkla derhal tanışmamı "SANA HER ŞEY MÜSTAHAKTIR," diye açıklıyorum. Komşunun evinde de olsa acıyı hemen çağırıp giyinmem lazım!

Bir gün tam sahneye çıkacağım sırada başladı. Yedi sene boyunca "yasaklı" olduğum Rumelihisarı'na ilk defa çıkacaktım. Yönetimi el değiştirmiş, Uzanlara geçmişti çünkü... Yanımda Gülgün vardı, "ÇIKAMAYACAĞIM," dedim. Nefes alamıyordum. Gülgün sahneye itiverdi beni, "BAYILACAKSAN ÇIK SAHNEDE BAYIL," dedi. İlk üç şarkıda ayağımı o kadar kasmışım ki çorabım yırtılmış. Dördüncü şarkıya kadar nasıl geldiğimi bir ben biliyorum bir de Allah. Ayakta sallanıyordum. "KADIN ZURNA OLUP DA ÇIKMIŞ," diye düşünmüşlerdir belki.

Psikiyatri

Bütünleşme platformum. Hastalıkların bile psikolojik kökenli olduğuna inanıyorum. Alternatif tıp hastalıklar psikolojik olduğu için işe yarıyor bana kalırsa.

Edebiyat

Ruhun kendisi. Yaşamın en geniş karşılığı.

Haddini bilmek

En sık kullandığım kelimelerden biridir. Her şeyi tolere edebilirim. Yalanı bile. Ama hadsizliğe hiç tahammülüm yok. Sindire sindire de çiğnesem yutamam. Kafası çalışan bir insanın haddini aşıp kendisini komik duruma düşüreceğini sanmıyorum.

İlişkiler

Hayatımın tamamı. İlişkisiz yaşanabileceğini düşünemiyorum. Yardımlaşmayı ve vefayı anlatır bana, menfaat, kötülük, basamak gibi şeyleri çağrıştırmaz. En kısasından en uzununa, en gelip geçicisinden en kalıcısına her türlü ilişkide ölçülerim aynıdır. Bir gün biri "BAK ŞİMDİ NASIL ASSOLİSTLİK YAPACAĞIM," demiş, sonra da kulis sorumlusunu çağırıp "GİT SU GETİR BANA ÇABUK," diye emretmişti. Şöyle bir bakıp, "ASSOLİSTLİK BÖYLE Mİ OLUYOR?" diye sormuştum.

Bense tam tersine, "AFFEDERSİNİZ, BİR BARDAK SU RİCA EDEBİLİR MİYİM, ZAHMET OLMAZSA BİR MEYVE SUYU RİCA EDEBİLİR MİYİM?" diye kırılıyordum kibarlıktan.

İki gün sonra aynı kulis sorumlusu, "BENİMLE YEMEĞE ÇIKAR MISINIZ?" diye sordu.

Garsonlar ve hizmetliler

Emek veren, hizmet eden insanı çok önemsedim. İş iştir elbette ama neden o işi yapmak onların payına düşmüş diye kederlenirim.

Başka bir ülkede doğmuş olsaydım bu türden, hiç geçmeyen bir hüzne kapılmazdım herhalde. Kan ter içinde koşuşturan insanların en çok aşağılandığı ülkelerden birinde yaşıyoruz.

Asgari ücret

Beni en çok üzen şeylerden biri. İnsanlar ev kirasını mı ödesin, çocuklarını mı okutsun, mutfağı mı düşünsün?.. Çok adaletsiz bir ülkede yaşıyoruz. Bu ülkenin insanlarını ne kadar seviyorsam, devlet sisteminden de o kadar tiksiniyorum. Televizyonda soysuzluk ve vicdansızlık anıtı bir sağlık haberine rastlamıştım: Parası olmadığı anlaşılınca yaralı çocuğun bacağına attığı dikişleri söküvermiş doktor. İnsanını sahiplenmekten aciz, insanına hiçbir şeyi hak görmeyen, kimsenin yetkisinde olmayan hakların bile savaşarak alınmasını gerektiren içler acısı bir ülkede yaşıyoruz.

Bizde de kabahat var. Her verileni kabul ediyoruz. Daha geçenlerde Fransa'daki üniversite öğrencilerinin kabul edilmez bir iş yasasını değiştirişleri benim bile yüreğime su serpti. İnsan olmak başkaldırıyı da gerektirir.

Bir de, yıllar geçtikçe, çektiğim acıların politik yönlerinin de olduğunu kavradım. Şimdiki aklım olsaydı, siyasi bir misyon yüklenirdim.

Uyku

Gece belli bir saatte yatıp deliksiz uyuyan insana hayranım. Oturup seyredecek kadar hem de. Ben hiçbir zaman deliksiz uyuyamadım. Vakitsizce uyanıp sigaralar içtim, takılar yaptım, tekrar yattım. Bunun kökeninde uykuyu yaşam hırsızı gibi görüşüm var.

Ama kimsenin ahını almadım, kimsenin hayatıyla ya da ekmeğiyle oynamadım ve kimsenin canını kötülükle yakmadım. Uykularım delik deşik de olsa, başımı yastığa her zaman rahat koydum.

Çiftlik ve havuz

Mütevazı bir çiftlik hayatta en çok düşlediğim şeylerin başını çekiyor. İçinde köpeklerimle yaşayabileceğim, havuzunda yüzeceğim bir çiftlik...

İlk evimi aldığımda bazı geceler uyanıp duvarlarını severdim. "BUNU BEN Mİ ALDIM ALIN TERİMLE?" diye. Alın teri insanın en değerli şeyi...

Zayıflamak

Hayat boyu süren çilem. Ya zayıfım ya da şişman; ortası yok.

Zayıflayınca kendi kişiliğimi daha rahat ortaya koyabiliyorum. Dışarı çıkıp insan içine karışıyorum. Şişmanlayınca eve kapanıyorum. Arayanları aramıyorum. Kimse evime gelmesin istiyorum. Saçlarım prize takılmış gibi, dağıttıkça dağıtmış bir halde dolaşıyorum evde.

Şişmanlamak kendime verdiğim en büyük ceza.

Erkek ve kadın

İkisinin de birbirine ihtiyacı var. İkisi de şefkatli olmalı. En azından benimle kurdukları ilişkide.

Kadın narin olmalı. Benim olabildiğimin tam tersi olmalı yani.

Zayıf karakteri ne erkeğe yakıştırabilirim ne de kadına. Bunu bir kenara koyarsak, kadın çok güçlü olmamalı sanki... Sanki erkeğe daha çok kalmalı o güç...

Erkek arkadaşlarımın sayısı kadın arkadaşlarımın sayısından hep daha fazla oldu. Ama en güçlü dostlukların erkeklerle erkekler arasında kurulduğunu gördüm.

Cinsellik

Çok önemli. İki insan arasında hiçbir sınır tanımam. Ama duygulardan yoksun sekse hiç aklım ermedi. Çünkü bana göre cinsellik sevginin ve aşkın uzantısıdır. İki insanın ulaşabileceği en mahrem yerdir. Bir insanı tanımanın son durağıdır, başka bir şey kalmaz artık geriye. Bu yüzden cinsellik sonsuzluktur bence. Çocuğa, yeni bir yaşama açılır sonunda.

Çocuk kalmak

Olgunluğun nasıl bir şey olduğunu bilmiyorum. Çocuk kalmak her şeye rağmen hayata güzel bakabilmek demek bence.

Yaşlanmak

"YÜZÜMDEKİ HER ÇİZGİ BANA GERÇEK BİR YAŞAM PARÇASINI ANIMSATIYOR," diyen bir yazar var. Ben öyle diyemiyorum. Kendimi hâlâ on sekiz yaşında sanıyorum. Bu durum beni ileride çok yoracak sanırım.

Unutulmak

En büyük korkum. Sadece şarkılarımı ya da adımı kastetmiyorum. Hiçbir ilişkide hiçbir zaman unutulmak istemedim. Bir evladım olsaydı... Bilmiyorum... Çocuğunuzun olmaması da bir çeşit unutuluştur belki.

ŞARKILAR, ALBÜMLER, HİKÂYELER

"Her dinleyen kendinden bir şeyler katıyor; her dinleyen kendi hikâyesini yazıyor şarkılara."

Yirmi sekiz yıla dağılmış... yirmi sekiz yıla sığdırılmış 45'likler, long play'ler, yirmiye yakın albüm...

Şarkıların kendi hikâyelerini kendilerinin yazdıklarına inanıyorum. Kim bilir kimleri hangi aşklara, hangi yıllara, hangi yaşlara, hangi düşlere, hangi savruluşlara, hangi kopuşlara, hangi ayrılıklara, hangi kavuşmalara götürüyorlar... Her dinleyen kendinden bir şeyler katıyor; her dinleyen kendi hikâyesini yazıyor şarkılara.

Kitap boyunca kimsenin hikâyesine müdahale etmemeye çabaladım.

Bu bölümde de sapmamaya çalışacağım bu çabamdan.

*

1976'da çıkan ilk 45'liğimdeki şarkılarımın sözlerini ben yazmıştım. 'BİZLER VE SİZLER'in orijinali Janis Joplin'e, 'YALVARIRIM'ın orijinali ise Mireille Mathieue'ya ait. Çok direnmiş, neredeyse yalvarmıştım o şarkıları okuyabilmek için. Yapmak istediğim müzik oydu. Zor da olsa sonunda kabul ettirdim plak şirketine ama hiçbir tanıtım çalışması yapmadılar. Yine de o şarkıları hâlâ anımsayanlar var.

*

İkinci 45'liğim 'GÖNÜL'ün hikâyesi oldukça ilginç.

Melih Kibar, Esin Engin ve Çiğdem Talu'yla aynı plak firmasındaydık. Tonmaister'ımız Doruk Onatkut abimdi. O dönemlerde şarkıcılara yirmi otuz tane şarkı okutulur, şarkılar demlenmeye bırakılır, tesirleri üzerinde uzun uzun düşünülür, hangisinin yayınlanacağına ondan sonra karar verilirdi. Enstrümanlar canlı çalınırdı; geriye sadece hangi şarkının plağa konacağına karar vermek kalırdı.

'GÖNÜL'ü okumamı istediklerinde itiraz ettim önce, "BEN ARABESK SÖYLEMEM," diye. "LÜTFEN ZERRİN, PLAK İÇİN DEĞİL, BİR KERECİK BİZİM İÇİN OKU," dediler. Yumuşak başlı biriyim; çok sevdiğim insanların ricasını kıramazdım... Şimdi hepsi rahmetli oldular... Nur içinde yatsınlar.

'GÖNÜL'ü onların ricası üzerine tek bir kez okudum. Kaydetmişler meğer. Şimdi "İYİ Kİ OKUMUŞUM," dediğim 'GÖNÜL' o haliyle sürülmüştü piyasaya.

O yıllarda TRT'de arabesk yasağı vardı. Tamamen Batı gırtlağıyla okunduğu, altyapısının da arabeskten çok uzak olduğu söylenerek, TRT'nin denetiminden bile geçti 'Gönül'. Bu bir ilkti.

Sevgili Orhan Gencebay, ilk defa bir şarkısının TRT'nin denetiminden geçtiği için çok duygulandığını söylemişti telefon açıp.

'GÖNÜL' o kadar değerli bir şarkıydı ki, aynı şarkıyla hem Orhan Gencebay, hem Neşe Karaböcek hem de ben Altın Plak ödülü almıştık. Kim, hangi normda söylerse söylesin çok tutmuş, çok sevilmişti.

Orhan Gencebay'a hayatım boyunca minnettar kaldım 'GÖNÜL'ü bana verdiği için. Halka o şarkı sayesinde ulaştım.

Yeri gelmişken şunu da söylemeliyim: 'Ulaştım' sözcüğü rasgele seçilmiş bir sözcük değil. Hayatım boyunca halka ulaşmak için çabaladım; o kadar yüce bir yerdeler ki gözümde, buna ömrüm yetecek mi bilmiyorum. O yıllarda bir gazeteye atılan başlığa hâlâ çok sinirleniyorum: "ZERRİN ÖZER 'GÖNÜL'LE HALKA İNDİ" diye yazmışlardı! Aynı alaturka züppeliğe yıllar sonra benden izinsiz çıkarılan 'BEN' adlı albümünün kartonetinde de rastladım. "BEN DE ŞARKILARIMLA SİZLERDEN BİRİYİM," gibi abuk sabuk bir cümle yazılmıştı kartonete. Benden izinsiz çıkarılan bir albümün kapağının içine, benim ağzımdan!.. Albümün izinsiz çıkarılışından bile daha çok sinirlenmiştim bu soysuz cümleye.

*

Albümlere, şarkılara ilişkin bazı anılar toplum olarak nereden nereye geldiğimizi de açıklıyor. İlk iki 45'liğimin ardından 'SENİ SEVİYORUM' adlı kasetim çıktığında bir arkadaşımı ziyarete gitmiştim. Anneannesi de dinlemiş kasetimi; "NE AYIP! BU KADAR ÇOK 'SENİ SEVİYORUM' DENİR Mİ?" diye sormuştu. Utançtan yerin dibine girmiş, özür dilemiştim! Hatta yıllar sonra Aysel Gürel'in sözlerini yazdığı 'SAT GİTSİN' okurken de aynı utançla yüzüm kızarmıştı stüdyoda!

Şarkılara ilişkin anılar nereden nereye geldiğimizi gösteriyor, demiştim. Ama şu da var: Duygularını boyuna içine atmak zorunda bırakılmış bir toplumun, bu türden gereksiz baskılardan kurtulmasında, sırtında bir yük gibi taşıdığı sansür ve yasak gömleğini çıkarıp atıvermesinde, sevgisini korkmadan söyleyebilmesinde bence şarkıların da payı var...

*

Yeni çalışmalarda, o eski şarkıların tadını bulmak her geçen gün biraz daha güçleşiyor. Bunu herkesten duyuyorum. Eski bestelerin, eski sözlerin, eski seslerin tadı bambaşkaydı.

Teknolojiye kimsenin bir itirazı olamaz elbette. Ama doğru dürüst kullanıldığı taktirde. Şimdi saati bir milyon liradan internete bağlanıp onlarca şarkı indirilebiliyor. Korsan CD basmak daha da "ucuz". Sadece hırsızlıkla, hak yemekle, insanların ekmek parasıyla oynamakla kalınmıyor; bu işe emek verenlerin şevki de kırılıyor.

Aslında kötüye kullanılan her şey herkesi etkiliyor. Duygularıyla tepeden tırnağa oynanan insan, değerlerinden mahrum bırakıldıkça, değerlerini terk etmeye özendirildikçe kendinden yitiriyor. Çağın gelişmesinden, modernleşmeden söz edilirken aşklar bile aşk olmaktan çıkıyor. Bu durumda, yeni şarkılarda eski tadı yakalamak zaten imkânsız...

*

Birbirinden önemli müzisyenlerle ve söz yazarlarıyla çalışma fırsatı yakaladığım için kendimi çok şanslı sayıyorum. Tek bir notanın, tek bir sözcüğün bile hakkı sonuna kadar verilirdi.

Teatral bir yorumu benimsediğim için bilmediğim, yaşamadığım hiçbir duygunun sözcüklere dökülmüş halini hissederek okuyamam. Bu yüzden Aysel Gürel bana son yaşadıklarımı, nasıl bir ruh halinde olduğumu anlattırıp öyle yazardı okuyacağım şarkıların sözlerini. Fikret Şenes'le de aynı yöntemle çalışmıştık. Ya da Seda Akay gibi zaten yaşadıklarıma her dakika tanık olan birinin yazması gerekti okuyacağım şarkının sözlerini...

Bütün bu emek, titizlik ve saygı boşa gitmez, dinleyici eksiksiz bir yapıtla karşı karşıya olduğunu hemen sezerdi.

*

En sevilen şarkılarımdan biri olan 'O YAZ'a imza atan Bora Ayanoğlu gibi, aranjesiyle 'GÖNÜL'ü TRT'nin denetimden geçiren Esin Engin gibi, unutulmaz şarkılar arasına giren 'SON MEKTUP'u bana armağan eden Hakkı Bulut gibi, en çok tutan albümlere imza atan Garo Mafyan gibi, Selami Şahin,

Attilâ Özdemiroğlu, Şehrazat gibi çok önemli müzisyenlerle çalıştım. Kimler yoktu ki!.. Hurşit Yenigün, Banu, Coşkun Sabah, Ahmet Selçuk İlkan, Selahattin Erhan, Arto Tunç, Erbil Savaş, Feyyaz Kuruş, Muzaffer Uludağ...

Mesleği bırakana dek 'Sevgiler'den 'Ve Zerrin Özer'e, 'Mutluluklar Dilerim'den 'Kırmızı'ya, 'Dayanamıyorum'dan 'Dünya Tatlısı'na, 'İşte Ben'den, 'Sevildiğini Bil'e hemen hemen bütün albümlerim çok sevildi, bir milyonun üzerinde sattı...

Okuduğum yüzün üzerindeki şarkı arasında en çok hangilerini sevdiğimi düşündüğümde, ilk aklıma gelenler 'BIRAK ELLERİMİ', 'YALAN', 'BİR GÜLÜ SEVDİM' ve 'KIYAMAM!' Ama en başında da söylediğim gibi, bu listeyi uzatıp ya da bu liste üzerinde açıklamalar yapıp kimsenin kendi hikâyesini zedelemek istemiyorum. Çünkü o sırada içinde bulunduğumuz koşullar da çok etkiliyor şarkıların hikâyesini. Mesela birçok kişinin sevgilisini düşünerek dinlediği 'KIYAMAM'ı ben annem için, annemi düşünerek okumuştum.

*

Bazı albümlerimle filmleri aratmayacak türden ilişkilerim de oldu: 'MUTLULUKLAR DİLERİM'i benimle evlenmek isteyip de evlenemeyen birisine yollamıştım. Bir başkasıyla evlendiğinde. Albüme adını veren şarkı hislerimi çok iyi anlatıyordu çünkü.

Ama neyi anlattığına bakmadan isminde direttiğim bir albümüm de oldu: Okay bana "KIRMIZI" diye bir lakap taktığı için o dönemde çıkacak albümünün adı ille 'KIRMIZI' olacak diye tutturmuştum.

Radyoda çalmaya başlayan bir şarkı için "KİMİN ACABA?" derken kendi sesimle karşılaştığım oluyor bazen! Bazen de "NE ÇOK ARABESK OKUMUŞUM," diye düşünüyorum. Ama çoktandır müzik türlerini birbirinden ayırt etmiyorum; birinin diğerine oranla daha üstün olduğunu düşünmüyorum.

Her türün kalitelisi var, vasatı var. Benim arabesk parçalarım da çok kaliteliydi...

*

Yıllarca, art arda büyük tirajlara ulaşan albümlerden sonra şansızlığa uğrayan ilk çalışmam 'OLAY OLAY' oldu.

Hâlâ 'OLAY OLAY'ın Türk pop müziğinin en iyi albümü olduğunu düşünüyorum.

Ne mutlu ki Onno Tunç'la çalışma fırsatım oldu o albümle birlikte. Onno'nun da çok inandığı bir albümdü, "HER ŞEYİMİ BU KASETE KOYDUM, BİR BUÇUK MİLYON SATTIRACAĞIM," demişti.

Onno, Sezen'le birlikteyken başka hiç kimseyle çalışmıyordu. Bu kendi isteğiydi belki de, bilemem. Ama onunla ayrıldıkları dönemde çalışabilmiştik ancak. Aynı yıl Nilüfer'e de bir albüm hazırlayacaktı. Bu gerçekten de alışılmadık bir durumdu ve hep birlikte yemeğe çıktığımız bir akşam, birkaç kadeh içip kafası güzel olduğunda Nilüfer "ETRAFTAN DUYUYORUM, SEZEN'LE İKİNİZ ANLAŞIP, ZERRİN'LE BENİ YOK ETMEK İÇİN YAPIYORMUŞSUNUZ BU ALBÜMLERİ," demişti. Onno da "OLUR MU HİÇ ÖYLE ŞEY!" gibi bir şeyler söylemişti aklımda kaldığı kadarıyla... Hepimiz çok gülmüştük.

Çalışması zor biriydi Onno. Türkçeye çok önem veriyordu. Gerçi şarkı okurken söylediğim bütün sözcüklerin net bir biçimde anlaşıldığını söyler herkes ama yine de zorlanmıştım Onno'yla çalışırken.

Fakat sonuç mükemmeldi. Arto Tunç, o dönemde Amerika'da dinlenen tek albüm olduğunu söylemişti 'OLAY OLAY'ın. Bugün, hiç dokunmadan yeniden piyasaya sürülse, aradan geçen onca yıla rağmen değerinden hiçbir şey yitirmediği görülür.

'OLAY OLAY'ın stüdyo çalışmaları aşamasında Ahmet Kaya 'KUM GİBİ' adlı şarkısını vermek istemişti bana. Onno hem müzikal yapısını hem de sözlerini albüme uygun bulmamıştı. Kaç tane versiyonunu getirdi daha sonra Ahmet Kaya, ama kabul ettiremedi Onno'ya. Sonunda aynı yıl kendi albümüne koydu parçayı ve bir milyon sattı... Bir karşılaşmamızda "GÖRDÜN MÜ SENİN PARÇAYI?" diye sorunca, "SİZİN KADAR GÜZEL OKUYAMAZDIM ZATEN," diye yanıtlamıştım.

Şimdilerde hazırlıklarını sürdürdüğüm albümüme Ahmet Kaya'nın 'GİDERİM' adlı şarkısını aldım. Okumak istediğim başka şarkıları da var. Konserlerimde söylediğimde, peş peşe üç kere falan okutuyorlar...

*

Mesleği bırakma kararım 'OLAY OLAY'dan hemen sonradır. Bu albümün hakkını veremediğim için hâlâ çok üzgünüm. Tam dört yıl sonra, 'ZERRİN ÖZER 96' adlı albümle müziğe tekrar döndüm. Mesleğe dönmem için ne kadar güzel şeyler yapılıp, ne kadar güzel şeyler söylendiğini tekrarlamayacağım. Çıkış parçası olarak bestesi ve sözü Feyyaz Kuruş'a ait 'PAŞA GÖNLÜM'ü seçmiştik. O şarkının klibinde çok sevdiğim sanatçı arkadaşlarım oynadı. 'Hoş geldin' demenin en ince biçimlerinden biriydi o klip.

*

Bir sonraki albümümde çıkış parçası olarak hızlı bir şey seçmem için direttiler. Ama bu tür saçmalıklara hiçbir zaman inanmadım. İlk klibi 'KIYAMAM'a çektik. Ama "KIYAMAM' çıktıktan ancak iki sene sonra bir numara oldu. Ne var ki, dikte edildiği gibi hızlı parçayla çıkmak gerektiğinden değil. Bağlı olduğum müzik şirketinin Kral TV'yle aralarındaki anlaşmanın yetersizliğinden ötürü!..

Zaten Prestij'in anlaşmalarını anlamak imkânsızdı! Üç ortaklı bir şirketti. Hilmi Topaloğlu, Mahzun Kırmızıgül ve Burhan Bey vardı ortaklar arasında.

Şirketleriyle anlaşırken kuş sütünün bile eksik edilmeyeceği söylenmişti bana. Geçtim kuş sütünü, kasetimin reklamı bile yapılmadı. Bu da yetmiyormuş gibi, kaset çıkıp aradan bir ay geçtikten sonra, ekipte kim varsa beni aramaya başlamıştı. İstanbul Gelişim Orkestrası'ndan rahmetli Selçuk abi arıyor, "ZERRİN, SANA SÖYLEYEMEDİK ŞİMDİYE KADAR AMA STÜDYONUN PARASINI HÂLÂ ÖDEMEDİLER," diyor; müzisyenler arıyor, "PARAMIZI ALAMADIK," diyor... En sonunda sırasıyla kuaför, makyöz ve fotoğrafçı aradığında Anuşların yanındaydım. Menajerlik şirketinde. Anuş'a "ÇABUK BİR TAKSİ ÇAĞIRALIM, HERKES BENİ ARIYOR 'PARAMI ALAMADIM' DİYE, HİÇ ALIŞIK DEĞİLİM BÖYLE ŞEYLERE, GİDİP ŞU ADAMI DÖVMEK İSTİYORUM!" dedim. Bağlasalar tutamazlardı beni. Kan beynime sıçramıştı.

Tam o sırada Ayşe Ersayın, Gülben Ergen'in de şirkette olduğunu, beni çok sevdiğini ve benimle tanışmak için geldiğini söyledi. "KAFAYI MI YEDİN SEN?" dedim. O sinirle tanışma manışma düşünecek halim mi var benim!

Gülben Ergen, Anuş'a "TAKSİ ÇAĞIRALIM," derken çıktı karşıma. Artık delirmişken. "ZERRİN HANIM, YAKIŞIR MI SİZE TAKSİYLE GİTMEK, BENDE BMW VAR, ŞOFÖRÜMLE YOLLAYAYIM," dedi. "YERİM SENİN ARABANI! SEN BİLİYOR MUSUN BENDE NE MARKA ARABA VAR?" diye bağırdım! Tanıştığına tanışacağına pişman olmuştur herhalde. Ya da tımarhaneden kaçtığımı düşünmüştür. Halbuki bütün iyi niyetiyle incelik yapmaya çalışıyor yazık ama ben burnumdan soluyorum!.. Ne oldu, nasıl oldu hatırlamıyorum, ama beni o halde gördükten sonra Gülben ortadan yok oldu bir anda. Kayboldu sanki şirketin içinde. Kıyamam ona, korktu benden.

Bu arada, Prestij'dekiler şirkette onlarla birlikte vakit geçirmemi istiyorlardı ikide birde, "BİZ BİR AİLEYİZ," diyorlardı. Mahzun Kırmızıgül, Özcan Deniz, Alişan, Seda Sayan falan sürekli gidip 'biz bir aileyiz' diye şirkette otururlarmış! Benim kendilerine tepeden baktığımı düşünüyorlardı!

Bir gittim tam gittim! Şirketin kapısında kameralar vardı; Hilmi beni odasındaki monitörden görmüş olmalı. Çünkü içeri girip "HİLMİ TOPALOĞLU NEREDE?!" diye bağırdığımda, "OTURSAYDINIZ BİRAZ," falan dediler! "OTURACAK HALİM YOK BENİM!" deyip üst kata, odasına doğru çıkmaya başladım. Kapısını tekmeyle açtım. Masasındaki telefonları, monitörleri falan yere fırlattım! Hilmi Topaloğlu'nun bir konuğu oturuyordu karşısında. Köfte patates yiyordu önündeki sehpada. O sinirle bile "SEHPAYA VURMAYAYIM, YEMEK VAR, GÜNAH OLUR!" diye geçirmiştim içimden. İçeri girdiğimde adam patates atmak üzereydi ağzına. Ben oradan çıkana kadar eli havada kaldı. Anuş'la ikisi put kesmişti.

"SİZ KİMSİNİZ Kİ ZERRİN ÖZER'LE DALGA GEÇİYORSUNUZ?" diye bağırdım! "BENİM ABİM MUSTAFA TOPALOĞLU," diye karşılık verdi Hilmi. "ULAN ŞAHSİYETSİZ! BENİM ABLAM DA TÜLAY ÖZER! NE ALAKASI VAR ŞİMDİ?! SEN NASIL PARASINI VERMEZSİN ÇALIŞANLARIN?" deyip önümdeki berjer koltukları tekmeleme başladım. On tane adamı dövecek kadar kuvvetleniyorum öyle anlarda...

Şirketten çıktıktan sonra Anuş'a "BENİ GAZETEYE VERECEKLER ŞİMDİ," dedim, "HÜLYA AVŞAR OLAYINDAKİ GİBİ YİNE BEN HAKSIZ ÇIKACAĞIM." "SAÇMALAMA," dedi Anuş, "ADAM, DÖVÜLDÜĞÜNÜ SÖYLER Mİ HİÇ GAZETECİLERE!"

Haklı çıktı Anuş. Sonradan benim için "NE DELİKANLI KIZMIŞ, GAZETELERE VERMEDİ BİZİ," demişler.

Onlar dövüldüğünü anlatmıyor da, ben adam dövdüğümü mü anlatacaktım gazetecilere?!

*

Prestij'e geçmeden önce Erol Köse'yle çalışmaya karar vermiştim aslında. Çok severim Erol'u, müthiş zekidir. Ayna grubunun albümünü çıkarmıştı ilk olarak. "BİR DE SENİNLE ÇALIŞMAYI ÇOK İSTİYORUM," demişti. "TAMAM, ÇALIŞIRIZ," demiştim. "PİLAVDAN DÖNENİN KAŞIĞI KIRILSIN MI?" diye sormuştu. "KIRILSIN!" diye karşılık vermiştim.

Sonra Erol'a bir şey için kızdım ve telefon açıp "SENİNLE ÇALIŞMIYORUM," dedim. Para meselesiydi. Gerçi burada hemen şunu da belirtmem gerek: Annem öldüğünde para lazım olmuştu ve Erol hemen göndermişti istediğim borcu; hiç unutmam o iyiliğini...

Ama sonuçta gerçekten kırıldı kaşığım... Bunu Erol'a da söylemiştim...

*

'BİR ZERRİN ÖZER ARŞİVİ'ne altın bilezik gözüyle bakıyordum. Her biri birer milyonun üzerinde satmış plaklarımın en sevilmiş şarkıları... Elimde hiçbir şey kalmasa bile eski şarkılarımdan oluşacak bir albümün yarınlarımı garanti altına alacağına inanıyordum. Düşündüğümün de üstünde sattı, bir buçuk milyonu geçti o albümün tirajı ama ben beş kuruş para alamadım. En az sekiz yüz bin dolarımın üstüne yatıldı!

Albüm Kiss Müzik'ten çıktı. Şirketin sahibi Cüneyt Ortan'ı tanımıyordum. Geçmişte bende çok güzel bir anısı olan Nail Keçeli kefil olmuştu Cüneyt Ortan'a. "ZERRİN ŞİRKET CÜNEYT ORTAN'IN ÜZERİNE AMA ARKASINDA ASIL BİZ VARIZ. KLİBİNDEN TANITIMINA HER ŞEYİ BİZ ÜSTLENECEĞİZ. LÜTFEN ONUNLA ANLAŞ BU ALBÜM İÇİN," dedi. Bir dostum benden bir şey istemiş, "TABİİ," dedim. Ve hayatımın en büyük yanlışlarından birini yaptım!

Paramın üstüne yatıldığını anladığımda Nail Keçeli içeri alınmıştı batık bir banka yüzünden. Kendisini yalnız hissetmesin diye birkaç defa mektup yazdım ama paramı alamadığımı anlatmadım, hapisteyken yakışık almaz diye.

Bu arada Cüneyt Ortan'ın muhasebecimi kafaladığı ve sanki kendisinden para almışım gibi bana makbuz kestiği ortaya çıktı! Çünkü Maliye'den arayıp on dokuz milyar lira ödemem gerektiğini, yoksa evime haciz geleceğini söylediler. Ben ben olmaktan çıktım bunu duyunca. Yanımda Gülgün vardı (Vah arkadaşlarım! Benden neler çektiler!), "YÜRÜ," dedim, "KİSS MÜZİK'E GİDİYORUZ!" Ahlaksızlığın bu kadarını kim kaldırabilir!?

İçeri yine tekmeyle girdim. Şirketin duvarlarında fotoğraflarım, afişlerim asılıydı. Çerçeveleri indirip dizimde kırmaya başladım, cammış falan, hiç aldırmadan. Telefon, faks, ne bulursam kırıp döktüm. "NEREDESİN ULAN AŞAĞILIK HERİF! ÇIKSANA ORTAYA!" diye bağırıyorum bir yandan da. Kendime nasıl kızıyorum o anda anlatamam: Orhan Gencebay'dan Bora Ayanoğlu'na, Hakkı Bulut'tan Coşkun Sabah'a albüme alacağımız şarkıların bütün bestecilerini tek tek bana aratmıştı! MESAM'ın takip edeceği yasal hakları dışında hiçbiri para talep etmemiş, "O ŞARKILAR SENİNDİR;" demişlerdi! Çok duygulanmış, alacağım ilk parayla onlara yapacağım jestleri tasarlamaya başlamıştım... Dostlarımı bile kullandı beni maşa yapıp! Hiçbir emek vermeden trilyonları cebine indirdi! Beni enayiden de enayi yerine koydu!

O gün avukatıyla birlikte şirketin yangın merdivenlerinden kaçmışlar hiç utanmadan!

Bir ara Özgür'cüğümün (Aras) büzüşüp duvara yaslandığını ve hıçkıra hıçkıra ağladığını hatırlıyorum hayal meyal. Öyle bir hale gelmişim ki, delirdiğimi falan zannetmiş olmalı.

Mahkemelik olduk. Mahkemede haklı bulundum. Ama on altı milyar lira harç yatırmam gerekiyordu işlem yapılabilmesi için. O parayı bulup da yatıramadım. Hakkında işlem yapılamadı bu yüzden. Zaten üzerine kayıtlı hiçbir mal varlığı görünmüyor!

Nail Keçeli hapisten çıktığında sekreterini iki kere arayıp "KENDİSİNİN KEFİL OLDUĞU ÇOK ÖNEMLİ BİR KONU," diye not bıraktım. Baktım aramıyor, oturup mektup yazdım. Bir kahvenin kırk yıl hatırı olduğunu hatırlatıp, bu hayatta kimseye müdane etmediğimi, karakteri bu kadar bozuk birisine kefil olmasının kendisinin ayıbı olduğunu, hakkım olan parayı ya alacağımı ya da alacağımı yazdım. Kefil olduğunu söylediğinde elinden senet mi almalıydım? Çok kırgındım ve bunu açıkça dile getirdim.

Bir süre sonra mektubuma yanıt verdi. Mektubu görünce havalara girdim ben, "ACABA NE KADAR TEKLİF EDİYOR? NE KADAR TEKLİF ETMİŞSE KABUL EDEYİM?" falan diye!

Pop Star'da jüri üyesiydim o sıralar. "ZERRİN, SENİ SEYREDİNCE GÖZLERİM DOLDU," diye başlıyordu mektup. "ZAMANINDA GİDECEKTİN AMERİKA'YA, SEN ULUSLARARASI ÇAPTA BİR SESSİN," diye devam ediyordu. İnsanlardan artık kaçtığını, atlarıyla ve köpekleriyle birlikte Marmaris'te yaşadığını falan anlatmış ardından. A-a, mektup bitiverdi! Arkasını çeviriyorum bakıyorum, önünü çevirip tekrar okuyorum, yok! Ne paradan söz ediyor, ne kefaletinden, ne de bana atılan kazıktan! O kadar varlıklı ki, kefil olduğu para onu hiç zorlamaz. Vicdanını rahatlatmadığına değmez. Ben nedense, hâlâ vicdanının sesini dinleyip, paramı vereceğini umut ediyorum. Arkadaşlarım saflığımla dalga geçiyor.

Üzüntüm, hıncım gerçekten çok büyük... İnsanlar bir milyar için bile adam öldürüyor; kaç yıllık emeğimin ürünü olan bir albüm Ortaçağ zorbalığıyla talan edildi.

*

Aydın Oskay'ı burada bir kez daha anmam gerek. Şu meslekte bana sanatçılığımı yaşatan tek kişidir. İnsan olarak da muhteşemdir, patron olarak da. Kimsenin hakkını yemez. Ulusta'ki evi de, Bodrum'daki evi de onun sayesinde almıştım. Evet, albümlerim çok satıyordu ama en başından beri, 'GÖNÜL' de çok satmıştı, diğerleri de!..

Aydın Oskay'la çalışmaya başlamadan önce Metin Sarp'tı patronum. En tepelerde olduğum bir dönemimde çok yüksek bir rakam istemiştim. "DELİRDİ HERHALDE," demişti duyanlar. Ama Metin Sarp kalkıp vermişti o parayı. Babası da plakçıymış ve hayatta en çok istediği şeylerden biri benimle çalışmakmış meğer...

Metin Sarp'la çok satan bir albüme imza attıktan sonra, Aydın Oskay ortak olmuştu şirkete. Bir süre sonra Metin Sarp'ın ortaklığını da alınca ben tamamen Aydın Oskay'a bağlı çalışmaya başlamıştım. Aslında yıllar sonra tekrar Metin Sarp'la çalışmaya karar verdiğimde Aydın Oskay'a danışmam gerekirdi... Sırf bunun utancından babalar gününde bile arayamıyorum onu artık. Bu konuda hâlâ çok üzgünüm.

Cüneyt Ortan'ın, 'BİR ZERRİN ÖZER ARŞİVİ'nden sonra eski şarkılarımdan oluşan bir albüm daha piyasaya süreceğini duyduğumda, Metin Sarp "ONDAN ÖNCE DAVRANIP BİZ ÇIKARALIM," diye önerdi. Bana da mantıklı geldi. Ama sırf o adam bir de böyle bir kazık atmasın diye. O dönemlerde Almanya'daki ev için bana yine para lazım olduğunda Metin Sarp'tan avans istedim. Yirmi bin euro avans verirken bana bir kağıt imzalattı. Ne imzaladığımı anlamadan imzaladım. Meğer çıkarmayı düşündüğümüz albüm için imza atmışım. Cüneyt Ortan'ın böyle bir albüm çıkarmayacağını öğrenip de vazgeçtiğimde bu imzaya dayanarak piyasaya sürdü 'BEN'i. "BU YAŞTAN SONRA UNKAPANI'NDA ETEKLİK GİYEMEM! HERKES BİLİYOR BU ALBÜMÜN ÇIKACAĞINI!" dedi. Birbirimize girdik. Cüneyt Ortan'dan önce çıkarmaya çalıştığımız bir albümden nasıl herkesin haberi olabilirdi ki!? Yıllardır dostum sandığım biri beni feci hayal kırıklığına uğrattı. Dost gözüyle baktığınız birinin de hiç acımadan sizi arkadan vurabileceğini gösterdi...

*

Metin Sarp'la tekrar çalışmak zorunda kaldım! 'ÖLÜRÜM BEN SANA' adlı albümümde. Selahattin hangi firmayla çalışabiliriz diye araştırırken Metin Sarp haber yollamış, "İSTEDİĞİNİZ PARAYI BEN VERİRİM, BERABER ÇALIŞALIM," diye. Bir sürü şey vaat etmiş. Selahattin okumuş, kültürlü bir adam sonuçta; bu çirkin oyunların nasıl oynandığını bilmiyor. Daha önce olanlardan ötürü özür de diledi. Ama yüzüme karşı değil. Çünkü en sonunda onunla çalışmayı kabul ettiğimde tek şart koştum: "HİÇBİR ŞEKİLDE YÜZ YÜZE GELMEK İSTEMİYORUM," dedim. Metin Sarp'a körü körüne güvenmemiştim; o sırada, hayatımın her döneminde olduğu gibi yine paraya ihtiyacım vardı! Bir miktar avans çektim ama işin sonunda vaat edilen parayı yine alamadım. Reklam yapılmadı, bir sürü olumsuzluk yaşandı ve çok inandığım o güzelim kaset elimizde patladı. Müthiş şarkılar vardı 'ÖLÜRÜM BEN SANA'da.

Bu albümün stüdyo çalışmaları da çok verimli ve çok güzel geçmişti. Stüdyo deyince, karşımda görmezsem şarkı okuyamadığım, son sekiz albümümün hepsinde tonmaister olarak çalışan Candar Köker'i de anmak isterim... Hepimiz çok inanmıştık bu albüme. Kimi müzik otoriteleri tarafından beğenilmemiş de olsa, hâlâ arkasındayım 'ÖLÜRÜM BEN SANA'nın.

*

Son albümüm 'VE BÖYLE BİR ŞEY'de de amacım kendi

topraklarımızın müziğini Zerrin Özer'ce yorumlamak ve bütün dünyaya duyurmaktı.

TMC'nin ortaklarından, müzik departmanından sorumlu olan Mustafa Karahan, Aydın Oskay'dan sonra bu meslekte yüzümü güldüren, sözüne çok güvenilir ikinci kişidir. Kötü günümde yanımda olduğu için hep minnet duydum ona, sağ olsun...

Erdal Kızılçay'la çalıştık. Dünya çapında bir müzisyen. Tina Turner'ın albümünde bile bestesi var, daha ne olsun?! Hatta 'ALLI TURNAM'ı Sting ya da Peter Gabriel için ayırmıştı. İkisinden biriyle düet yapacaktım. Ama bir sürü terslik üst üste geldi ve en başta Mustafa Bey olmak üzere, hepimiz çok inançlıyken düşlerimizi gerçekleştiremedik. Sting'e ya da Peter Gabriel'e dinletilemedi o türküler. Müthişti altyapıları, dinletebilseydik kesin kabul ederlerdi.

*

Bazen niye bu mesleği seçtiğimi soruyorum kendime. Bir köyde öğretmenlik yapmak isterdim. DİNLEYİCİLERİMİN SEVGİSİ dışında, mutsuzluktan başka hiçbir şey getirmedi bana bu meslek.

POP STAR

"Şarkı söyleyenleri güzel-çirkin diye ayırmak yoz, geri kalmış bir zihniyetin ürünüdür. Beden faşizmi müzikten kesinlikle uzak tutulmalı."

Abdullah Oğuz ve Ercan Saatçi, Pop Star yarışmasının jüri üyeliğini teklif ettiklerinde "HAYATIMDA FARKLI BİR RENK OLUR," diye düşünmüştüm. Çok inanarak kabul ettiğim bir işti. Ama sonunda imzamı boşuna attığımı gördüm.

*

Seçmelerde Ercan'la ikimizin beğenisi birbirini tutarken, Armağan'la Ahmet görselliğe bakıyordu. Gerçi Armağan o sert sanılan görünümünün altında çok az insanda rastladığım özel bir kalbe sahip ama hayat görüşüme de, yorumculuğa bakışıma da çok ters bir şeydi görselliğin sesin önüne geçirilmesi. Tamam, bir gece kulübüne gidip zurna olursun ve umursamazsın kimin söylediğini. Ama bir albüm aldığın zaman müzik dinliyorsun, ses bekliyorsun. Yarışmaya katılanlara da albüm yapılacağı vaat edildiğine göre neyi tartıştığımızı anlayamıyordum.

Ayrıca insanları neye alıştırırsan onu yaşarlar. Amerika'daki en iyi sesler neredeyse yüz kilonun üstünde. İçlerinde özürlü olanlar bile var. Şarkı söyleyenleri güzel-çirkin diye ayırmak da ne demek? Yoz, geri kalmış bir zihniyetin ürünüdür bu. Beden faşizmi müzikten kesinlikle uzak tutulmalı.

Simge'yi sırf bu yüzden elemek istediler seçmelerde. Halbuki muhteşem bir sesti. "KALMIYOR," dediler. "NE DEMEK KALMIYOR? BEN BURAYI TERK EDERİM O KALMAZSA," dedim. Neymiş? Kiloluymuş! E ben de kiloluyum? "AMA SİZ ZERRİN ÖZER'SİNİZ." Hangi mantığa sığar bu? Ona da bir fırsat verin bakalım...

Ağızlarından düşürmedikleri o "star ışığı" güzelliğe çirkinliğe bakmıyor. İnsanlar sizde o ışığın olup olmadığını başka ölçütlerle anlıyor. Almanya'da veya başka ülkelerde beni hiç tanımayanlar "SİZ SANATÇI MISINIZ?" diye sorarlardı mesela. Bir keresinde bir yabancı da Janis Joplin'e benzetmişti beni. Halbuki upuzun, siyah bir manto vardı üzerimde. Gözümde yuvarlak gözlüğüm bile yoktu!

*

Yarışma da bir süre sonra memleket savaşına dönmüştü zaten. Almanya'dan gelen bir kız vardı, korkunç kötüydü sesi, müzik kulağı bile yoktu, ben "YAPAMAZSIN BU İŞİ," dedikçe kız her hafta birinci oluyordu, Almanya'dan gelen oylarla...

Şimdi yine yapılıyor bu tarz yarışmalar. Baktım, hiçbir şey değişmemiş. Hatta daha da kötüleşmiş. Bizimkinde iyi sesler vardı en azından. Artık bu yarışmalara niye katılmıyor iyi sesler? Çünkü katılanların aslında "kazanan" değil, "kaybeden" olduğunu gördüler. Doğru dürüst tutulmadı verilen vaatler.

Sonraki yarışmalar için de çok teklif aldım. Ama bu programlar yanımdan bile geçemez artık.

*

Yarışmacılara da yazık! Yarışmaya katılmadan önce kimse tarafından tanınmazken birden meşhur oluyorlar. Ama yarışma bitince hiç kimse bakmıyor suratlarına. Duygularıyla oynanıyor çocukların.

*

Belki çok üretemedim ama mesleğimi her zaman çok ciddiye aldım.

Pop Star'ın yarışmacılarının çoğunda gözlemlediğim şeyse şuydu: Karşımıza ilk çıktıklarında dizlerinin titrediğini iki haftada unutup havalara girmişlerdi. Kızamamıştım bile. Sonrasında nasıl acı çekeceklerini biliyordum çünkü.

Ama sahne arkasındaki tavrıyla sahne önündeki tavrı birbirini tutmayan insan anında biter benim için. "SABAHA KADAR DİNLERİM," dediğim Ufuk'tan çıkarları doğrultusunda çark edebileceğini hissettiğim için çektim desteğimi. Yorumculuğu da harikaydı, sesi de. Ama bir süre sonra öyle bir hareketini gördüm ki, "BOŞUNA EMEK VERMİŞİM," dedim. O tavrını görmezden gelseydim bir başkasının hakkını yemiş olacaktım.

Sponsorlarımız "ZERRİN HANIM ÇOK DESTEKLEMİŞTİ, ACABA UFUK'UN ALBÜMÜNDE DÜET YAPMAK İSTER Mİ?" diye sordurduklarında yanıt bile vermedim. İyiliğine iyiyim ama tersim de çok ters.

*

Barış da gerçekten çok iyi bir sesti ve çok beyefendiydi ama kendi etti kendi buldu. Tarkan Tarkan olduğu halde, canlı yayında "ÇİŞİM GELDİ," deyişinin tantanası günlerce sürmüştü. Sen daha yolun en başındayken, Ayşe Arman'ın "SEVGİLİNİZE İLK DEFA 'SENİ SEVİYORUM' DEDİĞİNİZDE NEREDEYDİNİZ?" sorusuna nasıl olur da "DUŞTAYDIK," diye yanıt verirsin?

Yarışma o kadar tutulmuştu ki, tanınmış gazeteciler gelip

röportaj yapmıştı adaylarla. Televizyonda, yarışma sırasında yayınlanmak üzere. Barış'ın röportajını reklamlar sırasında, yayına verilmeden beş on dakika önce izlemiştim. Ağzım açık kalmıştı, nasıl böyle bir hata yapar diye. Türkiye sadece üç büyük şehirden ibaret değil sonuçta. Yıkılamayan bazı değerlerimiz var...

Kendisine de söyledim bunları. Hem de iki kere. Çünkü bir de gazete için röportaj yapmış, yarı çıplak fotoğraflar çektirmişti. "ÖYLE İSTEDİLER," demişti sorunca. "TAMAM, DAHA TECRÜBESİZSİN, KANDIRILABİLİRSİN. AMA BÖYLE ŞEYLER YAPMA BİR DAHA, KAYBEDERSİN YOKSA," diye uyardım. Ama Barış dinlemedi, bir kere daha buna benzer bir hata yaptı ve kaybetti. Çok üzüldüm.

*

Abidin efendiliğini hiçbir zaman bozmadı. Firdevs'e âşık olduğunu söylediğinde önce şaşırdım; genç kızların oyunu kaybedebileceğini düşündüm. Ama diğer yandan da çok duygulandım. Ne var ki, duygulanmam çok kısa sürdü, çünkü Firdevs çıkıp "YORUM YOK," dedi. Tepem atıverdi. "NASIL 'YORUM YOK' DERSİN? SEVGİDEN GÜZEL BİR ŞEY VAR MI? NEDEN ÖRTBAS EDİYORSUN YAŞANMIŞ BİR ŞEYİ?" diye sordum. Ercan da "KADINLAR BÖYLEDİR İŞTE," falan diyor. Daha da sinirlendim, sahneye atlayıp gırtlağını sıkacaktım neredeyse Firdevs'in!

Ama sonradan öğrendim ki söyleyeceği sözler önceden belirlenmiş içeride! Bu noktada bayrak atarım ben!..

*

Ben Pop Star'a sevgili Deniz Seki, Bayhan yüzünden programı terk edince katılmıştım. Cezası çekilmiş bir suçtan ötürü kalkıp da birini yargılamak bana ters geldi. "İNSAN ÖLDÜR-

MÜŞ BİRİYLE AYNI YERDE BULANAMAM," demişti. İyi ama yarın senin benim aynı şeyi yapmayacağımız ne malum?

Üstelik, birisini katil diye damgalamak için o kişinin planlı programlı hareket etmiş olması lazım. Bayhan'ın durumu farklıydı, Parmak İzi adlı programda belgeleriyle birlikte yayınladılar: Bayhan babaannesine çok düşkün. Yeğeninin babaannesinden zorla para almaya çalıştığını görünce kavgaya tutuşuyorlar. Bıçağın öldürme kastıyla saplanmadığı, bıçağın girdiği yerden de belli. Yeğeninin dizinin üstüne saplanıyor bıçak kazayla. Çocuk kan kaybından ölüyor, hastaneye yetiştirilemediği için.

Bayhan'ın bir pop şarkıcısı olamayacağını söylemiştim programda. Hem de birkaç kere. "POP OKUMUYORSUN, ARABESK MÜZİK YARIŞMASI DEĞİL BU, SENİ BURADA GÖRMEK İSTEMİYORUM," demiştim. Ama bu eleştirilerim çok hissederek söylediği bir türküden sonra ağladığımda, İngilizce şarkı söyleyişini ayakta alkışladığımda derhal unutuldu. Cahit Berkay'lar, Arif Sağ'lar şaşırdığımı söyledi. "KOSKOCA ZERRİN ÖZER O ÇOCUĞU NASIL BEĞENİR?" diye kıyamet koptu. Size ne? Neden her şey birbirine karıştırılıyor ve unutuluyor?

Bayhan'ın zorluklar karşısında kötülüğü seçmemiş oluşu bana bugün de çok önemli geliyor. Hatta onun acılarını kendi acılarıma çok yakın buluyorum. Hoşuma gittiyse, o an bana çok hitap ettiyse tabii ki ayakta alkışlarım. Ama bütün bunlar onun bir pop şarkıcısı olup olmadığına ilişkin fikrimi değiştirdiğimi göstermez.

*

Abidin'in, Bayhan'ın ve Firdevs'in kasetleri çıktı. Ama verilen tarihlerde değil. İmza da atmışlar... Ne denirse hazır olda duruyorlardı... Bütün bunlar umut kırıcı ve üzücü.

*

Jüri arkadaşlarımın hepsini çok seviyordum. Yanlarında bu yüzden o kadar rahat ettim.

Bu programdan geriye içimde kırık dökük bir anı kaldı. Ne cüretle, nasıl öyle bir hata yaptığımı bilmiyorum ve hayatımı koyduğum bu kitapla sevgili Abdullah Oğuz'dan özür diliyorum. Nereye gideceğini bilmeden yaptığım, niyetimden bambaşka yönlere sapan, hayatımla ve savunduklarımla hiç örtüşmeyen bir hataydı...

*

Pop Star'dan geriye güzel şeyler de kaldı...

Yarışma bittikten hemen sonra bütün yarışmacılar Silivri'deki evime tatile geldiler. On gün boyunca müthiş eğlendik... Hepsi kalbimin bir köşesinde yaşıyor...

Bir de, beni sadece konserlerimdeki ya da röportajlarımdaki kadar tanıyan sevenlerim her halime tanık oldular. Nasıl sevindiğimi, nasıl üzüldüğümü ve nasıl kızdığımı gördüler. Kendimi bildim bileli aynı biçimde attığım kahkaham bile o programla meşhur oldu. "PROGRAMI SADECE SİZİN İÇİN SEYREDİYORUZ," diyenler bile çıkmıştı. Pop Star'da sevenlerimle aramda yeni bir iletişim kanalı daha açıldı. Başka hiçbir şeye değilse bile, buna seviniyorum bugün.

AYRILIĞI DEĞİL, AŞKI YAŞIYORUM ARTIK

"Geçip gitsin günler, hiç aldırmayız; sen kal, ey temiz dost, buna razıyız..."

Mevlâna

Levent zihnimdeki ve yüreğimdeki zaman kavramını altüst etti, yıkıp yeniden kurdu. Hem de ilk günden itibaren.

*

Levent'le aradan belli bir zaman geçip, birtakım şeyler yaşandıktan sonra değil, onu görür görmez evlenmek istedim. Çünkü karşılaştığımızda, sanki on yıldır tanışıyormuşuz gibi hissettim.

Birbirini hiç tanımayan iki kişinin geçmişinde eğer aynı acılar ve mutluluklar varsa, bunun bir çeşit akrabalık bağı kurduğuna inandığımı daha önce yazmıştım. Ama Levent'i, görür görmez tanıyıp kucaklamamı sağlayan şey bu "akrabalık bağı" değildi. Çünkü bu sefer işin içinde aşk vardı.

Onu o güne kadar hiç görmemiştim ama ona on yıldır âşıktım sanki! Bu hissimi yıldırım aşkı denen şeyle açıklayamazdım. Öyle olsaydı, geçmişin beni hiç ilgilendirmemesi gerekirdi.

Anahtar sözcüğü AŞK olan bu zaman bilmecesinde doldurduğum ilk kare yedi harfliydi. Soru şuydu: Karşılaşmayla kavuşmayı birbirinden ayıran şey nedir? Yanıt özlemekti tabii ki.

Levent'le yıllar sonra karşılaşmamıştım; Levent'i on yıldır, yüz yıldır, bin yıldır aşkla özlemiş, Levent'e yıllar sonra kavuşmuştum.

*

Onu beklemekle geçen yıllarımda sürekli zamanı düşünerek hareket etmiş, yarınlara bakmadan yaşamayı gamsızlık ya da sorumsuzluk saymıştım. Bu yüzden sadece geçmiş değil, gelecek zamanın da gazabına uğramıştım.

Aynı şey ilişkilerim için de geçerliydi. İlişkilerimin yarınlarına duyduğum kuşku, her geçen gün, habis bir ur gibi büyüyüp dururdu içimde. Zaman geçmişi, bugünü ve geleceğiyle üç başlı bir yılan gibi çöreklenirdi aşklarıma.

Oysa Levent'le ilişkimizde sadece yaşadığım güne bakıyorum. İlişkimizin yarınını düşünemeyecek kadar mutluyum.

*

İlişkilerin yarınlarından kuşkulanmak kişinin tek başına geliştirdiği bir paranoya falan değil. Gelecek zamanı başınıza musallat edip huzurunuzu kaçıran çoğu zaman karşı tarafın ta kendisi oluyor. Bazen tek bir sözü, tek bir hareketiyle yapıyor bunu. Açığını çok geçmeden ele veriyor ve ne kadar üstünü örtseniz, ne kadar görmezlikten gelseniz de, aslında biliyorsunuz ki ilişkiniz günün birinde sarpa saracak. Ayrılık yine kaçınılmaz olacak.

Oysa Levent'in gözleri, bakar bakmaz sonsuz, bitimsiz bir huzura çağırmıştı beni. Kuşkularımı, tasalarımı, endişelerimi silip atıverecek o şefkat ve sevgi dolu bakışlardı belki de yıllardır özleyip beklediğim şey.

Ama yanlış anlaşılmasın, Levent'in gözleri bana sonsuz bir

aşkı vaat etti demek istemiyorum. İlişkimizin yarınlarını düşünmüyorum derken kastettiğim şey bu değil. Tam tersine, aşkımızın bir gün bitebileceği gerçeğinin ilk defa bir ilişkimde beni korkutmadığını anlatmak istiyorum. Çünkü bu gerçeği kafama kakacak hiçbir falsosu yok Levent'in.

Yarınları düşünmemek, tam bu noktada, katıksız bir mutluluğu anlatıyor bana. Daha önceki ilişkilerimi hep ayrılığa sürüklemiştim. Belki de ilişkilerimde başından beri ayrılığı yaşamıştım ama Levent'le ayrılığı değil, aşkı yaşıyorum.

*

Ayrılığın habercisi ille karşı tarafta yakaladığınız açıklar olmayabilir. Bazen tanıdık tanımadık herkes aşkınıza pervasızca karışır, yıpratıp bitirmeye çalışır ilişkinizi.

Levent'in gözlerinin dibinde gördüğüm bitimsiz huzur çok güçlü bir kişiliği de anlattı bana. Gerektiğinde herkesin karşısında yıkılmaz bir kale gibi durabileceğini anladığım için çok kıymetli o huzur.

Beni sadece huzura çağırmadı Levent; huzurumu kaçıracak ne varsa hepsini yerle bir edeceğini de hissettirdi. O yanımdayken bana hiçbir şey olmazmış gibi geliyor; ne insan ilişkileri yıpratabilir beni, ne de başka bir şey... Bu duygumu tam olarak anlatacağını sanmıyorum ama Levent'in hayat karşısında beni iyileştirdiğini söyleyeceğim.

*

Levent bu gücünü bas bas bağırarak göstermiyor. Bu yüzden o kadar inandırıcı. Aynı dinginlik sesinde de var. Çıldırdığını görmedim daha.

Duygularını yüreğinin bir köşesinde saklayıp, ancak gerektiğinde ortaya çıkarıyor. Yani benim tam tersim. Çünkü ben elimde sepetle dolaşanlardanım duygular söz konusu olduğunda. Levent birbirimizi bu tezatlarla tamamladığımızı söylüyor.

*

Bazen onun başka bir zamandan çıkıp geldiğini düşünüyorum.

Yanında kendimi çocuk gibi hissediyorum. Ruhen benden o kadar büyük ki...

Aramızdaki yaş farkına karşın, ondan bir çocuğum olmasını çok istedim. Sevdiklerini ve ailesini o kadar güzel sahipleniyor ki, bana bir şey olursa gözüm arkada kalmaz, diye düşündüm.

Çocuğumuzun olmayacağını öğrenip kahrolduğumda "NİYE ÜZÜLÜYORSUN Kİ? BİZİM BİR ÇOCUĞUMUZ ZATEN VAR," dedi. Şaşırıp "KİM BİZİM ÇOCUĞUMUZ?" diye sorunca, "SENSİN," diye yanıt verdi...

*

Karakteri o kadar muhteşem ki, onun ne kadar yakışıklı olduğunu bile unutuyorum. Bunu söyleyince annesi Laliş "AŞK OLSUN! BENİM OĞLUM AYNI ZAMANDA YAKIŞIKLIDIR DA," diye takılıyor.

Laliş'ime ayrı hayranım. Sürekli "DIŞARIDAN GELEN HİÇBİR ŞEY BENİ YIKAMAZ. YETER Kİ AİLEME BİR ŞEY OLMASIN," der.

Onun evinde kaldığımız bir sırada, erken saatlerde başka bir odada karşılaştığımızda Levent'le tartıştığımızı söylemek zorunda kalmıştım. "LEVENT'İN YANINA DÖN," demişti hemen. Bu tavrı aileye ve sevgiye verdiği önem kadar, üzerine titrediği oğlu bile söz konusu olduğunda, insanların özel yaşama müthiş bir saygı duyduğunu gösterir. O gün "LEVENT'İN YANINA DÖN," diyerek, sevgide uzlaşmamızı ama bunu kendi aramızda halletmemizi istemişti aslında...

Zaten karışacak olsa en başta aramızdaki yaş farkına karışırdı. İstemeyebilirdi sonuçta. Ama mutluluk ve sevgi karşısında boynu kıldan incedir...

Tanrı'nın onu bu dünyaya insanlara iyilik yapmak için gönderdiğine inanıyorum. Muhteşem yemeklerinin sırrını sorduğumda içine sevgi koyduğunu söylemişti. Beni sevgiye o kadar doyuruyor ki, kendimi bir rüyada sanıyorum.

Aynı büyük sevgiyi Levent'in yeğeni Dünya'ya karşı da duyuyorum. Bir yaşına yeni girdi daha. İçimdeki sevgi doruğa çıkıyor onu kucağıma aldığımda...

Değerleri, sevgisi o kadar güçlü bir aileye dahil oldum ki, Levent'le ikimizi, annesinden yeğenine, kocaman bir aile olarak görüyorum. Sevgilerini içimde öyle şiddetli bir biçimde duyuyorum ki, onlarla bir arada değilken bile, iki kişilik kocaman bir aile olduğumuzu hissediyorum.

*

Öyle bir aşk yaşıyoruz ki, en zor olanını düşündüğümde, mesela gecekonduları, peynir ekmekle yetinerek geçirilen akşam yemeklerini düşlediğimde bile "LEVENT'LE SONUNA KADAR GİDERİZ," diyorum.

*

Levent'in benimle şöhret ya da para için evlenip evlenmediği sorgulandı. Sadece aramızdaki yaş farkından yola çıkmadılar bunu sorgulayanlar. Levent'in benden önce televizyondaki bir evlilik yarışmasına katıldığını hatırlattılar. Ben seyretmemiştim o programı, bilmiyordum. Levent'ten öğrenmiştim. Ailesinin ve yönetmen bir arkadaşının ısrarıyla katılmış...

Birincisi, Levent çok yakışıklı bir adam. Şöhret olmak istese zaten kimseyi kullanmasına gerek kalmazdı. İkincisi, benim beş kuruş param yok...

Bu soruları yanıtlamaya değmez aslında. İsteyen istediğini söyleyebilir. Umurumda bile değil. Kendim için yaşıyorum artık.

İlişkimiz başlayalı bir buçuk yıl oldu ama hâlâ ilk günkü gibiyiz. Heyecanlı ve âşık.

İlk evliliğimde eve girer girmez duvarlar üstüme üstüme gelmişken, şimdi durduk yerde içimden "BEN EVLİYİM," deyip mutlu oluyorum.

Sevgilinizle yaşarken de sinemaya gittikten sonra eve birlikte dönüyorsunuz ama eve eşinizle dönmek daha farklı sanki...

*

Ama bütün bu adlandıramadığım duygularımı evli olmakla açıklayamam elbette.

Ölümü özleyecek kadar üzüldüğüm bir dönemde Levent, Tanrı'nın bir hediyesi olarak çıktı karşıma. Aşkların en güzelini, dostların en muhteşemlerini yitirmiştim, acıdan başka yaşayacak bir şeyim kalmamıştı geriye.

Oysa daha önce hiç yaşamadığım bir şeyi yaşıyorum şimdi... Yıllarca gerek mesleğimden, gerekse kazandığım paradan ötürü bir erkek gibi yaşamıştım. Bütün ilişkilerime yansımıştı bu. Ömrüm yapayalnız geçmişti aslında. Erkek gibi yaşamaya kendi başının çaresine bakmak da dahildi çünkü. Bittiğin, tükendiğin anlarda bile...

Tanrı yaşanacak her şeyi henüz yaşamadığımı anlatmak istedi bana Levent'le... Erkek gibi yaşamayı bıraktım. Yarınımı düşünmeyi de. Çünkü yalnız değilim. Çünkü hayatımda ilk defa, beni benden daha fazla düşünen birisi var artık...

SON MEKTUP

Siz... Siz... Siz...
Aşklarınıza,
acılarınıza,
kahkahalarınıza,
çığlıklarınıza,
mutluluklarınıza ve gözyaşlarınıza
ortak ettiniz beni.

Size yazmak yerine
ya da şimdi size yazarken
neden gözlerim doluyor
ve neden bağıra bağıra ağlamak geliyorsa içimden
şarkılarda da aynı şeyi paylaştık sanıyorum.
Tek bir şeyin acısını
ya da tek bir şeyin mutluluğunu değil,
yaşanmış
yaşanamamış
yaşanacak ve yaşanamayacak ne varsa
hepsinin acısını
hepsinin mutluluğunu paylaştık.
Yüreğimizi açtık birbirimize.

Küçük de olsa
saklı da olsa
hep bir acınız olduğuna inandım.

Yıllar içinde
geçip gittiğini düşündük çoğu acının.
Unuttuk.
Yaşanmamış saydık.
Alıştık ya da.
Ama birbirimizle
mesela yirmi yıl önceki bir şarkıda
karşılaşır karşılaşmaz
aslında hiçbir şeyin geçip gitmediğini
acının yerli yerinde durduğunu hissediverdik.
Çünkü kimselere
kendimize bile göstermediğimiz acılarımızı
paylaştık birbirimizle.
Ben sizinle paylaşabildiğim için
sevgiyle anıyorum acılarımı.

Evlerinize konuk ettiniz beni.
Ailenizden biri gibi.
Çocuklarınız
"EVİMİZDE HEP ZERRİN ÖZER VARDI,
ONUNLA BERABER BÜYÜDÜK," dediler.
Ödeyemeyeceğim bir gönül borcu...

Gün geldi,
"HER SEVENİMDE
BİR GÜN KALSAM,
HAYAT BELKİ DE DAHA GÜZEL GEÇER,"
dedim kendime.
İnsan kardeşine bile
zor teklif eder böyle bir şeyi.

Ama size teklif edebileceğimi düşündüm.
Şu dünyadaki tek yerim yurdum
kalpleriniz oldu...

Beni çok farklı sevdiğinize
her zaman emin oldum.
Kim bilir neleri hissedip,
nelere yanıt
nelere merhem olarak,
her konser bitiminde
dakikalarca ayakta alkışladınız beni.
Bu hiç değişmedi.
O zaman anladım ki
aslında "ÜZÜLDÜĞÜN NE VARSA,
KİM SANA NE YAPTIYSA UNUT,
SENİ ÇOK SEVİYORUZ," diyorsunuz...
Bunu o kadar güzel söylediniz ki
hepsini
her şeyi unuttum...
Sevginiz Tanrı'nın bana en büyük hediyesi...

Size hiçbir zaman rol yapmadım.
Siz de bana yapmadınız.
Kızdıysanız "KIZDIK," dediniz.
Size karşı her zaman dürüst oldum.
Kendimi saklamadım.
Sahici ve yalansız Zerrin'i
sadece siz gördünüz.
Bu kitap da sizin içindi.
Beni daha da yakından tanımanız için.

Dinleyici ayırt edilmez, ama...
Hiçbir zaman ön masalarla
ya da protokolle ilgilenmedim.
Siz arkalardaydınız...
Ve daima başımın üstünde...
Ömrüm oldukça...
Her zaman...

Sizi çok seviyorum.
Beni unutmayın,
olur mu?